마음 공부?
무엇이든 물어보세요 3

마음 공부?
무엇이든
물어보세요 3

김태완 지음

심화편 下
마음 공부와 불교의 비밀을 밝힌다

침묵의 향기

머리말

똑! 똑! 똑!

　마음은 본래 알 수 없고, 깨달음은 본래 말할 수 없습니다.
　마음공부를 어떻게 해야 한다고 말하면, 모두 헛소리입니다.
　이미 깨달았다면 말할 필요 없이 분명하므로, 말을 하든 하지 않든 상관이 없습니다.
　아직 깨닫지 못했다면 어떤 말도 제대로 알아듣지 못할 것이므로, 말을 하더라도 별 소용이 없을 것입니다.
　말할 수 없으면 입을 다물어야 하지만, 어쩔 수 없이 입을 열어야 한다면 최대한 오해가 없도록 말해야 할 것입니다.
　그러나 좋은 약에도 부작용이 있듯이, 잘 말한다고 하더라도 오해를 피하지는 못할 것입니다.
　그런데 왜 수고롭게 이런 책을 썼을까요?
　그래도 조금은 도움이 되리라고 기대하기 때문입니다.

똑! 똑! 똑!

　지금 이 자리에 활짝 깨어있어서 한 생각도 없다면 어떤 말도 필요 없겠지만, 아직 깨닫지 못했거나 깨달았다고 하더라도 아직 지혜가 밝지 못하면, 온갖 언어문자와 자기 생각에 속에서 헤맬 수 있습니다.

이처럼 아직 지혜가 밝지 못한 이들에게는 이 책이 약간의 도움이 되리라 기대합니다.

그러나 이 책은 헛된 견해, 근거 없는 선입견, 오래된 고정관념, 습관적 생각과 사고방식을 깨부수기 위한 방편의 말일 뿐, 어떤 지식을 가르치려는 것이 아님을 분명히 해 둡니다.

불교의 가르침은 중생의 망상을 없앨 뿐이지, 부처의 지식을 주는 것이 아닙니다.

중생이 망상에서 벗어나면 부처이지, 따로 얻어야 할 부처는 없기 때문입니다.

불교는 중생에게 있는 망상이라는 병을 치료하는 약인데, 병이 나으면 곧 건강한 것이지 다시 얻어야 할 건강이 따로 있지는 않은 것과 같습니다.

'나'와 '나의 것'이라고 할 것이 모두 사라져 버려 아무것도 없으면 번뇌가 없고, 무엇이라도 있기만 하면 번뇌가 생깁니다.

똑! 똑! 똑!

2023년 문현동 무심선원에서
김태완

차례

8장 조사선과 그 아류들
1. 조사선은 어떻게 등장했나? _15
2. 조사선이란 어떤 것인가? _35
3. 조사선에서는 어떻게 깨달음에 이르는가? _47
4. 문자선이란 어떤 것인가? _60
5. 묵조선이란 어떤 것인가? _83
6. 간화선이란 어떤 것인가? _106
7. 염불선이란 어떤 것인가? _134
8. 화두와 공안은 무엇인가? _162

9장 연기와 중도라는 방편
1. 불이중도란 무엇인가? _175
2. 공(空)이란 무엇인가? _183
3. 분별에서 벗어나면 어떻게 되나? _192
4. 연기법이란 무엇인가? _197
5. 십이연기법은 무엇인가? _209
6. 분별이 연기이므로 중도가 실상이다? _214
7. 중중무진의 연기법계란 무엇인가? _227
8. 유식삼성설도 연기법인가? _249
9. 연기법의 효용성과 한계는? _257

상권 차례

1장 깨달음과 언어문자
1. 중생이 부처님의 말씀을 이해할 수 있을까?
2. 부처의 말은 중생의 말과 어떻게 다른가?
3. 방편이란 무엇인가?
4. 깨달으려면 견해를 만들지 말라고?
5. 깨달음에 알맞은 한마디 말이란?
6. 가장 나쁜 망상은?
7. 경전의 이야기는 진실인가?

2장 마음공부란 무엇인가
1. 마음공부란 무엇인가?
2. 마음공부는 어떻게 하나?
3. 발심은 어떻게 하는가?
4. 수행이란 무엇인가?
5. 마음은 무엇인가?
6. 중생의 마음과 부처의 마음이란?
7. 마음이 없으면 깨달음인가?
8. 마음은 텅 비고 깨끗한가?
9. 마음공부는 어떻게 진행되는가?

3장 깨달음이란 무엇인가
1. 깨달음은 어떤 것인가?
2. 어떻게 깨닫는가?
3. 깨달았음을 어떻게 아는가?
4. 깨달은 사람을 어떻게 알아보나?
5. 깨달음에 필요한 조건이 있을까?
6. 깨달음에 믿음이 필요한가?

7. 깨달음은 거듭나는 체험인가?
8. 문득 깨닫고 천천히 익어간다고?
9. 깨달은 뒤의 수행은 어떻게 하나?
10. 깨달음의 가치는 무엇인가?
11. 깨달은 사람은 어떤 삶을 사는가?
12. 깨달으면 삶과 죽음에서 벗어나는가?
13. 깨달은 사람은 자비로운가?
14. 깨달은 사람은 행복한가?
15. 깨달으면 훌륭한 인격자가 되나?
16. 깨달은 사람도 다시 어두워질까?
17. 깨달으면 좋은 일만 생기나?
18. 깨달으면 전생을 보게 되나?
19. 깨달으면 꿈꾸지 않는가?
20. 깨딜은 뒤에 화두를 들어야 하나?
21. 깨달으면 오도송이 나오나?
22. 마음을 고치면 깨닫는가?
23. 단기간에 깨달을 수 있나?
24. 깨달음 같은 것은 없다고?

4장 선이란 무엇인가
1. 선이란 무엇인가?
2. 오직 견성만 말한다고?
3. 견성성불은 어떤 것인가?
4. 말을 듣고서 깨닫는다고?
5. 도는 어떻게 닦는가?
6. 은산철벽과 의단은 무엇인가?
7. 선정을 닦아야 하나?
8. 좌선은 무엇인가?

9. 정혜쌍수란 무엇인가?
10. 선병이란 무엇인가?
11. 돈오돈수인가 돈오점수인가?
12. 오매일여란 무엇인가?
13. 불립문자란 무엇인가?
14. 교선일치란 무엇인가?
15. 교를 버리고 선으로 들어간다고?
16. 뜰 앞의 측백나무란?
17. 죽비가 죽비가 아니라고?
18. 평소의 마음이 도라고?

5장 선을 보는 바른 눈
1. 직지인심 견성성불은 무엇인가?
2. 개는 흙덩이를 쫓는다고?
3. 입을 열면 어긋난다고?
4. 마음이 곧 부처인가?
5. 단번에 벗어나 성불한다고?
6. 왜 평소의 마음이 도인가요?
7. 격외선이란 무엇인가?
8. 부처도 조사도 죽이라고?
9. 본래 한 물건도 없다고?
10. 발밑을 비추어 보라고?
11. 수처작주 입처개진이란?
12. 사람을 죽이기도 하고 살리기도 한다고?
13. 금강권 율극봉은 무엇인가?
14. 무정물의 설법을 듣는다고?
15. 사구백비를 벗어난다고?
16. 단상이변에 떨어지지 말라고?
17. 선문답이란 어떤 것인가?

18. 도(道)가 어렵지 않다고?
19. 지혜종도란 어떤 사람인가?

6장 불교를 보는 바른 눈
1. 세간과 출세간은 무엇인가?
2. 삼계는 왜 중생세계인가?
3. 최고의 바른 깨달음은 어떤 것인가?
4. 불가사의 해탈이란 어떤 것인가?
5. 이 세상이 왜 불국토인가?
7. 반야바라밀이란 무엇인가?
8. 파사현정이란 무엇인가?
9. 불이법이란 무엇인가?
10. 신통력이란 무엇인가?
11. 출세간과 세간은 어떤 관계인가?
12. 도량은 어디에 있는가?
13. 나와 남이 둘이 아니라고?
14. 윤회는 있는가, 없는가?
15. 윤회를 벗어나 어디로 가는가?
16. 업장은 어떻게 소멸하는가?
17. 죄는 어떻게 참회하나요?
18. 생사윤회가 곧 열반이라고?
19. 참된 출가란 어떤 것인가?
20. 불교에서 선과 악은 무엇인가?
21. 사홍서원은 무엇인가?
22. 대승과 소승은 어떻게 다른가요?
23. 기복 불교도 불교인가?
24. 부처는 부처가 아니라고?
25. 색즉시공이란 무엇인가?
26. 부처와 공자의 가르침이 같은가요?

27. 과학이 불교의 진리를 증명하나?

7장 종교를 보는 바른 눈
1. 종교 생활의 세 가지 형태란?
2. 인간 번뇌의 근본 원인은 무엇일까?
3. 인간의 구원이란 어떤 것인가?
4. 다시 살아난다는 것은?
5. 영생이란 무엇인가?
6. 진리가 너희를 자유롭게 한다고?
7. 우상파괴란 무엇인가?
8. 참 종교와 거짓 종교란?
9. 선악과를 먹은 것이 원죄라고?
10. 종교가 어떻게 인류에게 해를 끼치는가?

8장 조사선과 그 아류들

1. 조사선은 어떻게 등장했나?

똑! 똑! 똑! 여기에 있어야 말에 속지 않습니다.

선(禪) 혹은 참선(參禪)이라는 말을 들으면 대부분 고요한 선방에서 가부좌를 하고 앉아서 선정에 들어가는 좌선 수행(坐禪修行)으로 이해합니다. 그래서 선이라는 말만 들어도 앉아서 선정을 닦는다고 보통 생각합니다. 그러나 이런 생각은 잘못된 것입니다.

우리나라 불교를 대표하는 조계종(曹溪宗)은 선을 공부하는 선종(禪宗)입니다. 조계라는 말은 중국 선종의 실질적 창시자인 육조 혜능이 머물렀던 지역의 이름입니다. 또 조계종의 종헌(宗憲)에도 조계종은 직지인심(直指人心) 견성성불(見性成佛)을 종지(宗旨)로 하는 선종임을 명백히 밝히고 있습니다. 그러므로 우리나라에서 선(禪)이라는 말은 곧 조계의 육조 혜능이 널리 퍼뜨린 조사선(祖師禪)입니다. 조사선에서 선은 외도인 요가나 소승불교에서 말하는 좌선 수행이 아닙니다. 이제 역사적 증거를 들어서 이 점을 밝혀 보겠습니다.

선(禪)을 수행(修行)으로 여기는 사람들에게는 가부좌을 하고 앉아서 선정(禪定)에 들어가는 좌선(坐禪)이 가장 기본적인 수행 방식이고, 또 화두를 살펴보는 간화(看話)나 나타나고 사라지는 의식(意識)을 관찰하는 관심(觀心) 등이 널리 알려져 있으며, 그 외에도 화두를 염불처럼 외우는 염불선(念佛禪)이나 앉아서 호흡을 헤아리는 수식관(數息觀) 등 다양한 수행 방법이 알려져 있습니다. 이처럼 사람들은 선(禪)이라고 하면 어떤 형태의 수행법을 열심히 실천하는 것이라고 생각합니다.

과연 그럴까요? 결론부터 말하면, 중국 선종에서 비롯된 선(禪)은 이런 여러 가지 종류의 수행이 아닙니다. 선은 곧 깨달음입니다. 우리의 본래면목인 진여자성(眞如自性)을 깨닫는 것이 곧 선이지, 선이 어떤 수행의 방법은 아닙니다. 선은 곧 부처님이 깨달으신 불법(佛法) 자체입니다. 불법은 어떤 종류의 수행법이 아니라, 법계(法界)의 참된 모습에 대한 깨달음입니다.

우선 조사선의 특징을 나타내는, 잘 알려진 다섯 마디 말이 있는데, 불립문자(不立文字), 교외별전(敎外別傳), 이심전심(以心傳心), 직지인심(直指人心), 견성성불(見性成佛)이 그것입니다. 불립문자는 문자를 세워서 설명하지 않는다는 말이고, 교외별전은 문자로 이루어진 경전의 밖에서 문자 아닌 방식으로 따로 전한다는 말이고, 이심전심은 문자를 통하지 않고 스승과 제자가 만나서 직접 마음을 가지고 마음을 전한다는 말이고, 직지인심은 사람의 마음을 문자를 매개하지 않고 곧장 가리킨다는 말이고, 견성성불은 마음의 본성(本性)을 보는 것이 곧 깨달음을 이루는 것이라는 말입니다. 여기에서 보다시피 어떤 방식의 수행도 말하고 있지 않습니다.

선의 시초는 영산회상(靈山會上) 염화미소(拈花微笑)라고 표현되는 사건이라고 합니다. 석가세존께서는 영취산 위에서 법회를 많이 열어서 제자들에게 설법하셨는데, 어느 날은 법상에 올라가 말씀을 하지 않고 꽃 한 송이를 집어 들어 대중에게 보이셨습니다. 모든 대중은 그 뜻을 알지 못해서 가만히 있었는데, 마하가섭이 홀로 그 뜻을 알고서 빙그레 미소를 지으며 고개를 끄덕였다고 합니다. 이에 석가세존께서는 이렇게 말씀하셨습니다.

"나에게 있는 정법안장의 열반묘심과 실상무상의 미묘법문을 불립문자의 교외별전으로 마하가섭에게 맡기노라."

정법안장(正法眼藏)이란 바른 법을 보는 안목을 갖추었다는 말이고, 열반묘심(涅槃妙心)이란 망상번뇌가 사라진 불가사의한 미묘한 마음이라는 말이고, 실상무상(實相無相)은 참된 모습에는 분별할 수 있는 모습이 없다는 말이고, 미묘법문(微妙法門)은 깨달음의 법으로 통하는 문은 미묘하여 분별할 수 없다는 말인데, 이러한 법문을 문자를 세우지 않고 경전의 밖에서 따로 전하여 마하가섭에게 맡긴다는 뜻입니다. 여기 부처님이 당부하신 말씀은 깨달음이 어떤 것인가를 나타낸 말씀이지, 어떤 방식의 수행법을 가르친 것은 아닙니다.

육조 혜능(六祖慧能; 638-713)의 어록인《육조단경》에 보면, 육조 혜능의 스승인 오조 홍인(五祖弘忍; 594-674)은 어느 날 제자들에게 각자가 깨달은 안목을 게송으로 만들어 제출하라고 지시하였습니다. 이때 오조 홍인 문하의 가장 맏제자인 대통신수(大通神秀; 606-706)가 이런 게송을 제출하였습니다.

"몸은 깨달음의 나무요,
마음은 밝은 거울인 경대(鏡臺)와 같다.
늘 부지런히 털고 닦아서,
먼지가 붙지 않도록 하라."

오조는 이 게송이 아직 깨달음을 얻지 못한 소견이라고 평가하였습니다. 그 뒤 혜능은 신수의 이 게송을 이렇게 바꾸어 적었습니다.

"깨달음에는 본래 나무가 없고,
밝은 거울도 경대가 아니다.
본래 한 물건도 없는데,
어느 곳에 먼지가 붙겠는가?"

오조는 이 게송을 보고서 혜능의 깨달음을 인정하고 육조로 인가하였습니다. 두 게송의 차이는 명백합니다. 신수는 마음을 털고 닦는 수행을 말하였지만, 혜능은 그렇게 수행할 마음이 사라진 깨달음을 말한 것입니다. 《육조단경》 첫머리에서 혜능은 설법하기를 "깨달음인 자성은 본래 깨끗하니 단지 이 마음을 쓰기만 하면 곧장 깨달음을 이룹니다."라고 하여, 본래 깨끗한 마음인 자성을 깨닫기만 하면 될 뿐이라고 말했습니다. 더러운 마음을 털고 닦아서 깨끗하게 만드는 수행이 아니라, 본래 깨끗한 자성을 깨닫는 것이 곧 선(禪)이라는 것입니다.

중국 선종은 인도에서 온 보리달마(菩提達磨)가 전했다고 하지만, 역사적으로 보면 중국 조사선의 실질적인 개창자는 육조 혜능입니다. 그러면 육조 혜능은 수행법에 대하여 어떤 입장일까요? 《육조단경》에 보면 황제가 파견한 설간이라는 사신이 혜능에게 이런 질문을 합니다.

"서울에 있는 선승들은 모두 말하기를 '도를 알려고 한다면 반드시 좌선하여 선정을 익혀야 한다. 선정으로 말미암지 않고 해탈을 얻은 자는 아직 없었다.'라고 하는데, 스님이 말씀하시는 법은 어떻습니까?"

혜능이 대답했다.

"도는 마음에서 깨닫는 것인데, 어찌 앉는 것에 있겠습니까? 《금강경》에서 '만약 여래가 앉거나 눕는다고 말한다면, 이것은 삿된 도를 행하는 것이다. 무슨 까닭인가? 여래는 오지도 않고 가지도 않기 때문이다.'라고 했습니다. 결국 깨달음도 없는데, 하물며 앉겠습니까?"

이에 설간은 밝은 도를 가르쳐 달라고 말했는데, 혜능은 이렇게 대답했다.

"도에는 밝고 어두움이 없습니다. 밝고 어두움은 서로 상대하여 세운 이름입니다. 《유마경》에서는 '법은 비교할 것이 없으니, 상대가 없기 때문이다.'라고 하였습니다."

설간이 다시 물었다.

"밝음은 지혜를 비유하고, 어둠은 번뇌를 비유하는 것입니다. 도 닦는 사람이 만약 지혜로써 번뇌를 비추어 부수지 않는다면, 끝없는 생사윤회에서 어떻게 벗어나겠습니까?"

혜능이 대답했다.

"번뇌가 곧 깨달음이며, 둘이 없고 다름이 없습니다. 만약 지혜로써 번뇌를 비추어 부순다고 한다면, 이것은 소승(小乘)의 견해로서 양이나 염소처럼 하근기입니다. 지혜가 뛰어난 상근기라면, 전혀 이와 같지 않습니다."

설간이 다시 "어떤 것이 대승의 견해입니까?" 하고 묻자, 혜능이 말했다.

"밝음과 밝지 않음을 범부는 둘로 보지만, 지혜로운 자는 그 자성에 둘이 없음을 깨닫습니다. 둘 없는 자성이 바로 진실한 자성입니다. 진실한 자성은 어리석은 범부라고 줄어들지도 않고 현명한 성인이라고 불어나지도 않으며, 번뇌 속에서도 어지럽지 않고 선정 속에서도 고요하지 않습니다. 끊어지지도 않고 이어지지도 않으며, 오지도 않고 가지도 않으며, 중간에 있지도 않고 안이나 바깥에 있지도 않으며, 생겨나지도 않고 없어지지도 않습니다. 자성과 모습이 한결같아 늘 머물러 변하지 않음을 일컬어 도라고 합니다. 만약 마음의 요체를 깨닫고자 한다면, 다만 모든 좋으니 나쁘니 하는 분별을 내지 마십시오. 그러면 저절로 깨끗한 마음바탕에 들어갈 수 있을 것입니다. 깨끗한 마음바탕은 늘 맑고 고요하면서도 묘한 작용이 끝이 없습니다."

설간은 이 말을 듣고서 문득 크게 깨달았다.

이 사례에서 보듯이 선은 어떤 수행법을 실천하는 것이 아니라, 뛰어난 선지식의 바른 가르침을 듣고서 문득 깨닫는 것입니다. 혜능도 애초《금강경》읽는 소리를 듣고서 깨달음을 경험하였고, 다시 오조의 설법을 듣고서 확실히 깨달았던 것입니다.

이외에도 좌선 수행에 대한 혜능의 비판은 《육조단경》에 여러 곳 등장합니다.

"만약 앉아서 움직이지 않는 것을 옳다고 한다면, 마치 사리불이 숲속에 편안히 앉아 있다가 도리어 유마힐에게 꾸중을 들은 것과 같을 뿐입니다. 또 어떤 사람은 앉아서 마음을 보고 고요함을 관찰하면서 움직이지도 말고 일어나지도 말아야 하니 이로 말미암아 공부가 이루어진다고 가르칩니다만, 이것은 큰 잘못임을 알아야 합니다. 만약 마음을 비우고 고요히 앉아 있다면, 이것은 곧 캄캄한 공(空)에 집착하는 것입니다."

대통신수 대사가 늘 대중에게 "마음을 쉬어 고요함을 보고, 오래 앉아서 눕지 말라."고 가르친다는 말을 신수의 제자에게 듣고서 혜능은 이렇게 말했습니다.

"마음을 쉬어 고요함을 보는 것은 병(病)이지 선(禪)이 아니다. 항상 앉아서 몸을 구속하면 도리(道理)에 무슨 이익이 있겠느냐? 나의 게송을 들어라.

　살아 있을 때는 앉아서 눕지 못하고,
　죽어서는 누워서 앉지를 못하네.
　더러운 냄새 나는 육신을 한결같이 붙잡고서,
　어떻게 공부가 되겠는가?"

육조 혜능이 오조로부터 깨달음의 인가를 받고서 15년 동안 숨어 살다가 인종 법사가 《열반경》을 강의하는 곳에서 "깃발이 움직이는 것도 아니고 바람이 움직이는 것도 아니고 그대들 마음이 움직이는 것이다."라고 말하여 비로소 자신이 5조에게 인가받은 6조임을 드러내자 인종 법사가 물었습니다.

"황매산의 오조께서는 법을 부탁하실 때 어떻게 가르쳐 주십니까?"
육조가 말했다.
"가르쳐 주시는 것은 없습니다. 다만 견성(見性)을 말할 뿐이고, 선정과 해탈을 말하지는 않습니다."
"왜 선정과 해탈을 말하지 않습니까?"
"이법(二法)이기 때문에 불법(佛法)이 아닙니다. 불법은 둘 아닌 법입니다."

인종이 다시 물었다.

"불법이 둘 아닌 법이라는 것은 어떤 것입니까?"

육조가 말했다.

"《열반경》에서 부처님이 말씀했습니다. '선근에는 둘이 있다. 하나는 변함없음이고, 하나는 변함이다. 그러나 불성은 변함없지도 않고 변하지도 않으니, 이 까닭에 불성은 끊어짐이 없다.' 이것을 일컬어 둘이 아니라고 합니다. 하나는 좋고, 다른 하나는 좋지 않습니다. 그러나 불성은 좋지도 않고 좋지 않지도 않으니, 이것을 일컬어 둘이 아니라고 합니다. 보고 듣고 느끼고 아는 세계를 중생은 둘로 분별해 보지만, 지혜로운 자는 그 자성(自性)에 둘이 없음을 밝게 압니다. 둘이 없는 자성이 곧 불성입니다."

육조가 말하기를, 선은 선정을 닦아 해탈을 얻는 것이 아니라, 다만 둘로 분별되지 않는 자성을 보는 견성이라고 합니다. 견성이란 곧 둘로 나누어 볼 수 없는 불이법인 불성을 보는 것입니다. 둘로 나누어 보는 분별을 벗어난 불가사의한 불이중도(不二中道)가 불성이고, 이 불성을 체험하는 것이 견성이고, 견성이 곧 깨달음을 이루는 성불(成佛)입니다. 즉, 육조의 선은 불이중도인 견성성불일 뿐이고, 어떤 종류의 수행을 하는 것이 아닙니다.

《육조단경》에서 육조 혜능은 처음부터 끝까지 변함없이 불이중도인 자성을 가리키는 말을 하고 있음을 알 수 있습니다. 그러면 견성하는 경험, 즉 자성은 어떻게 깨닫게 될까요? 육조는 "위없는 깨달음을 얻으려면 모름지기 말을 듣고서 자기의 본래 마음을 알고

자기의 본성을 보아야 한다."라고 말했습니다. 즉, 선지식의 설법을 듣고서 견성성불이라는 깨달음이 일어나는 것임을 명확히 말하고 있습니다. 그리하여 육조는 이렇게 말했습니다.

"《보살계경》에 이르기를 '내가 본래 타고난 자성은 깨끗하다.'고 하였으니, 만약 자기 마음을 알아서 자성을 본다면 모두 불도를 이룰 것입니다. 《유마경》에서는 '곧장 활짝 열려서 본래 마음을 되찾는다.'고 하였습니다. 도반들이여, 나는 오조 홍인 스님이 계신 곳에서 한 번 말을 듣고서 문득 깨달아 즉각 진여본성을 보았습니다. 이리하여 이 가르침을 전해 주어, 도를 배우는 자로 하여금 문득 깨닫게 하여 스스로 본성을 보도록 하는 것입니다. 스스로 깨닫지 못했다면, 모름지기 바른 길을 곧장 보여 주는 대선지식을 찾아가야 합니다. 이 선지식에게는 교화하고 이끌어 본성을 볼 수 있게 하는 큰 인연이 있기 때문입니다. 그러므로 스스로 깨닫지 못한다면 반드시 선지식의 가르침을 구하여야 비로소 깨달을 수 있습니다."

이후 선을 공부하는 선사(禪師)들은 모두 스승의 가르침을 듣고서 즉각 깨달음을 얻었음을 《전등록》 등 관련 기록을 보면 알 수 있습니다. 즉, 선은 말을 듣고서 즉각 깨닫는 것일 뿐이고, 어떤 종류의 수행을 점차 닦아 나아가는 것은 아닙니다. 그러므로 선의 또 하나의 중요한 특징은 말을 듣고서 곧장 깨닫는다는 언하변오(言下便悟)입니다.

선의 역사에서 좌선 수행에 몰두하고 있는 사람을 일으켜 세워 깨달음으로 안내한 가장 극적인 사건은 아마도 마조도일(馬祖道一; 709-788)이 깨달은 이야기일 것입니다. 마조도일은 문하에서 깨달음을 얻은 제자를 130여 명 배출했다고 하는 대종장이지만, 처음 출가해서는 스승에 의지하지 않고 혼자서 좌선에만 몰두하고 있었습니다. 그 소식을 들은 남악회양(南嶽懷讓; 677-744) 선사가 어느 날 도일이 좌선하고 있는 암자를 방문하여 물었습니다.

"스님은 좌선하여 무엇을 원하시오?"
도일이 말했다.
"부처가 되려고 합니다."
다음 날 회양은 벽돌을 한 개 가져와서 암자 마당에 있는 바위에다 갈기 시작하였다. 시끄러운 소리에 도일이 좌선을 풀고 일어나 나와서 물었다.
"벽돌을 갈아서 무엇을 하려 하십니까?"
회양이 말했다.
"거울을 만들려고 하네."
도일이 웃으며 말했다.
"벽돌을 간다고 어떻게 거울이 되겠습니까?"
회양이 이에 정색을 하고 말했다.
"벽돌을 갈아서 거울이 되지 못한다면, 좌선을 하여 어떻게 부처가 되겠는가?"
잠시 말없이 있던 도일이 이윽고 물었다.
"그러면 어떻게 해야 합니까?"

회양이 말했다.

"소달구지가 가지 않는다면, 달구지를 때려야 하겠는가? 소를 때려야 하겠는가?"

도일이 말이 없자, 회양이 말했다.

"그대는 좌선(坐禪)을 배우고자 하는가? 좌불(坐佛)을 배우고자 하는가? 만약 좌선을 배우고자 한다면, 선은 앉거나 눕는 것이 아니다. 만약 좌불을 배우고자 한다면, 부처에게는 정해진 모습이 없다. 머물러 있지 않은 법은 취할 수도 없고 버릴 수도 없다. 그대가 좌불을 따라간다면 부처를 죽이는 것이고, 앉은 모습에 집착한다면 도에 통하지 못한다."

도일은 이 말을 듣자 마치 목마를 때 냉수를 마신 것처럼 시원하였다. 이에 회양에게 절을 올리고서 물었다.

"어떻게 마음을 써야 도에 들어맞겠습니까?"

회양이 말했다.

"그대가 마음의 진리를 배우는 것은 마치 땅에 씨앗을 뿌린 것과 같고, 내가 그 진리의 요체를 말해 주는 것은 마치 하늘이 비를 내려 땅을 적셔 주는 것과 같다. 그대는 이번에 인연을 만났으니 이제 도를 볼 것이다."

도일이 다시 물었다.

"도에는 모습이 없는데 어떻게 볼 수 있습니까?"

"마음에 도를 보는 눈이 갖추어져 있다."

"이루어졌다 부서졌다 하는 것이 아닙니까?"

회양이 말했다.

"도에는 모습이 없는데, 어떻게 이루어지거나 부서지겠느냐?"

마조는 이러한 가르침 덕분에 깨달았다. 그 뒤 10년 동안 회양을 모시고 공부하였는데 깨달음이 더욱 깊어졌다.

이 이야기는 선이 어떤 것인지를 잘 보여 주는 이야기로 널리 알려져 있습니다. 처음에 마조도일은 열심히 좌선하여 선정삼매를 추구하고 있었습니다. 다행히 육조 혜능의 법을 이어받은 남악회양이 멀지 않은 곳에 살고 있었는데, 마조도일이 좌선에 몰두한다는 이야기를 듣고서 그를 제도하러 찾아갔던 것입니다.

마조를 찾아간 남악은 좌선하여 부처가 될 수는 없다고 분명히 말했습니다. 왜냐하면 참된 선과 참된 부처는 정해진 모습이 없고 머무는 곳이 없고 취할 수도 없고 버릴 수도 없고 이루어지지도 않고 부서지지도 않는 깨달음이기 때문입니다. 이러한 도는 우리가 타고난 본성이기 때문에 갈고 닦고 수행하여 만들어지는 것이 아닙니다. 다만 우리는 본래 타고난 본성을 깨달을 수 있을 뿐입니다.

남악회양은 "소달구지가 가지 않는다면, 달구지를 때려야 하겠는가? 소를 때려야 하겠는가?"라고 물었는데, 육체·느낌·생각·감정·의욕과 같이 우리가 노력하여 조절하고 다스릴 수 있는 것은 모두 소를 따라가는 달구지이고, 소는 우리가 본래 타고난 불가사의한 본성입니다. 우리의 본성은 알 수 없는 불가사의한 허공과 같아서 단지 깨달을 수 있을 뿐, 조절하거나 다스릴 수 있는 것이 아닙니다. 그러므로 선은 견성 즉 깨달음일 뿐입니다.

마음공부의 진행에 대하여 10가지로 구분해 설명한 〈십우도(十

牛圖))에 보면 구도자는 소를 찾는 사람인데, 소를 찾은 뒤에는 소를 잘 키워서 결국에는 소도 사람도 없는 일원상(一圓相)으로 돌아간다고 되어 있듯이, 선은 우선 스승의 가르침에 의하여 본성을 깨달은 뒤에 그 본성을 잘 지켜서 깨달음의 깊이를 더해 가는 공부인 것입니다.

《마조어록》에 이런 대화가 있습니다.

어떤 학승이 물었다.
"어떤 것이 도를 닦는[수도(修道)] 것입니까?"
마조가 답했다.
"도는 닦는 것에 속하지 않는다. 만약 닦아서 이룬다면, 닦아서 이루는 것은 다시 부서지니 곧 소승 수행자와 같을 것이다. 만약 닦지 않는다면, 곧 범부중생일 것이다."

도는 수행과는 관계가 없다는 사실을 마조가 명확히 말하고 있습니다. 도를 닦아서 이룬다면, 그것은 원인에 의하여 만들어진 결과이니 본래 타고난 자성이 아닙니다. 그러면 닦지 말아야 할까요? 닦아야 한다거나 닦지 말아야 한다는 것은 곧 선택하고 취사하는 것이니 도가 아니고 분별망상입니다. 이런 분별로써 도를 말할 수는 없습니다.

그 학승이 다시 물었다.
"그러면 어떤 견해를 내어야 도에 통달할 수 있습니까?"

마조가 말했다.

"자성은 본래부터 완전하여 모자람이 없다. 그러므로 다만 좋다거나 나쁘다거나 하는 분별에 머물지 않을 수만 있으면, 진짜 도 닦는 사람인 것이다. 좋은 것에 머물고 나쁜 것을 제거하거나, 공(空)을 관(觀)하고 선정(禪定)에 들어가는 수행은 모두 조작하는 행동이다. 만약 다시 밖으로 분별하여 찾는다면, 더욱더 멀어질 뿐이다. 단지 분별하는 마음만 없으면 된다. 한 생각 허망하게 분별하는 마음이 곧 중생세계에서 태어나고 죽는 뿌리가 되므로, 다만 분별하는 생각이 없기만 하면 곧 삶과 죽음의 뿌리를 없애는 것이고, 이것이 바로 부처님의 위없는 보물을 얻는 것이다."

분별망상이 쉬어져서 분별망상에서 벗어나는 것은 불이중도(不二中道)의 자성에 통달하는 것입니다. 자성은 본래 불이중도로서 아무런 분별망상이 없는데, 사람이 스스로 분별을 일으켜 망상을 일삼고 있으니 중생이라고 하는 것입니다. 견성성불은 곧 불이중도인 자성에 통달하는 것이므로, 분별에서 벗어나기만 하면 됩니다. 그러므로 마조는 "도는 닦을 필요가 없으니, 다만 더럽히지만 마라. 어떤 것이 더럽히는 것인가? 분별하는 마음으로써 조작하고 추구하기만 하면 모두 더럽히는 것이다."라고 말한 것입니다.

좋고 나쁨을 분별하는 것은 당연히 망상이지만, 공(空)을 관하거나 선정을 닦아 삼매에 들어가는 것도 역시 의도적으로 노력하여 이루어 내는 것이니 취사선택의 분별망상입니다. 그러나 분별을 쉬기 위하여 분별을 버리고 분별하지 않는다면, 이 역시 분별과 분별 없음을 나누어 취하고 버리는 일이니 참으로 분별에서 벗어나는 길이 아닙니다. 그러므로 분별에서 벗어나는 길은 일부러 분별을 하지 않는 것이 아닙니다. 그러면 어떻게 분별을 벗어나 깨달을 수 있을까요? 마조의 말을 다시 보겠습니다.

"소승의 수행자는 부처님의 마음에는 본래 정해진 지위나 원인과 결과나 점차적인 단계가 없다는 것을 모르고 분별하고 헤아려서 수행이 원인이고 깨달음이 결과라고 허망하게 생각한다. 그리하여 공(空)을 관하는 선정에 머물러 긴긴 시간을 보내지만, 그렇게 하여 비록 깨닫는다고 하더라도 곧 다시 미혹해진다. 대승의 모든 보살이 이러한 소승의 수행을 마치 지옥의 고통과 같이 여기는 것은, 소승의 수행자가 이처럼 공에 빠지고 고요함에 머물러서 불성(佛性)을 보지 못하기 때문이다. 만약 선을 공부하는 상근기 중생이라면, 문득 선지식이 가르치는 말씀을 듣고서 즉시 깨달아 다시는 계급과 지위를 거치지 않고 곧장 불성을 본다."

이처럼 선은 선정을 수행하거나 관법을 수행하는 것이 아니라, 이미 깨달아 불이중도에 들어가 있는 참된 선지식의 말씀을 듣고서 문득 분별을 벗어나 깨닫는 것입니다. 이것을 당시 중국 선사들은 언하변오(言下便悟)라고 표현하였는데, 말을 듣고서 곧장 깨닫는다는 뜻입니다. 육조 혜능은 《금강경》 구절을 듣고서 문득 깨달았고, 그 뒤 육조 문하의 수많은 선승도 모두 말을 듣고서 곧장 깨달아 불이법문에 통달하였습니다. 당나라와 송나라에서 깨달음을 얻은 선사들 1,700여명의 깨달은 이야기와 가르침의 말씀을 적어 놓은 《조당집》이나 《전등록》을 보면 모든 선사의 깨달음은 스승의 말씀을 듣고서 홀연 이루어졌다고 기록되어 있습니다. 선은 수행이 아니라 가르침의 말씀을 듣고서 문득 깨닫는 체험인 것입니다.

마조도일의 법제자는 백장회해(百丈懷海; 749-814)이고 그의 법을 이은 제자는 황벽희운(黃檗希運; ?-850)인데, 황벽의 법문을 기록한 《전심법요》에서 황벽은 이렇게 말합니다.

"이 마음이 곧 부처다. 달마는 인도에서 와 다만 한 개 마음을 전함에, 모든 중생이 본래 부처임을 곧장 가리켰을 뿐이니 수행할 필요는 없다."

"오직 이 한 개 마음이 곧 부처이니, 부처와 중생이 전혀 다르지 않다. 중생은 모습에 집착하여 밖으로 구하니 구할수록 더욱 잃는데, 부처로 하여금 부처를 찾게 하고 마음을 가지고 마음을 잡으려 하므로 아무리 오랜 세월이 지나더라도 끝내 얻을 수 없는 것이다. 이들 중생은 생각을 쉬고 헤아림을 잊는다면 부처가 저절로 앞에 나타난다는 사실을 모르고 있다."

"이 마음이 곧 부처이니, 부처가 곧 중생이다. 중생일 때도 이 마음은 줄어들지 않고 부처일 때도 이 마음은 불어나지 않으므로, 이 마음을 수행에 의하여 더할 필요가 없다. 만약 이 마음이 부처임을 깨닫지 못하고 모습에 집착하여 수행함으로써 효과를 바란다면, 모두 망상이어서 도와는 어긋난다."

"이 마음은 본래 분별할 수 없지만, 마음이 없다고 해도 안 된다. 깨달음이란 이 마음에 말없이 들어맞을 뿐, 모든 생각과 말은 끊어진다. 이 마음은 본래 근원이 깨끗한 부처이며, 사람들이 모두 본래 가지고 있는 것이다."

"이 본래 깨끗한 마음은 늘 스스로 두루 밝고 빠짐없이 비추고 있는데, 세상 사람들이 이 마음을 깨닫지 못하는 것은 다만 보고 듣고 느끼고 아는 것을 마음이라고 잘못 알기 때문이다. 보고 듣고 느끼고 아는 것에 뒤덮인 까닭에 밝은 본바탕을 보지 못하고 있는데, 다만 곧장 그 뒤덮임에서 벗어나기만 하면 본바탕이 저절로 나타나 마치 태양이 허공에서 두루 비춤에 막힘이 전혀 없는 것과 같을 것이다."

"세상 사람들은 부처님이 마음을 전한다는 말을 듣고서는, 마음 위에 따로 증명할 수 있고 취할 수 있는 마음이 따로 있다고 오해하여 마음을 가지고 마음을 찾게 되니, 영원한 세월이 흘러도 마침내 얻지 못한다."

"곧장 자기의 마음이 본래 부처임을 문득 깨달아 얻을 법이 하나도 없고 닦을 수행이 하나도 없으면, 이것이 위없는 깨달음이고 참되고 변함없는 부처다."

"설사 무한한 세월 동안 수행하여 온갖 지위를 거치더라도 한순간 깨달을 때 이르러서는 다만 원래 자기 마음인 부처를 깨달을 뿐, 그 위에 다시 한 물건도 더할 것은 없다. 깨닫고 나서 보면 그 수많은 수행은 모두 헛된 짓일 뿐이다."

선이란 우리 마음의 실상을 깨닫는 것입니다. 마음은 하나이지만 양면이 있으니, 분별할 수 없는 깨끗한 본질과 분별할 수 있는 현상세계입니다. 마음의 분별할 수 없는 측면을 심진여(心眞如)라 부르고, 분별할 수 있는 측면을 심생멸(心生滅)이라 부릅니다. 심생멸은 분별하여 알 수 있는 세계이니 세간(世間)이라 부르고, 심진여는 알 수 없는 것이니 출세간이라 부릅니다. 세간은 오온(五蘊)이라 불리는 삼라만상이 나타나 있는 마음이고, 출세간은 아무것도 없는 공(空)인 마음입니다.

중생은 분별되는 세간만 알고 분별되지 않는 공은 알지 못하므로 마음의 실상(實相)에 어두운 것입니다. 마치 거울을 보는 고양이가 거울에 나타난 모습을 진실하게 여기기만 하고 그 거울이 원래 텅 비어 있음은 알지 못하는 것처럼, 어리석은 중생도 마음에 나타나는 삼라만상을 진실하게 여길 뿐이고 마음이 본래 텅 비어 있음은 알지 못합니다. 이처럼 마음의 실상을 깨닫지 못하기 때문에 중생에게는 온갖 번뇌가 있습니다.

세간의 모습을 분별하기만 하는 중생의 분별심을 항복시켜 분별에서 벗어나 공(空)을 체험하여 마음의 텅 빈 실상에 통하는 것이 곧 깨달음입니다. 그런데 공인 심진여는 분별하여 알 수 있는 것이 아니므로, 공에 대하여 할 수 있는 일은 없습니다. 즉, 공을 깨닫게 하는 어떤 수행의 길도 정해질 수 없는 것입니다. 다만 알 수 없는 공 앞에서 분별심이 멈추어 의문만 남은 공부인이 깨달음에 대한 원을 가지고 선지식의 말씀을 듣고 있으면, 어느 순간 문득 불가사의한 깨달음이 일어납니다.

황벽희운에게 "불법의 분명한 뜻이 무엇입니까?" 하고 질문하였다가 황벽이 말없이 주장자로 때리는 인연으로 깨달음을 얻은 임제의현(臨濟義玄; ?-867)은 중국 임제종(臨濟宗)의 초조이자 중국 선종에 지대한 영향을 끼친 대선사입니다. 임제의 가르침을 기록한 《임제어록》에서는 다음과 같이 어떤 수행의 행위이든 모두 업을 짓는 어리석은 짓일 뿐임을 말하고 있습니다.

"어떤 부류의 눈먼 중들은 배불리 밥을 먹고는 곧 좌선(坐禪)하며 관법(觀法)을 수행하면서 흘러나오는 생각을 꽉 붙잡아 일어나지 못하게 함으로써 시끄러움을 싫어하고 고요함을 찾지만, 이것은 외도의 법이다. 조사가 말했다. '그대가 만약 마음을 머물러 고요함을 살펴보고, 마음을 일으켜 밖으로 비추어 보고, 마음을 거두어 안으로 깨끗이 하며, 마음을 모아서 선정에 든다면, 이와 같은 것들은 모두가 조작하는 짓이다.'"

"예컨대, 여러 곳에서는 육바라밀과 온갖 수행을 말하면서 이를 불법(佛法)이라고 여기지만, 나는 '이것은 장식하는 것이고 불사(佛

事)¹를 행하는 것이지 불법은 아니다.'라고 말한다. 또 계율을 잘 지키며 기름 그릇을 높이 들고 가도 출렁거리지 않게 할 정도로 정신을 집중하여 수행하여도, 도를 보는 안목이 밝지 않으면 모두가 밥값을 치러야 할 날이 있을 것이다."

"외로운 산봉우리에서 홀로 살며, 아침 한 끼만 먹고, 눕지 않고 늘 앉아 지내며, 하루 여섯 번 도를 수행한다고 하더라도, 이들은 모두 업을 짓는 사람들이다."

똑! 똑! 똑! 여기에는 한마디 말도 없습니다.

2. 조사선이란 어떤 것인가?

똑! 똑! 똑! 여기에 있어야 말에 속지 않습니다.

중국에서 발생한 불교의 종파 가운데 선종(禪宗)이라는 종파가 있었는데, 이 종파에서 말하는 선(禪)을 일러 조사선(祖師禪)이라고 합니다. 조사선이란 문자 그대로 조사(祖師)의 선, 혹은 조사가 전

---

1 불사(佛事) : ①깨달음의 일, 곧 깨달음. ②깨달은 자인 부처님이 잘하는 일인 교화(敎化)를 가리키니, 여러 가지 일을 통하여 불법을 열어 보이는 것. ③선원(禪院)에서 개안(開眼)·상당(上堂)·입실(入室)·안좌(安座)·염향(拈香) 등의 일들이나 절을 짓고 불상을 조성하고 경전을 만드는 것을 모두 불사라고 한다. ④불교에서 행하는 법회를 일반적으로 불사 또는 법사(法事)라 한다.

한 선이라는 뜻입니다. 조사란 조상인 스승이라는 뜻으로서, 불교의 한 종파를 만든 원조(元祖)인 종조(宗祖)를 비롯하여, 그 뒤에 그 종파의 종지를 이어온 가장 중심되는 스승을 가리킵니다.

선종(禪宗)에서 주장하는 조사는 인도에서는 석가모니 부처님의 제자인 마하가섭을 제1대 조사로 하여 28대를 이어와 보리달마가 제28대 조사가 되고, 보리달마는 중국으로 건너와 중국의 제1대 조사가 되고 그 아래에서 5대를 이어 육조 혜능이 제33대 조사가 됩니다. 육조 혜능 이후에는 중국에서 선이 널리 퍼지면서 대표자 한 사람에게 전하는 조사라는 제도는 사라지고 선을 공부하여 깨달은 사람을 모두 선사(禪師)라고 하게 되었습니다.

중국 선종의 스님들이 흔히 하는 질문에 "무엇이 조사가 서쪽에서 오신 뜻이냐?"(如何是祖師西來意)라는 것이 있습니다. 이 경우 조사는 서쪽 인도에서 동쪽 중국으로 온 보리달마를 가리킵니다. 그러므로 "무엇이 조사가 서쪽에서 오신 뜻이냐?"라는 질문의 뜻은 '보리달마는 무엇을 하려고 중국으로 왔느냐?'라는 뜻이며, 결국 '보리달마가 전한 깨달음은 어떤 것이냐?'라는 질문입니다.

그러나 마하가섭에서 보리달마를 거쳐 육조 혜능까지 33대로 이어져 왔다는 조사의 계보는 사실 육조 혜능의 문하에서 만들어진 방편의 이야기이지 역사적인 사실은 아닙니다. 역사적으로 보면 조사선은 육조 혜능의 깨달음에서 비롯하였으며, 혜능의 손상좌에 해당하는 마조도일(馬祖道一; 709-788)과 석두희천(石頭希遷; 700-790)의 제자들에게서 실천되고 전해진 것입니다. 이 조사선은 중국 당대(唐代)와 송대(宋代)에 중국 불교의 주류를 이룰 만큼 유행하였고,

우리나라와 일본에도 전해져서 지금까지도 동아시아 불교의 주류를 차지하고 있다고 할 수 있습니다.

육조 혜능 이전까지의 불교에서 선(禪)이라고 하면 기본적으로 가부좌하고 앉아서 마음을 관찰하는 좌선관심(坐禪觀心)이라는 수행법이었습니다. 그러나 육조 혜능은 좌선관심을 수행한 것이 아니라, 우연히《금강경》읽는 소리를 듣고서 문득 깨달음을 얻었습니다. 그 뒤에 오조 홍인(五祖弘忍; 594-674)을 찾아가《금강경》설법을 듣고서 다시 한 번 확실히 깨달음을 얻어 오조(五祖)에게 그 깨달음을 인정받아 육조(六祖)가 되었습니다.

육조 혜능의 가르침을 기록한《육조단경》에서 혜능은 이렇게 말했습니다.

"도는 마음으로부터 깨닫는 것인데, 어찌 앉는 것에 있겠습니까? 경전에서 말했습니다. '만약 여래가 앉거나 눕는다고 말한다면, 이것은 삿된 도(道)를 행하는 것이다. 무슨 까닭인가? (여래는) 오지도 않고 가지도 않기 때문이다.² 생겨나지도 않고 없어지지도 않는 것이 여래의 깨끗한 선(禪)이요, 모든 법이 텅 비어 고요한 것이 여래의 깨끗한 좌(坐)입니다. 결국 깨달음도 없는데, 하물며 앉

---

2 《금강경》〈제29 위의적정분(威儀寂靜分)〉에 나오는 다음 내용을 문구를 변형시켜서 말하고 있다 : "수보리야, 만약 누가 여래는 오기도 하고 가기도 하고 앉기도 하고 눕기도 한다고 말한다면, 이 사람은 내가 말하는 뜻을 이해하지 못한 것이다. 무슨 까닭인가? 여래는 어디에서 오지도 않고 어디로 가지도 않는다. 그 까닭에 여래라 부른다."(須菩提, 若有人言 如來若來若去 若坐若臥 是人不解我所說義. 何以故? 如來者 無所從來 亦無所去 故名如來.)

겠습니까?"

"생각으로 헤아리면 알맞지 않습니다. 견성한 사람은 말을 듣고서 모름지기 자성을 보는 것이니, 만약 이와 같이 견성한 사람이라면 칼을 휘두르며 적진으로 돌진하더라도 역시 자성을 볼 수 있습니다."

이러한 육조 혜능의 경험에 의하여 좌선관심의 수행이 아니라, 설법(說法)을 듣고서 깨달음을 얻는다는 조사선의 가장 중요한 특징이 생깁니다. 다시 말해, 조사선은 혼자 앉아서 마음을 관찰하는 선 수행을 하여 깨달음을 얻는 것이 아니라, 스승인 조사의 가르침의 말씀인 설법을 듣고서 깨달음을 얻는 것입니다. 이렇게 스승의 가르침인 설법을 듣고서 깨달음을 얻는 불교가 새로운 불교는 아닙니다. 석가모니 부처님의 제자들도 모두 석가모니의 말씀을 듣고서 깨달음을 얻었다고 기록되어 있으며, 불교의 모든 경전이 바로 이러한 부처님의 설법을 기록하고 있기 때문입니다. 그러므로 불교의 기본적인 공부 방법과 깨닫는 방식은 스승의 설법을 듣고 깨달음을 얻는 방식입니다.

스승의 말을 듣고서 깨닫는다는 것을 한자로는 언하변오(言下便悟)라고 합니다. '말을 듣고서 즉시 깨닫는다.'라는 뜻입니다. 이 특징 외에 조사선의 특징을 정리하여 말한 몇 가지 말이 있습니다. 불립문자, 교외별전, 이심전심, 직지인심, 견성성불이 그것입니다.

'언어문자를 세우지 않는다.'는 뜻인 불립문자(不立文字)는 언어문자로 기록된 가르침인 불교 경전을 읽고서 공부하는 일반적인 불교와는 달리, 조사선에서는 스승과 제자가 직접 만나 얼굴을 마주 보고 스승이 제자를 가르치고 일깨워 깨달음에 이르게 한다는 뜻에서 하는 말입니다. 경전에 기록된 부처님과 보살의 가르침의 말씀을 보통 교(敎)라고 하여 선(禪)과 구분하여 말하듯이, 조사선에서는 경전을 읽고 공부하는 것이 아니라는 뜻에서 불립문자를 말합니다.

'경전에 기록된 가르침의 말씀인 교(敎)의 밖에서 따로 전한다.'라는 뜻인 교외별전(敎外別傳)은 불립문자와 쌍을 이루는 동일한 취지의 말입니다. '마음에서 마음으로 전한다.'라는 뜻인 이심전심(以心傳心)은 스승과 제자가 직접 만나서 스승의 마음이 제자의 마음을 일깨워 깨닫도록 한다는 말이므로 역시 불립문자와 통하는 말입니다. 스승과 제자가 직접 만나 일깨우고 깨닫는 것이 조사선이기 때문에 조사선에서는 스승과 제자의 계보를 말하게 된 것입니다.

스승과 제자가 만나 어떻게 일깨우고 어떻게 깨닫는지를 밝힌 말이 직지인심과 견성성불입니다. 직지인심(直指人心)은 '사람의 마음을 곧바로 가리킨다.'는 뜻인데, 사람 마음이란 사람 마음의 참된 모습을 말하고, 곧바로 가리킨다는 것은 말로써 설명하여 이해시키려는 것이 아니라 살아 있는 마음을 곧장 가리켜서 이해를 벗어나 즉시 살아 있는 마음을 일깨우려는 것입니다.

견성성불(見性成佛)은 '자성(自性)을 보아 깨달음을 이룬다.'는 뜻인데, 자성은 분별할 수 없는 우리 마음의 본질이므로 자성을 본다는 경험은 곧 분별에서 벗어나는 경험입니다. 불교에서 사용하는 방편의 말에 법상(法相)과 법성(法性)이라는 말이 있습니다. 상(相)과 성(性)이라는 말을 상대시켜 말한 것입니다. 상은 '모습'이라는 뜻이니 분별되는 현상세계를 가리키는 말이고, 성은 상에 대하여 상대적으로 분별되지 않는 본질세계를 가리키는 말입니다.

그러므로 법성, 자성, 본성(本性), 불성(佛性)이라는 말은 분별을 벗어나 분별되지 않는 마음의 세계를 가리키는 말입니다. 분별되는 세계를 중생의 세계라 하여 세간(世間)이라 하고, 분별되지 않는 세계를 중생의 세계를 벗어났다고 하여 출세간(出世間)이라 합니다. 세간인 분별의 특징은 둘로 나누는 분별의 세계라 하여 이법(二法)이라 하고, 출세간인 분별을 벗어난 세계는 둘로 나누어지지 않는다고 하여 불이(不二)라고 합니다. 그리하여 분별을 벗어나 자성을 경험하는 것을 불이(不二)인 중도(中道)에 통한다고 하기도 하고, 분별할 것이 없어서 텅 비었다고 하여 공(空)이라 하기도 합니다. 이처럼 견성성불은 헛된 생각인 분별에서 벗어나 불이중도에 통하는 체험입니다.

그러면 직지인심을 통하여 어떻게 분별에서 벗어나 자성을 보게 될까요? 직지인심은 분별할 수 없는 마음을 곧장 가리키는 것입니다. 그러므로 제자가 그러한 스승의 가르침을 만나면 제자의 분별하는 마음은 어떻게도 작동할 수 없게 되는데, 이렇게 분별심이 작동할 수 없게 되면 분별에서 벗어나 불이중도에 통할 수 있는 가능성이 생기는 것입니다. 분별할 수 없는 입장에서 깨달음을 얻고자 하는 뜻을 버리지 않고 스승의 직지인심의 가르침을 계속하여 접하면, 어느 순간에 저절로 분별심이 무너져 내리면서 문득 불이중도의 안목이 열리게 됩니다. 이것이 곧 견성성불입니다.

조사선 선사들의 가르침과 깨달음의 일화를 몇 개 소개합니다.

분양의 무업[3] 국사가 마조[4] 대사를 찾아가 물었다.

"소승불교와 대승불교의 교리는 대강 공부하였습니다. 선종에서는 이 마음이 곧 부처라 한다고 일찍이 들었습니다만, 저는 아직 깨닫지 못하고 있습니다. 스님께서 자비를 베풀어 가리켜 주시기 바랍니다."

마조가 말했다.

"다만 그대가 깨닫지 못하는 마음이 곧 부처일 뿐, 다시 다른 물건은 없다네. 헤매면 중생이고, 깨달으면 부처라네. 마치 주먹을 펴면 손바닥이고 손바닥을 쥐면 주먹인 것과 같지."

무업이 다시 물었다.

"그러면 어떤 것이 조사께서 서쪽에서 오신 뜻입니까?"

마조가 말했다.

"스님은 참 시끄럽군. 우선 갔다가 나중에 다시 오게."

무업이 막 나가려고 하는데 마조가 불렀다.

"스님!"

무업이 머리를 돌리자 마조가 말했다.

"이게 무엇이냐?"

---

3 분주무업(汾州無業; 760-821).
4 마조도일(馬祖道一; 709-788).

이 순간 무업은 마음이 활짝 열리면서 크게 깨달았다.[5]

홍주의 수로[6] 화상이 마조[7] 대사를 찾아왔을 때, 마조는 마침 뒷산에 올라가 있었다. 수로가 산으로 찾아가 마조에게 물었다.
"어떤 것이 조사가 서쪽에서 오신 뜻입니까?"
마조가 말했다.
"먼저 절부터 하여라."
수로가 절을 하려고 엎드리자 마조는 그의 등을 발로 밟았는데, 그 즉시 수로는 크게 깨달았다.[8]

향엄[9]은 백장[10]의 문하에 있었는데, 아는 것이 많고 말재주가 뛰어나 대중들 가운데 말로서는 그를 당할 자가 없을 정도였지만, 아직 깨닫지는 못하고 있었다. 백장이 죽고 나서는 위산[11]의 문하에 들어갔는데, 위산은 향엄의 말재주가 단지 지식에서 나오는 것일 뿐 근원을 통달한 것이 아님을 알고서, 어느 날 그에게 말했다.
"내가 듣기로 그대는 백장 선사의 처소에 있을 때 하나를 물으면 열을 답했고, 열을 물으면 백을 답했다고 하더라. 그런데 이것은 그대가 총명하고 영리하여 뜻으로 알아차리고 지식으로 헤아리는 것

---

5 《연등회요》 제3권.
6 홍주수로(洪州水老; ?-?).
7 마조도일
8 《연등회요》 제5권.
9 향엄지한(香嚴智閑; ?-898).
10 백장회해(百丈懷海; 749-814).
11 위산영우(潙山靈祐; 771-853).

이니 바로 삶과 죽음의 근본이 된다. 이제 부모가 그대를 낳기 이전의 일을 한마디 말해 보라."

향엄은 한참을 궁리한 후 몇 마디 대답을 했으나 위산은 하나도 용납하지 않았다. 마침내 향엄은 할 말이 없어서 위산에게 가르침을 부탁하였다. 위산이 말했다.

"내가 만약 그대에게 말해 준다면 그대는 뒷날 나를 욕할 것이다. 내가 말하는 것은 나의 것일 뿐 결코 그대의 일과는 상관이 없다."

처소로 돌아온 향엄은 평소 보아 왔던 서적을 뒤져서 대답을 찾았으나, 결국 찾지를 못하자 이제껏 보아 왔던 서적을 몽땅 불태워 버리고는, 불법 배우기는 포기하고 떠돌이 중이나 되겠다고 결심했다. 그리하여 위산을 하직하고 남양으로 건너가 혜충 국사[12]의 탑을 관리하는 암자에 머물렀다.

향엄은 어느 날 풀을 베다가 우연히 기와 조각을 던졌는데, 그것이 대나무에 부딪혀 소리를 내자 홀연히 깨달았다. 향엄은 급히 돌아와 목욕하고 향을 피우고 멀리 위산을 향하여 절을 올리며 말했다.

"스님의 자비로운 은혜는 부모의 은혜보다도 큽니다. 그때 만약 저에게 말해 주셨더라면 어찌 오늘이 있었겠습니까?"[13]

---

12 남양혜충(南陽慧忠; ?-775).
13 《오등회원》제9권

조주[14]가 남전[15]에게 물었다.

"어떤 것이 도(道)입니까?"

남전이 말했다.

"평소의 마음이 도다."

조주가 물었다.

"향하여 다가가야 합니까?"

남전이 말했다.

"헤아려 향하면 어긋난다."

조주가 말했다.

"헤아리지 않으면, 도인 줄 어떻게 압니까?"

남전이 말했다.

"도는 앎에 속하지도 않고 알지 못함에 속하지도 않는다. 앎은 헛된 깨달음이고, 알지 못함은 캄캄한 어둠이다. 만약 참으로 헤아릴 수 없는 도에 통달한다면, 마치 커다란 허공과 같아서 텅 비고 막힘이 없는데, 어찌 억지로 옳으니 그르니 할 수 있겠느냐?"

조주는 이 말을 듣고서 깊은 뜻을 문득 깨달았다.[16]

어떤 승려가 조주[17]에게 물었다.

"저는 방금 절에 들어왔습니다. 스님께서 가리켜 주십시오."

조주가 말했다.

---

14 조주종심(趙州從諗: 778-897).
15 남전보원(南泉普願: 748-834).
16 《연등회요》제6권
17 조주종심.

"죽은 먹었느냐?"

그 승려가 말했다.

"죽은 먹었습니다."

조주가 말했다.

"발우를 씻어라."

그 승려는 말을 듣자마자 크게 깨달았다.[18]

대전[19]이 석두[20]를 만났을 때 석두가 물었다.

"어떤 것이 너의 마음이냐?"

대전이 답했다.

"스님의 말씀에 응대하는 것입니다."

석두는 곧장 꾸짖었다. 십여 일이 지나 대전은 다시 석두를 찾아가 물었다.

"스님께서는 지난날 어찌 아니라고 하셨습니까? 이것을 제외한다면 무엇이 마음입니까?"

석두가 말했다.

"눈썹을 찡그리고 눈앞을 굴리는 등의 모든 일을 제외하고, 곧장 마음을 가져오너라."

대전이 대답하였다.

"가져올 수 있는 마음이 없습니다."

---

18 《연등회요》 제6권.
19 대전보통(大顚寶通; 732-824).
20 석두희천(石頭希遷; 700-790).

석두가 말했다.

"먼저는 가져온 마음이 있었는데, 지금은 어찌하여 마음이 없다고 말할 수 있느냐? 마음이 있는 것도 마음이 없는 것도 모두 나를 속이는 것이다."

대전은 이때 이 말을 듣고서 크게 깨달았다.[21]

회통이라는 사람은 도광 선사의 권유로 도림[22] 선사를 찾아뵙고 출가하였지만, 몇 년이 지나도록 도림 선사는 아무런 가르침을 주지 않았다. 이에 어느 날 회통이 도림을 떠나 다른 곳으로 공부하러 가고자 하여, 작별 인사를 드리니 도림이 물었다.

"그대는 어디로 가려 하느냐?"

회통이 말했다.

"저는 불법을 공부하려고 출가하였는데, 스님께서 가르침을 내리지 않으시니 다른 곳으로 가서 불법을 배우려 합니다."

도림이 말했다.

"만약 불법이라면, 내가 있는 여기에도 약간은 있다."

회통이 말했다.

"어떤 것이 스님이 계신 이곳의 불법입니까?"

이에 도림은 자기 옷에 붙어 있던 실오라기 하나를 집어 들어 입으로 불었다. 회통은 이에 문득 깨달았다.[23]

---

21 《조당집》제5권
22 작소도림(鵲巢道林; 741-824).
23 《연등회요》제2권

이처럼 조사선은 말을 듣고서 곧장 깨닫는 돈오(頓悟)의 공부이지, 어떤 형태의 수행 방법을 열심히 실천하여 조금씩 향상하여 간다는 점수(漸修)의 공부가 아닙니다. 조사선은 분별이 가로막혀 있다가 문득 분별에서 벗어나 불이중도에 통하는 돈오를 성취하고서 그 불이중도에 익숙해져 가는 공부입니다. 지금까지 익숙해 있던 분별과 생각에서 벗어나 이제는 불이중도에 익숙해져야 합니다. 물론 익숙해짐에는 많은 시간이 필요합니다. 그러므로 깨달음은 쉬우나 익숙해짐이 오히려 어렵다고 하는 것입니다. 이처럼 점차적 수행 없이 문득 깨닫는 돈오가 조사선의 또 하나의 특징이라고 할 수 있습니다.

똑! 똑! 똑! 여기에는 한마디 말도 없습니다.

3. 조사선에서는 어떻게 깨달음에 이르는가?

똑! 똑! 똑! 여기에 있어야 말에 속지 않습니다.

앞에서 살펴보았듯이, 조사선의 특징은 선지식이 제자에게 마음을 곧장 가리키는 직지인심(直指人心)의 가르침을 주면, 제자는 그 말을 듣고서 분별하는 마음에서 벗어나 견성성불(見性成佛)하는 것입니다. 그렇다면 직지인심은 어떻게 견성성불이라는 결과를 가져올 수 있을까요?

견성의 경험은 알 수 없는 가운데 문득 일어나는 일이기 때문에, 경험하는 당시에 경험하는 사람은 자신의 경험에 대하여 전혀 이해할 수 없습니다. 만약 이해한다면 여전히 분별하는 생각 속에 있는 것이어서 깨달음이라고 할 수 없습니다. 그러나 경험하고서 십 년 이상의 세월이 흐르면서 이 경험에 충분히 익숙해지고 또 불교 경전이나 조사의 말씀에서 방편의 말에 익숙하게 되면, 이 경험을 어느 정도 설명할 수 있습니다. 여기에서는 필자의 경험에 의거하고, 또 경전과 조사어록에서 말하는 방편에 의거하여 설명해 보겠습니다.

《금강경》에서는 최상의 깨달음을 얻으려면 그 마음을 항복시켜야 한다고 하면서 그 까닭을 '나' '사람' '중생' 등의 생각이 있으면 보살이 아니기 때문이라고 했습니다. 그러므로 항복시켜야 할 마음은 곧 중생의 생각하는 마음인 분별심입니다. 다시 말해, 분별하여 생각하는 마음을 항복시키고 분별하여 생각함에서 벗어나는 것이 곧 깨달음입니다. 그리하여 《금강경》에서는 또 "나라는 생각은 곧 생각이 아니고, 사람이라는 생각, 중생이라는 생각, 목숨이라는 생각도 곧 생각이 아니기 때문입니다. 왜 그럴까요? 모든 생각을 전부 떠나는 것을 일러 모든 부처님이라고 일컫기 때문입니다."[24]라고도 하였습니다.

그러면 생각에서 벗어나는 것이 어떻게 깨달음이 될까요?《육조단경》에 이런 내용이 나옵니다. 육조가 사냥꾼 사이에 숨어 살다가 인종 법사의 법회에서 드디어 모습을 드러내자 인종이 오조(五祖)

---

24 相卽是非相, 人相衆生相壽者相卽是非相. 何以故? 離一切諸相, 則名諸佛.

는 무엇을 가르치느냐고 물었는데, 육조는 "가르쳐 주는 것은 없습니다. 다만 견성(見性)을 말할 뿐이고, 선정과 해탈은 말하지 않습니다."라고 답합니다. 이에 인종이 "왜 선정과 해탈을 말하지 않습니까?"라고 묻자, 육조는 "그것은 이법(二法)이기 때문에 불법(佛法)이 아닙니다. 불법은 불이법(不二法)입니다."[25]라고 답합니다.

선종(禪宗)의 조사(祖師)는 다만 본성을 보는 견성을 말할 뿐인데, 그 이유가 부처님의 진리가 둘 아닌 불이법이기 때문이라고 합니다. 이법(二法)은 곧 둘로 나누는 것이므로 분별하는 것을 가리키고, 불이법은 둘로 나누지 않으므로 분별하지 않는 것을 가리킵니다. 다시 말해, 견성이란 분별 즉 생각에서 벗어나는 것입니다. 우리 범부중생은 세상 모든 것을 분별하여 생각하고 이름을 붙여 말합니다. 이렇게 분별하여 세상을 안다고 여기는 것이 곧 중생입니다.

우리가 무엇을 분별하여 알 때 우리는 '무엇'과 '무엇 아님' 둘로 나누어 '무엇'을 분별하여 압니다. 깨달음은 '무엇'과 '무엇 아님' 둘로 나누는 분별에서 벗어나기 때문에 둘이 아닌 불이(不二)라 하고, '무엇'에도 머물지 않고 '무엇 아님'에도 머물지 않으므로 중도(中道)라고 합니다. 깨달음의 진리 즉 불법(佛法)이 불이법이라는 말은, 깨달음의 진리가 둘로 나누는 분별에서 벗어나 불이중도(不二中道)에 해당한다는 말입니다. 진여자성(眞如自性)이 불이중도라거나 깨달음의 세계가 불이중도의 세계라는 말은 불교에서 늘 하는 말입

---

25 宗復問曰: "黃梅付囑, 如何指授?" 能曰: "指授卽無. 唯論見性, 不論禪定解脫."
宗曰: "何不論禪定解脫?" 謂曰: "爲是二法, 不是佛法. 佛法是不二之法."

니다.

　이처럼 분별 즉 생각에서 벗어나는 것이 곧 견성성불인 깨달음이라면, 어떻게 분별에서 벗어날 수 있을까요? 우선 알 수 있는 것은, 분별에서 벗어나고자 하는 사람이 '이렇게 하면 분별에서 벗어날 수 있다'라고 생각하여 행할 수 있는 일은 없다는 사실입니다. 왜 그럴까요? '이렇게 하면 분별에서 벗어날 수 있다'라는 생각이 바로 분별이기 때문에, 그런 분별을 따라서 행하여 얻는 결과도 전부 분별일 뿐이어서 영원히 분별에서 벗어나지 못하기 때문입니다. 다시 말해, 분별을 따라서 행하는 행위의 결과는 분별일 뿐입니다.

　일반적으로 분별에서 벗어나기 위하여 행하는 수행은 하나의 대상에 생각을 머물러 두는 지관(止觀) 수행입니다. 어떤 생각이나 호흡이나 눈앞에 나타나는 모습에 생각을 머물러 관찰하는 것이지요. 그러나 이런 경우에도 여전히 주관인 '나'가 객관인 대상을 분별하고 있는 것이므로 분별에서 벗어난 것이 아닙니다. 또 이런 수행을 하다가 어느 순간 문득 생각이 쉬어져서 무의식 속에서 시간이 흐르는 줄도 모르는 깊은 무념삼매(無念三昧)에 빠진 경험을 말하는 사람도 있습니다. 그러나 이런 경험은 일시적으로 분별이 멈춘 것이지 분별에서 벗어난 것은 아닙니다. 그런 무념삼매는 마치 깊은 잠이나 졸도한 상태와 같아서, 그런 상태를 깨어 있는 마음인 깨달음이라고 할 수는 없습니다.

　견성성불이 불이중도라는 것은, 분별함과 분별 없음이 둘이 아니라는 뜻이기도 합니다. 다시 말해, 마음이 이전처럼 보고 듣고 느끼고 생각하는 분별을 하는데도 분별이 없는 것이 불이중도의 깨달음입니다. 이처럼 마음이 분별에 머물지도 않고 분별 없음에 머물지도 않는 것이 불이중도입니다. 그러므로 불이중도에서는 분별을 취하거나 버리지 않고, 분별 없음을 취하거나 버리지도 않습니다. 분별과 분별 없음의 양쪽을 취사선택하지 않는 것이 바로 분별에서 벗어난 불이중도이니, 불이중도에서는 분별할 수도 없고 분별하지 않을 수도 없습니다.

이처럼 불이중도는 우리가 분별심을 가지고 취하거나 버리는 선택을 할 수 없는 불가사의한 세계입니다. 그렇기 때문에 《유마경》에서는 불이중도에 통하는 것을 불가사의 해탈(不可思議 解脫)이라고 하였습니다. 이 불가사의한 세계를 대하여 우리의 분별심이 할 수 있는 일은 아무것도 없습니다. 우리는 불이중도의 깨달음 세계로 들어가기를 원하지만, 우리는 이 세계로 가는 길을 알 수가 없습니다. 불이중도의 세계 앞에서 우리의 분별하는 마음은 아무것도 할 수 없어서 꼼짝도 못합니다.

분별하는 마음이 분별을 벗어난 불이중도의 불가사의한 세계 앞에서 꼼짝도 할 수 없는 상황에 처하는 것을 전통적으로는 "은산철벽(銀山鐵壁)에 가로막혔다."거나 "의문의 덩어리〔의단(疑團)〕속에 있다."거나 "금강석으로 만든 우리〔금강권(金剛圈)〕에 갇혔다."거나 "목구멍에 밤송이〔율극봉(栗棘蓬)〕가 걸렸다."거나 "쥐가 쥐덫에 걸려서 꼼짝도 못한다."는 등으로 표현하였습니다. 분별심에서 벗어나 깨달음을 얻고자 하는 사람은 누구나 이런 상황에 처하게 됩니다.

대혜종고(大慧宗杲) 선사는 이런 체험을 다음과 같이 말하고 있습니다.

　매일 사대부들과 함께 서너 번 방장실에 들어갔는데,[26] 원오 노스님께서는 다만 "있다는 말과 없다는 말은 마치 등나무 덩굴이 나무에 기대어 있는 것과 같다."는 말을 꺼내어 질문하셨다. 그러나 내가 그 질문에 대하여 말을 꺼내자마자 노스님께서는 곧 "그게 아니다."라고 말씀하시며 나의 말을 막았다. 반 년 동안 나는 다만 이렇게만 하고 있었다. 하루는 여러 관원과 함께 방장실에서 약석[27]을 먹을 때, 나는 젓가락을 손에 쥐고 있을 뿐 먹을 생각을 까맣게 잊고 멍하니 앉아 있었다. 노스님께서 말씀하셨다.

　"이 자는 황양목선[28]에 들어가더니 도리어 움츠러들어 버렸구나."

　나는 드디어 한 개 비유를 말씀드렸다.

　"스님! 이 도리는 마치 강아지가 뜨거운 기름 솥을 보고 있는 것과 같아서 핥고 싶어도 핥을 수가 없고 버리고 싶어도 버릴 수가 없습니다."

　노스님이 말씀하셨다.

26　입실(入室) : 학인이 방장이나 조실의 방에 들어가 공부를 점검받는 것.
27　약석(藥石) : 총림에서 쓰는 말. 저녁 밥. 본래 오후에는 먹지 않는 법이나 배고픈 병을 고친다는 뜻으로 저녁 밥을 약석이라 함.
28　황양목선(黃楊木禪) : 황양목(黃楊木)은 회양목이다. 회양목은 자라는 것이 극히 느려서 1년에 손가락 한 마디 길이도 자라지 않다가, 윤년(閏年)에는 도리어 한 마디 정도가 줄어든다고 한다. 황양목선이란, 깨달은 자리에 머물러서 공부가 더이상 나아가지 않고 머물러 있는 것을 가리킨다. 즉, 깨달은 곳에 주저앉아서 자유롭게 활용하는 능력이 없는 경우를 꾸짖는 말이다.

"그대의 비유는 지극히 좋구나. 다만 이것이 곧 금강권이요 율극봉이니라."[29]

깨닫고 싶은 사람은 누구나 '깨달음은 어떤 것일까?' 하는 의문을 가지고 있습니다. 깨달음에 대하여 알고 싶은 것이지요. 이런 의문이 바로 분별심이 만든 의문입니다. 그러나 깨달음은 분별에서 벗어나는 것이므로, '깨달음은 이런 것이다.'라는 답을 얻을 수는 없습니다. 그러므로 깨닫고 싶은 사람이면 누구나 깨달음에 대하여 알고 싶지만 결코 알 수 없는 그런 곤란한 상황에 처하게 됩니다. 분별할 수 없는 것을 분별하려고 하는 분별심은 넘을 수 없는 그 장벽 앞에서 좌절할 수밖에 없는 운명입니다.

그러나 우리가 너무 오랫동안 분별심에 의지하여 살아왔기 때문에, 분별심이 그렇게 쉽사리 좌절하지는 않습니다. 분별을 벗어난 불이중도의 깨달음 앞에서 분별하고 싶어도 분별할 수 없다가 드디어 분별심이 좌절하여 분별하기를 포기하는 날, 우리는 분별심에서 벗어나는 해탈 즉 깨달음을 맛볼 수 있습니다. 이처럼 알고 싶으나 어떻게 해도 알 수 없는 극히 곤란한 상황에 분별심이 막혀 있다가 드디어 분별심이 좌절하는 순간, 분별심에서 벗어나는 깨달음이 이루어지는 것이 바로 불교에서 깨달음이 성취되는 이치입니다. 이것이 깨달음으로 가는 가장 바르고 빠른 길입니다.

그러나 쥐가 제 죽을 줄 알면서 일부러 쥐덫으로 들어갈 수는 없듯이, 분별심이 의도적으로 그런 분별할 수 없는 상황을 조성할 수

---

29 《대혜보각선사보설(大慧普覺禪師普說)》제17권 '예시자 단칠이 청한 보설'

는 없습니다. 선지식의 가르침을 따라가다 보니 자기도 모르게 그런 막다른 골목으로 들어가 덫에 갇히게 되는 것이지요. 그러므로 부처님과 조사의 가르침은 보통 처음에는 "이렇게 하라."거나 "이렇게 하지 마라."는 말을 하지만, 어느 정도 믿음을 갖추게 되면 도리어 "이렇게 해도 안 되고, 이렇게 하지 않아도 안 된다."는 식으로 분별을 가로막는 방편을 씁니다. 믿음을 갖추어야 힘든 공부를 끝까지 포기하지 않고 나아가기 때문에 처음에는 믿음을 갖추도록 쉽게 알아들을 수 있는 말을 하지만, 믿음을 갖추고 공부할 자세가 되면 도리어 알 수 없는 말을 하여 분별심을 덫에 가두어 버리는 것입니다.

이처럼 제자가 분별에서 벗어나도록 만들기 위하여, 선지식은 먼저 제자의 분별하는 마음을 분별할 수 없는 상황으로 몰고 갑니다. 즉, 선지식의 직지인심은 분별할 수 없고 알 수 없는 마음을 곧장 가리키는 것입니다. 물론, 선지식은 배우는 사람에게 마음은 분별할 수 없고 알 수 없다는 사실을 미리 알려 줍니다. 분별할 수 없고 알 수 없는 마음을 체험하는 것이 깨달음이라는 사실을 미리 알고 그런 방향으로 나아가야만 바르게 공부하여 깨달을 수 있기 때문입니다.

우리 중생의 분별심이 평소에 익숙해 있는 분별하고 생각하는 길이 막혀 버리면, 우리 마음은 당황하여 어쩔 줄 모르게 됩니다. 그리하여 깨닫고자 하는 바람은 있으나, 깨달음을 얻기 위하여 아무것도 할 수가 없는 곤란한 상황에 처하게 됩니다. 분별하고 생각하여 이해하는 습관에만 익숙해 있던 마음이 분별할 수도, 생각할 수도, 이해할 수도 없는 상황에 맞닥뜨려서 꼼짝도 할 수 없는 상황이 바로 분별심이 저절로 항복하게 되는 상황입니다. 물론, 분별심이 그렇게 호락호락 쉽게 항복하지는 않습니다. 분별심이 어떻게도 할 수 없는 이런 상황에 꽤 오랫동안 사로잡혀 있어야 마침내 분별심이 저절로 항복하는 순간이 찾아옵니다.

분별심이 항복하는 순간이 찾아오면, 마음은 분별과 생각에 의지하던 습관에서 벗어나 분별과 생각에 의지하지 않고 세상을 보게 됩니다. '이것'과 '이것 아님'이라는 양쪽으로 나누어 세상을 보는 분별에 의지하지 않고 세상을 보게 되는 경험이 바로 불이중도의 경험입니다. 불이중도에서는 어떤 분별도 없고 어떤 생각도 없고 어떤 아는 것도 없으므로, 아무것도 없다고 하고 텅 빈 허공과 같다고 합니다. 불이중도의 경험은 모든 것이 사라진 열반의 경험이고, 텅 빈 허공과 같은 공(空)의 경험입니다.

불교의 가르침을 파사현정(破邪顯正)이라고 말합니다. 잘못된 것을 부순다는 파사(破邪)는 곧 분별인 생각을 부순다는 뜻이며, 바른 것을 드러낸다는 현정(顯正)은 분별을 벗어난 불이중도를 드러낸다는 뜻입니다. 조사선 선사(禪師)들의 가르침인 직지인심은 분별을 막고 불이중도를 가리키는 파사현정의 가르침이며, 견성성불은 분별에서 벗어나 불이중도에 통하는 깨달음입니다. 직지인심을 통하여 견성성불에 이르는 것의 이치는 이런 것입니다.

직지인심의 사례를 몇 가지 보겠습니다.

어느 날 마조 대사가 대중을 이끌고 외출하여 서쪽 담장 아래를 지나갈 때 문득 물오리가 날아갔다. 마조 대사가 주위 사람들에게 물었다.

"무엇이냐?"

정(政) 상좌가 말했다.

"물오리입니다."

잠시 뒤에 마조가 말했다.

"어디로 갔느냐?"

정 상좌가 답했다.

"날아갔습니다."

마조는 곧장 정 상좌의 귀를 잡아당겼는데, 정 상좌는 아파서 소리를 질렀다. 마조가 말했다.

"여전히 여기에 있는데, 어찌 날아갔단 말이냐?"

정 상좌는 문득 크게 깨달았다.[30]

법안문익 선사가 어느 해 겨울에 여행하는 도중 고개를 넘다가 나한계침 선사가 있는 지장원을 지나게 되었는데, 눈보라에 막혀서 잠시 쉬어 가게 되었다. 화롯가에서 불을 쬐고 있을 때 나한이 물었다.

"이번 행차는 무엇 하러 가는 것입니까?"

법안이 답했다.

"여러 곳의 선지식을 찾아뵈러 갑니다."

지장이 물었다.

---

30 《조당집(祖堂集)》 제15권.

"어떻게 하는 것이 선지식을 찾아뵙는 일입니까?"

법안이 답했다.

"모르겠습니다."

지장이 말했다.

"모른다니, 가장 알맞군요."

다시 지장과 더불어 《조론》이라는 책을 거론하다가, "천지와 내가 뿌리를 같이한다."라는 구절에 이르러 지장이 물었다.

"산하대지가 스님 자신과 같습니까, 다릅니까?"

법안이 말했다.

"다릅니다."

지장이 손가락 두 개를 세워 보이자 법안이 말했다.

"같습니다."

지장은 다시 손가락 두 개를 세워 보이더니, 곧 일어나 가 버렸다. 눈이 그치자 법안은 작별 인사를 하고 출발하려는데, 지장이 산문까지 배웅하며 물었다.

"스님, 우리 불교에서는 늘 말하기를, '온 세계는 오직 마음이고, 삼라만상은 오직 의식이다.'라고 합니다."

이어서 마당에 있는 바위를 가리키며 말했다.

"말해 보시오. 이 돌이 마음 안에 있습니까, 마음 밖에 있습니까?"

법안이 말했다.

"마음 안에 있습니다."

지장이 말했다.

"여행하는 사람이 무슨 까닭으로 돌덩이를 마음속에 넣고 있습니까?"

법안은 말이 막혀서 대답을 못하자 곧 걸망을 내려놓고, 지장에게서 공부를 끝내려고 하였다. 거의 한 달이 다 되도록 법안은 매일 지장에게 자신의 견해를 드러내며 불교의 이치를 말했지만, 지장은 다만 "불교는 그런 것이 아닙니다."라고만 말할 뿐이었다. 이윽고 법안이 말했다.

"저는 말도 못하겠고 이치도 막혔습니다."

이에 지장이 말했다.

"만약 불교를 말한다면, 모든 것이 다 드러나 있습니다."

법안은 이 말을 듣자마자 크게 깨달았다.[31]

고산신안 국사는 설봉의 문하에 여러 해 있었는데, 하루는 설봉이 그 인연이 무르익은 것을 보고서 문득 그를 붙잡고 물었다.

"무엇이냐?"

신안 국사는 개운하게 깨닫고는 다만 손을 들어 흔들 뿐이었다.[32]

어떤 승려가 조주종심 선사에게 물었다.

"어떤 것이 조사께서 서쪽에서 오신 뜻입니까?"[33]

---

31 《오등회원》제10권.
32 《경덕전등록》제18권.
33 보리달마 조사가 서쪽 인도에서 와 전한 선(禪)은 어떤 것입니까? 불교의 깨달음이 어떤 것인지 묻는 말.

조주가 말했다.

"뜰 앞의 측백나무."

그 승려가 말했다.

"스님은 사물을 보여 주지 마십시오."

조주가 말했다.

"나는 경계를 보여 주지 않았다."

그 승려가 다시 물었다.

"어떤 것이 조사께서 서쪽에서 오신 뜻입니까?"

조주가 말했다.

"뜰 앞의 측백나무."[34]

이런 사례에서 보듯이 선사(禪師)는 공부하는 사람이 이치로 분별하여 이해하려는 생각을 막아서 분별하는 마음이 좌절하여 스스로 항복하도록 이끌고, 동시에 살아 있는 마음을 드러내어 보여 주는 행위와 말을 하고 있습니다. 즉, 선사가 행하는 직지인심의 가르침은 생각을 끊는 '파사'와 마음을 드러내는 '현정'을 동시에 행하는 것입니다. 공부하는 학인은 선사의 가르침을 마주하고서 생각이 막혀서 활동하지 못하게 되고, 생각이 막혀서 활동하지 못하게 되는 곳에서 깨달음이라는 체험이 문득 발생합니다.

《대반야경》이나 《유마경》 같은 대승 경전에서도 분별에서 벗어나 불이중도에 통하는 쪽으로 이끄는 법문을 하고 있습니다. 《유마경》에는 '입불이법문품(入不二法門品)'이 있어서 상대되는 양쪽의 어

---

34 《연등회요》 제6권.

느 한쪽에 머물지 않는 불이법을 말하고 있으며,《대반야경》에서도 반야바라밀을 말할 때는 언제나 '무엇'과 '무엇 아님'이라는 분별의 양쪽을 떠난 중도를 말하고 있습니다. 불이중도가 곧 깨달음을 나타내는 말이라는 것은 대승불교에서는 상식입니다.

분별하여 생각하는 습관에 물든 우리의 마음이 어떻게 분별에서 벗어나 불이중도에 통하도록 이끄느냐가 깨달음으로 이끄는 불교라는 방편의 본질이고 조사선의 본질이기도 합니다. 조사선에서의 직지인심은 생각을 가로막아 부수는 '파사'와 분별할 수 없는 불가사의한 마음을 드러내는 '현정'이라는 양 측면을 동시에 행함으로써, 분별에서 벗어나 불이중도에 통하도록 하려는 방편입니다. 견성성불은 곧 불이중도에 통하는 불가사의한 체험을 가리키는 말입니다.

똑! 똑! 똑! 여기에는 한마디 말도 없습니다.

4. 문자선이란 어떤 것인가?

똑! 똑! 똑! 여기에 있어야 말에 속지 않습니다.

조사선의 변질 – 문자선(공안염송선)

(1) 문자선의 등장

조사가 전한 조사선은 마음의 실상을 깨닫는 것이고, 마음의 실상을 깨달으면 마음이 불이중도에 들어맞아 분별망상인 생각에서 벗어나게 되고, 생각에서 벗어나면 생각에 사로잡히지 않고 자유자재하게 살게 되는 것이라고 앞에서 밝혔습니다. 그런데 분별망상인 생각에서 벗어나지 못하고 도리어 생각으로 헤아려 이해하는 것을 선(禪)이라고 여기는 사람들이 나타나게 되었습니다. 불이중도에 들어맞으려면 반드시 분별인 생각에서 벗어나야 하는데, 생각에서 벗어나는 것이 쉽지 않으니 도리어 생각으로 헤아려 불이중도를 알려고 하는 어리석은 엉터리가 생겨난 것입니다.

이런 사람들은 중국에서 조사선이 등장하고서 200여 년이 흐른 11세기 이후에 등장하게 되었는데, 이들은 이전 선사들이 대화하거나 설법한 말씀을 생각으로 헤아려 그 내용을 평가하는 것으로 공부를 삼았습니다. 이런 사람들이 등장한 배경은 선사들의 문답이나 설법을 기록한 어록(語錄)이 편찬되어 널리 퍼졌기 때문이라고 볼 수 있습니다. 어록은 8세기 육조 혜능 선사와 그 제자들의 말씀을 개별적으로 기록한 것으로 시작되었고, 그런 개별 기록을 모아서 스승과 제자의 계보를 따라 종합하여 정리한 책으로 처음 등장한 것이 952년 편찬된《조당집(祖堂集)》이고, 뒤이어 1004년《경덕전등록(景德傳燈錄)》이 편찬되었습니다.

《조당집》이나《전등록》의 내용 가운데에도 뒷사람의 평가가 몇 군데 기록되어 있긴 하지만, 아직 본격적으로 문자선(文字禪)이라고 할 정도는 아닙니다. 보통 문자선의 등장을 1026년 출간된《설두송고(雪竇頌古)》라고 봅니다. 이 책은 설두중현(雪竇重顯; 980-

1052) 선사가 이전 선사들이 남긴 말씀들 가운데 100개를 뽑아서 고칙(古則) 혹은 고칙공안(古則公案)이라 하고, 각각의 고칙을 평가하여 송(頌)이라는 시(詩)를 붙인 것입니다. 이《설두송고》의 100칙 하나하나에 뒷날 원오극근(圓悟克勤; 1063-1125) 선사가 수시(垂示), 착어(著語), 평창(評唱) 등을 다시 첨가하여《벽암록(碧巖錄)》이 되었는데, 보통《벽암록》을 문자선의 완결판으로 평가합니다.

이전 선사들이 문답한 이야기나 법당에서 대중에게 설법한 내용을 기록한 글 가운데 뒷사람들의 공부에 도움이 될 만한 내용을 정리하여 공안(公案)이라고 불렀는데, 공안은 마치 불교 경전의 불보살의 말씀처럼 바른 깨달음으로 인도하는 좋은 방편이라고 공식적으로 인정된다는 뜻입니다. 이러한 공안을 모은 공안집(公案集)이 편찬되고, 이런 공안을 나름의 안목으로 해석하고 평가하여 글로 남기는 것을 공부로 삼는 것이 바로 문자선(文字禪)입니다. 대개 공안은 1,700개가 있다고 하는데 이는《경덕전등록》에 대화가 수록된 선승의 숫자가 1,701명이었던 것에서 유래합니다. 최초의 공안집은 앞서 언급한 설두중현의《설두송고》이며, 원오극근의《벽암록》, 무문혜개(無門慧開; 1183-1260)의《무문관(無門觀)》, 굉지정각(宏智正覺; 1091-1157)과 만송행수(萬松行秀; 1165-1246)의《종용록》등이 대표적인 공안집입니다.

이런 문자선은 공안을 평가하여 말하기 때문에 공안선(公案禪)이라고 할 수 있고, 공안을 거론하여 평가하기 때문에 공안거량선(公案擧量禪)이라고 할 수 있습니다. 또 공안염송선(公案拈頌禪; 공안을 평가하여 한마디 말하거나 시를 짓는 선), 지식선(知識禪; 지식으로 이해하는 선), 갈등선(葛藤禪; 생각으로 복잡하게 헤아리는 선), 의리선(義理禪; 뜻과 이치로 따지는 선), 구두선(口頭禪; 입으로 말만 하는 선)이라고도 합니다. 공안을 거량(擧量)한다고 하는 것은 공안을 거각(擧覺)하여 상량(商量)한다는 말입니다. 거각(擧覺)이란 공안을 인용하여 말한다는 뜻이고, 상량(商量)은 본래 시장에서 상품을 흥정할 때 그 값어치를 서로 헤아려 따진다는 뜻입니다. 그러므로 공안을 거량한다는 말은 공안을 언급하여 그 값어치를 헤아려 따져 본다는 뜻입니다. 어떤 사람이 하나의 공안을 언급하여 그 값어치가 이렇다고 평가하면, 그 평가에 대하여 또 다른 사람이 자신의 견해를 제시하며 평가하고, 또 다른 사람은 그 평가에 대하여 다시 평가하는 식으로 행하는 것이 공안거량선이며, 공안을 통하여 공부하는 문자선입니다.

(2) 대혜종고의 문자선 비판

이런 공안선의 문제에 대해서는 간화선을 제창했던 송대(宋代) 대혜종고(大慧宗杲; 1089-1163) 선사가 여러 곳에서 지적하며 신랄하게 꾸짖고 있습니다. 대혜종고 선사는 당시에 유행하던 잘못된 선 공부 가운데 대표적인 것으로 묵조선(默照禪)과 공안선(公案禪)을 지적하여 엄하게 꾸짖었습니다. 묵조선의 문제는 다음에 살펴보겠지만, 그 문제의 본질을 말하면 묵조선은 침묵에 치우쳤고 공안선은 분별에 치우침으로써 이른바 선병(禪病)이라고 하는 혼침(昏沈)과 도거(掉擧)에 떨어진 것입니다. 먼저 대혜종고 선사의 말을 통하여 당시 유행하고 있던 공안거량선이 어떤 것이고 그 문제가 무엇인지를 살펴보겠습니다.

"요즈음은 이 도가 쇠미합니다. 높은 자리에 앉아서 남의 스승 노릇하는 자가 다만 옛사람의 공안(公案)을 칭찬하기도 하고 비난하기도 하고 밀실(密室)에서 전해 주기도 하는 것을 선(禪)으로 삼고 있습니다."[35]

"요즈음 총림에서는 삿된 법이 마구 일어나 중생의 눈을 어둡게 하는 일이 헤아릴 수 없이 많습니다. 만약 옛사람의 공안(公案)을 말하여 제시(提示)하지 않는다면, 곧 눈먼 사람이 손에서 지팡이를 놓쳐 버리는 것과 같아서, 한 걸음도 떼놓지 못합니다. 옛 스님이 도에 들어간 인연을 문파별로 분류하고는 말하기를 '이들 몇몇 칙(則)은 도안(道眼) 인연이고, 이들 몇몇 칙은 소리와 색을 벗어난 인연이고, 이들 몇몇 칙은 정식(情識)을 잊는 인연이다.'라고 하면서, 빠짐없이 차례차례 고칙(古則)을 따라가며 따지고 헤아려서 값을 매겨〔상량(商量)〕말합니다."[36]

"사대부들은 이 일의 끝을 보고자 하면서도 애초 그 참됨에 뿌리박지를 않고, 다만 옛사람의 공안(公案) 위에서 지식과 이해를 구하려 합니다. 비록 그렇게 하여 불교의 대장경을 남김없이 알고 모조리 이해하였다고 하여도, 생애 마지막에 죽음이 다가올 때는 하나

---

35 《대혜보각선사법어》제19권. 3. 지통 거사에게 보임.
36 《대혜보각선사법어》제19권. 2. 동봉 거사에게 보임.

도 쓸모가 없을 것입니다."³⁷

"요즈음의 불법은 애처롭게도 남의 스승 노릇하는 자가 먼저 기특하고 현묘한 것을 가슴에 쌓아 놓고서 차례차례 서로 따라서 이어받아 입에서 귀로 전해 주는 것으로 종지(宗旨)를 삼습니다. 이러한 무리는 삿된 독이 마음에 들어와 있으나, 치료할 수도 없습니다. 옛 스님은 이들을 일러 반야를 비방하는 사람이라 하였으니, 이런 사람들은 천 분의 부처가 세상에 나와도 참회할 수 없을 것입니다."³⁸

"요즈음은 이 도가 쓸쓸합니다. 스승과 제자가 서로를 믿지 않고, 모름지기 한 개 낡은 종이 조각 위에다 쏟아 놓은 약간의 쓸모도 없고 깨끗하지도 않은 더러운 말을 빌려서, 배우는 자들에게 수면서 그것을 선회(禪會)³⁹라고 부릅니다. 애달프고 애달픕니다! 우리의 도(道)가 죽었습니다!"⁴⁰

"요즈음 들어 선(禪)에 많은 종류가 있습니다. 어떤 사람은 묻고 답하고 하다가 마지막에 한 구절 더 말하는 것을 선으로 여기고, 어떤 사람은 옛사람이 도에 들어간 인연을 가지고 만나서 의견을 교

---

37 《대혜보각선사법어》제21권. 13. 서제형에게 보임.
38 《대혜보각선사법어》제23권. 30. 묘명 거사에게 보임.
39 선회자(禪會子) : 참선(參禪) 모임. 선(禪)을 공부하는 모임. 선회(禪會). 자(子)는 어조사
40 《대혜보각선사법어》제24권. 33. 준박 선인에게 보임.

환하며 말하기를 '여기는 헛되고 저기는 참되며, 이 말은 그윽하고 저 말은 묘하다.'라고 하며 혹은 대신 말하기도 하고 혹은 달리 말하기도 하는 것을 선으로 여깁니다. … 이와 같은 무리들은 묘한 깨달음을 구하지 않고, 깨달음을 두 번째에 떨어진 것으로 여기며, 깨달음을 사람을 속이거나 놀리는 것으로 여기며, 깨달음을 만들어 세우는 것으로 여깁니다. 이들은 스스로 깨달은 적이 없으니, 깨달음이 있다는 것을 믿지도 않습니다."[41]

"이 두 칙(則)의 공안을 총림에서 거론하는 이가 삼대나 조 알갱이처럼 많지만, 잘못 알고 있는 이도 곡식 알갱이만큼이나 많습니다. 이들은 심성(心性)[42]으로 이해하지 않으면 곧 현묘(玄妙)[43]로 이해하고, 현묘로 이해하지 않으면 곧 이사(理事)[44]로 이해하고, 이사로 이해하지 않으면 곧 직절(直截)[45]로 이해하고, 직절로 이해하지 않으면 곧 기특(奇特)[46]으로 이해하고, 기특으로 이해하지 않으면

---

41 《대혜보각선사서》제30권. 61. 장사인 장원에 대한 답서.
42 심성(心性) : 심성론(心性論)에서 일심(一心)을 성(性)과 상(相)으로 나누어 이해하는 것
43 현묘(玄妙) : 마음을 일러 진공묘유(眞空妙有)라고 하는 등의 이치로 이해하는 것.
44 이사(理事) : 이(理)는 본질, 사(事)는 현상. 본질과 현상의 양 측면을 세워서 마음을 이해하는 것.
45 직절(直截) : 직절은 '곧장', '단도직입적으로'라는 뜻. 곧장 단도직입적으로 마음을 깨달아 들어간다고 이해하는 것.
46 기특(奇特) : 기특은 '기이하고 특별하다'는 뜻. 기이하고 특별한 경험을 통하여 마음을 깨닫는다고 이해하는 것.

곧 부싯돌을 치고 번개가 치는 곳[47]에서 이해하고, 부싯돌을 치고 번개가 치는 곳에서 이해하지 않으면 곧 일 없는 상자 속[48]으로 도망가고, 일 없는 상자 속으로 도망가지 않으면 곧 옛사람의 몇몇 공안(公案)을 말하고서 승당(僧堂)의 좌선하는 자리에서 두 눈을 감고 검은 산 아래의 귀신굴 속에 앉아서 생각으로 헤아리고 추측합니다. 만약 이러한 일련의 도리(道理)를 행하여 이 일을 밝히려고 한다면, 정주(鄭州)로 가면서 조문(曹門)을 나서는 것[49]과 꼭 같아서 전혀 관계가 없을 것입니다."[50]

"이곳저곳에서 말하는 기이한 말과 현묘한 구절, 각 종사(宗師)의 주장, 밀실에서 전하는 옛사람의 공안(公案) 등과 같은 부류들을 좋아하지 마십시오. 이러한 잡다한 독(毒)을 마음[51] 속에 주워 모으면, 세세생생토록 삶과 죽음의 언덕에서 빠져나오지 못하고, 비단 힘을

---

47 격석화섬전광(擊石火閃電光) : 일체의 분별과 헤아림을 용납하지 않고 부싯돌을 치고 번갯불이 번쩍이는 것처럼 지금 이 한순간을 가리켜 선(禪)이라고 하는 것.
48 무사갑리(無事甲裏) : 일 없는 상자 속. 일 없는 껍질 속. 참으로 깨달아 마음이 쉬어진 것이 아니라, 지금 있는 그대로가 전체요 완전하여 더할 것도 뺄 것도 없다고 이치로 이해하고는, 이 이해 속에 머물러 있으면서 다시는 참된 깨달음을 찾지 않는 선병(禪病).
49 정주출조문(鄭州出曹門) : 정주망조문(鄭州望曹門)이라고도 한다. 너무 멀리 돌아간다, 혹은 아무 관계가 없다는 뜻. 조문(曹門)은 북송(北宋)의 서울인 개봉(開封)의 동문(東門)의 이름이고, 정주(鄭州)는 개봉의 서쪽 하남성(河南省)에 있는 도시이다. 정주로 가려면 개봉의 서문(西門)을 나서야 하는데, 정주로 가는 사람이 동문인 조문(曹門)을 나서면 너무 돌아가거나 잘못 가는 것이다.
50 《대혜보각선사보설》제15권. 6. 부암주가 청한 보설.
51 장식(藏識) : 제8아뢰야식(阿賴耶識). 장식이라 함은 모든 법이 전개되는 데 있어서 의지할 바탕이 되는 근본 마음이라는 의미다.

얻지 못할 뿐만 아니라, 일상생활 역시 이러한 장애에 막히니 도를 보는 눈이 밝아질 수 없습니다. 옛사람께서 부득이하여, 여러분 배우는 사람들이 분별하여 아는 견해는 많으나 도(道)를 등지고서 언어에 오염되는 것을 보시고, 이 까닭에 분별이라는 약으로써 여러분의 분별이라는 병을 치료하여, 당신들의 마음이 안락하게 분별 없는 경계에 이르도록 하신 것입니다. 그런데 이제 도리어 분별인 언어를 기특하게 여긴다면, 약에 집착하여 병이 되는 것이니, 참으로 가련하지 않겠습니까?

옛 스님이 말했습니다. '부처는 중생의 약(藥)이니, 중생에게 병이 있으면 이 약을 쓴다. 중생에게 병이 없는데도 이 약을 쓰면, 약이 도리어 병이 되는데, 어떤 병보다도 더 심한 병이 된다.' 앞에서 말한 '잡다한 독을 장식 속에 주워 모으면 안 된다.'고 한 것 역시 이러한 말입니다. 일상생활의 번뇌 속에서 여러 가지 뜻과 같지 않은 일들이 곧 중생의 병이고, 한순간 돌이켜 비추는 것이 곧 부처라는 약입니다. 만약 부처에 대해서도 중생에 대해서도 곧장 분별을 내지 않으면, 병이 나아서 약이 필요 없는 것이니, 비로소 방 거사(龐居士)가 말한 '일상생활의 일에 다름이 없고, 오직 나 스스로 내키는 대로 어울린다. 하나하나를 취하지도 버리지도 않고, 곳곳에서 어긋남이 없다.'에 들어맞을 것입니다."[52]

이처럼 공안선은 공안을 두고 심성(心性; 마음의 본성), 현묘(玄妙; 분별을 벗어남), 이사(理事; 본질과 현상), 직절(直截; 곧장 분별을 끊음), 기

---

52 《대혜보각선사법어》제19권. 3. 지통 거사에게 보임.

특(奇特; 기이한 경험), 전광석화(電光石火; 분별이 없는 찰나), 무사(無事; 할 일 없이 편안함), 묵좌적조(黙坐寂照; 묵묵히 앉아 고요히 비춤) 등 다양한 도리를 세워 그 도리에 맞추어 공안을 해석하고 평가하는 것입니다. 이 이외에도 여러 가지 그럴듯한 도리와 격식을 세워 공안을 해석하고 평가할 수 있겠지만, 어떤 도리를 세워서 해석하고 평가한다고 하더라도 그것은 여전히 이해의 테두리를 벗어나지 못한 것이니, 참된 선도 아니고 참된 불법도 아니고 참된 깨달음도 아닙니다.

공안거량선이 삿된 이유는 역시 참된 깨달음이 없기 때문입니다. 공안을 제시하고 그 값어치를 따지는 일은 모두 분별의식(分別意識)의 일이니 깨달음과는 상관이 없습니다. 아무리 그럴듯한 이치를 제시하여 이해한다고 하더라도 모두 분별이고 이해일 뿐입니다. 모든 공안에서 이치가 딱딱 들어맞게 이해한다고 하더라도 이는 모두 분별의식 속의 일이고 헤아림에 해당하는 일이니, 분별의식에서 벗어난 깨달음과 해탈은 아닙니다.

경전의 말씀이나 선사의 말씀은 모두 중생의 분별망상을 끊어 주는 방편이고, 중생의 분별망상이라는 병을 치료하려는 약(藥)입니다. 방편의 말을 진실이라고 여기고 그 말에서 벗어나지 못하면 달을 가리키는 손가락만 보고 달은 오히려 보지 못하는 것과 같고, 약을 먹고 병이 나으면 약은 버려야 하는데 독한 약을 건강한 음식이라고 착각하여 버리지 않고 매일 먹으면 도리어 건강을 망치는 것과 같습니다. 방편의 말에 매달려 그 내용을 해석하고 비평하는 것을 공부로 삼는 문자선인 공안선이 바로 이런 어리석은 경우입니다.

(3) 문자선의 예시

공안선을 나타내는 대표적 저작은 대혜종고의 스승인 원오극근이 지은 《벽암록》인데, 대혜종고는 그 폐단을 염려하여 비록 스승의 저작이지만 그 목판을 불태워 없애도록 하였습니다. 그러나 그 책은 결국 전해졌고 아직도 《벽암록》을 선의 본질을 나타내는 위대한 작품인 것처럼 이야기하고 있는 것은 비극이라고 하겠습니다. 우리나라에서 간행된 대표적인 공안집은 고려시대 진각혜심(眞覺慧諶) 선사가 편집한 《선문염송 염송설화(禪門拈頌 拈頌說話)》가 있습니다. 여기에 이 두 책의 첫머리를 소개하여 공안선이 어떤 것인지를 한번 구경하겠습니다. 그 전에 먼저 공안을 거량하는 문자선에서 사용하는 용어에 대하여 설명합니다.

- 수시(垂示) = 색어(索語), 조어(釣語), 수어(垂語)라고도 함. 선사가 질문을 던지거나, 가르침의 말씀을 내리는 것.
- 염고(拈古) = 공안에 나타난 말이나 행위에 대해 자신의 견해를 피력한 것.
- 송고(頌古) = 공안에 관한 자신의 느낌이나 견해를 운문체(韻文體)의 시(詩)인 게송(偈頌)으로 나타낸 것.
- 염송(拈頌) = 염고(拈古)와 송고(頌古)를 합하여 이르는 말.
- 착어(着語) = 착어(著語)로도 씀. 공안에 등장하는 문답하는 말

이나 행동에 대해서 자기의 견해를 내세워 비평하는 짤막한 말.

• 대어(代語) = 공안에 등장하는 학인의 질문에 대한 선사의 대답에 대하여 공안을 평가하는 자가 그 대답 대신 자신의 대답을 말하는 것. 착어의 일종.

• 별어(別語) = 공안에 등장하는 선사의 말과는 다른 말을 제시하여 그 선사의 말을 비평하고 자기의 견해를 나타내는 것. 착어의 일종.

• 평창(評唱) = 평설(評說), 평석(評釋)이라고도 함. 공안에 관하여 자신의 논평과 해설을 말한 것.

《벽암록》 제1칙

〈원오가 가르침을 내림〉[53]

원오극근 선사가 말했다.

"산 너머 연기를 보면 벌써 불인 줄 알고, 담장 너머 뿔을 보면 금방 소인 줄 안다. 하나를 말해 주면 나머지 셋을 알고[54] 맨눈으로

---

53 수시(垂示): 원오극근이 가르침을 보임.
54 거일명삼(擧一明三) : 거일반삼(擧一反三)과 같음. 한 귀퉁이를 말해 주면, 나머지 세 귀퉁이를 스스로 미루어 알아야 한다. 배우는 자의 태도와 자질을 말하는 것. 《논어(論語)》〈술이(述而)〉에 나오는 공자의 말인 "제자가 분발하지 않으면 스승이 깨우쳐 주지 않으며, 제자가 괴로워하지 않으면 스승이 개발시켜 주지 않는다. 한 귀퉁이를 말해 주었는데, 나머지 세 귀퉁이를 돌이켜 알지 못하면, 다시 말해 주지 않는다."에서 온 말.

세밀한 차이를 읽어 내는 것은 납승[55]이 행하는 일상의 일이다. 그런데 온갖 망상(妄想)의 흐름을 끊고 신출귀몰하면서 어려울 때나 쉬울 때나 거침이 없고 자유로이 주고 빼앗음에 이른 이러한 때는, 묻건대 어떤 사람의 삶인가? 설두(雪竇)[56]의 말을 살펴보아라.

〈공안을 소개하고 원오가 평가를 붙임〉[57]

양(梁) 무제(武帝)가 달마(達磨) 대사에게 물었다.
(이 총명하지 못한 사나이 (양무제의) 이야기를 하는구나.)[58]
"어떤 것이 성스러운 진리의 첫 번째 뜻입니까?"
(이 무슨 나귀를 비끄러매는 말뚝이냐?)
달마가 말했다.
"텅 비어서 성스러울 것이 없습니다."
((달마를) 얼마쯤은 기특하다고 여겼었는데, 이미 놓치고 있음이 지극히 명백하다.)
무제가 말했다.
"나를 대하고 있는 자는 누구입니까?"

---

55 납승(衲僧): 납의(衲衣) 즉 누더기옷을 입은 승려라는 뜻. 특히 선종(禪宗)에서 선승(禪僧)을 가리키는 말로 쓴다. =납자(衲子).
56 설두중현(雪竇重顯): 980-1052. 설두중현은 《경덕전등록》등에 나오는 옛 선사들의 이야기 100개를 뽑아 각각의 이야기에 게송을 지어 붙여 《설두송고(雪竇頌古)》를 지었는데, 여기에 원오극근이 평창과 착어를 붙여 《벽암록》을 지었다.
57 거(擧): 거(擧)는 공안을 인용하여 말한다는 뜻. 공안을 인용하며 한 구절마다 원오가 그 구절을 평가하여 착어를 붙였다.
58 괄호 안이 원오극근의 착어(着語)임.

((무제는) 온 얼굴에 부끄러움과 두려움이 가득하다. 간신히 정신은 차리고 있지만, 예상한 대로 역시나 찾지 못하는구나.)

달마가 말했다.

"알지 못합니다."

(쯧! 쯧! 또다시 반푼의 가치도 못하네.)

(이하 생략)

〈위 공안에 대한 원오의 해설〉[59]

달마가 멀리서 바라보니 이 땅에 대승(大乘)의 근기가 있었다. 이윽고 바다에 배를 띄워 일부러 와서 오직 마음 도장을 전하여 중생의 어리석음을 열고 비른 길을 보여 주었는데, 문자를 세우지 않고 곧장 사람의 마음을 가리키니 본성을 보아 깨닫는 것이다. 만약 이와 같이 본성을 본다면 즉시 자유로울 몫이 있을 것이다.

어떤 말에도 전혀 휘둘리지 않고 온몸으로 진실을 이루고서 곧장 그 뒤에 무제와 대화할 수 있었고, 다시 이조(二祖)[60]는 마음이 편안한 곳을 저절로 보고서 헤아림의 분별망상이 없었다. 단칼에 끊어 내고 막힘 없이 깔끔한데, 어찌 반드시 다시 옳음을 분별하고 그름을 분별하고 얻음을 판별하고 잃음을 판별하랴? 비록 이와 같긴 하지만, 이런 사람이 몇이나 있을 수 있겠는가?

(이하 생략)

---

59 이하가 이 공안에 대한 원오의 해설인 평창(評唱)임.
60 보리달마의 법을 이어받은 이조 혜가(二祖慧可: 487-593).

〈설두가 공안에 대하여 노래한 송고[61]와 그에 대한 원오의 평가〉

"성스러운 진리는 텅 비었는데,
(이미 지나갔다. 쯧! 쯧!)[62]

어떻게 밝혀야 할까?
((비록) 지나갔지만, 밝히기에 무슨 어려움이 있는가?)

짐을 대하는 자는 누구인가?
(또 반문의 가치도 못하고, 다시 이렇게 놓치네.)

다시 모른다고 말했다.
((열 개 가운데) 서너 개 정도만 맞구나. 쯧! 쯧!)

(이하 생략)

〈설두의 송고에 대한 원오의 해설〉

이제 설두가 이 공안을 노래한 것을 보면 마치 태아검[63]을 들고

---

61 송고(頌古) : 공안에 대하여 비평하는 견해를 시(詩)의 형식인 게송으로 표시한 것.《벽암록》은 설두중현(雪竇重顯: 980-1052)이《경덕전등록(景德傳燈錄)》을 중심으로 100여 가지 이야기를 뽑아 공안으로 삼고 여기에 송고(頌古)를 지어 붙여《설두송고(雪竇頌古)》로 편찬했는데, 원오극근(圜悟克勤: 1063-1135)이 여기에 수시(垂示), 착어(着語), 평창(評唱)을 붙여《벽암록(碧巖錄)》이 되었다. 즉, 공안에 대한 이 게송(偈頌)은 설두의 작품이다.
62 괄호 안은 원오극근이 비평하는 말인 착어(着語)임.
63 태아검(太阿劍) : =태아(太阿). 보검(寶劍)의 이름. 춘추전국 시대에 구야자(歐

칼춤을 매우 잘 추는 것과 똑같아서, 허공 속에 드넓게 퍼져 있으니 저절로 칼끝을 손상시키지 않는다. 만약 이러한 솜씨가 없다면, 칼을 집어 들자마자 곧장 칼끝을 상하고 손을 다칠 것이다. 만약 안목을 갖춘 자라면, 그가 한 번 인용하고 한 번 언급하고 한 번 찬양하고 한 번 비판함에 단지 네 구절[64]만 사용하여 한 개의 공안을 어루만져 판정하는 것을 볼 것이다. 대개 공안을 노래하는 것은 길을 둘러서 가며 선(禪)을 말하는 것이지만, 공안을 언급함에는 전체의 요점을 법령의 조항에 의거하여 판결을 내릴[65] 따름이다.

설두는 그(달마)를 일시에 몰아붙여서 처음부터 곧장 말했다.

"성스러운 진리는 텅 비었는데, 어떻게 밝혀야 할까?"

설두가 그의 첫마디 말에 이 한 구절을 붙인 것은 당연히 아주 흡족하다. 그러면 마침내 어떻게 밝혀야 하는가? 비록 무쇠로 된 눈과 구리로 된 눈동자라고 하여도 찾을 수 없을 것인데, 어기에 이르러 분별심을 가지고 헤아릴 수 있을까? 그러므로 운문(雲門)[66]은 말했다.

"마치 부싯돌을 치는 것 같고, 번갯불이 번쩍이는 것 같다."

冶子)와 간장(干將)이 만들었다고 함.

64 설두 먼저 말한 사구송(四句頌)인 "성스러운 진리는 텅 비었는데,/ 어떻게 밝혀야 할까?/ 짐을 대하는 자는 누구인가?/ 다시 모른다고 말했다."(聖諦廓然,/ 何當辨的?/ 對朕者誰?/ 還云不識.)를 가리킨다.

65 거관결안(據款結案) : 법령(法令)의 조항(條項)에 의거하여 판결을 내리다. 관(款)은 법령, 규정, 조약 따위의 조항, 조목. 보통 조(條) 다음이 관(款)이다. 여기서 법령(法令)은 곧 부처님과 조사의 가르침 즉 불법(佛法)이요 선도(禪道)를 가리킨다. 즉, 정법(正法)에 의거하여 가르침을 펼친다는 말. =결안거관(結案據款).

66 운문종(雲門宗)의 시조(始祖)인 운문문언(雲門文偃; 864-949).

이 조그마한 일은 잘 꾸민 꾀나 의식(意識)이나 생각에 속하지 않는다. 그대에게 마음대로 입을 열게 한들 그대가 무엇을 할 수 있겠느냐? 헤아림이 일어날 때 새매는 이미 신라(新羅)로 날아가 버린 것이다.[67] 설두가 말했다.

"그대들 천하의 납승들은 어떻게 밝히려 하는가?"

(이하 생략)

《선문염송》 제1칙

세존께서는 도솔천[68]을 떠나기 전에 이미 왕궁에 태어나셨고, 모친의 배에서 나오기 전에 세상 사람들을 이미 다 제도하시었다.

곤산원이 송했다.

도솔천을 떠나기도 전에
벌써 부왕의 궁궐에 내려왔네.
비록 중생을 다 제도하였어도
아직 모친의 배 속에 있도다.
참으로 오묘한 작용도 아니요
신통한 능력 또한 아니로다.

---

67 이미 늦었다.
68 도솔천(兜率天) : 욕계(欲界)의 제4천. 도솔천은 장래에 부처가 될 보살이 지상에 내려오기 전에 최후의 생을 보내는 곳으로, 세존도 여기에서 흰 코끼리를 타고 마야(摩耶) 부인의 태내(胎內)로 내려왔다고 한다.

스스로 법도를 세우려 하지 말고
말 속에서 종지를 알아야 하리.

원오극근이 송했다.

큰 형상에는 본래부터 모양이 없고
지극한 허공은 온갖 것을 품고 있네.
끄트머리가 이미 크게 앞질렀고
남으로 고개 돌려 북두칠성을 보네.
왕궁에 왔으나 도솔천을 떠나지 않았고
중생을 제도하고서 배 속에서 나왔도다.
처음부터 끝까지 한결같고
애초에 가고 옴이 없었노라.
자취를 쓸어 없애고 뿌리를 뽑아 버려야
불 속의 연꽃이 곳곳에서 피어나리라.
　(이하 생략)

천의의회가 법당에 올라 이 고칙을 들며 말하였다.
"이렇게 이야기하는 것도 벌써 평지에서 사람을 빠뜨리는 짓인데, 녹야원에서부터 학림에서 열반에 들 때까지 49년 동안 얼기설기 그물을 펼쳤으니, 넝쿨 가지에 다시 넝쿨 가지가 생겼구나!"

취암문열이 법당에 올라 이 고칙을 들며 말하였다.

"법의 수레바퀴가 여기에 이르면 입이 있어도 쓸 데가 없지. 그대들은 분명히 알겠는가? 분명히 안다면 천하 노스님들의 콧구멍이 몽땅 그대들의 손아귀에 있을 것이나, 모른다면 피를 토하며 울어도 소용이 없을 것이니, 입 꼭 다물고 남은 봄날을 보내는 것이 좋다."

(이하 생략)

(4) 문자선의 문제점

이러한 문자선의 문제점을 지적하면 다음과 같을 것입니다.

① 스승과 제자가 직접 만나서 스승이 곧장 살아 있는 마음을 가리켜 일깨움으로써 제자가 그 즉시 깨닫는 것이 본래 교학과는 다른 선(禪)의 장점인데, 다시 언어문자를 통하여 그 의미를 탐구하는 공부로 변질되어 선의 특징이 사라졌다.

② 곧장 분별을 끊어 버리고 망상에서 벗어나게 하는 단도직입(單刀直入), 촌철살인(寸鐵殺人)의 돈오(頓悟)를 실현하기보다는, 불보살과 조사의 말씀의 의미에 대한 적절한 파악과 그럴듯한 말로써 표현하는 것을 공부로 삼음으로써 언어문자를 버리고 곧장 자신의 진여자성을 깨닫는 선의 정신이 사라졌다.

③ 그럴듯한 말로써 평가하거나 자신의 견해를 적절히 표현함을

추구하는 것은, 입을 열면 어긋난다는 언어도단(言語道斷), 개구즉착(開口卽錯)의 살아 있는 깨달음에서 어긋난다.

④ 언어문자로 헤아리는 것은 시끄러운 분별에 떨어진 것으로서, 고요한 침묵에 떨어지는 것과 더불어 선에서는 잘못된 공부인 선병(禪病)으로 여기는 것이다.

⑤ 선에서 언어문자는 분별망상을 가로막아 분별망상에서 벗어나게 만드는 방편의 역할을 해야 하는데, 문자선은 도리어 분별 속에서 더욱더 헤아리도록 만듦으로써 분별에서 벗어나는 해탈을 가로막는 역효과를 낸다.

⑥ 문자선은 선(禪)이 아니라 선을 대상으로 노래하고 평가히는 문학(文學)의 형태라고 하는 것이 알맞을 것이다.

(5) 현대 한국의 문자선

더불어 우리나라에서 선을 공부한다는 어떤 이들은 어떤 상황에서 불법(佛法)에 비추어 가장 알맞은 한마디 말을 찾아내는 것을 선 공부인 것처럼 여기는 경우를 볼 수 있습니다. 이들도 주로 공안에 관하여 한마디 알맞은 말을 하는 것을 탐구하는데, 이들은 가장 알맞은 말은 스스로 찾아야 한다고 하면서 그런 말을 공개적으로 하는 것을 꺼리기도 합니다. 이들은 어떤 공안에 대한 평가로서 가장 알맞은 정답이 있는 것처럼 여기고, 그 정답은 공개할 수 없으니 공부하는 이들이 스스로 노력하여 그 정답을 찾아야 한다고 합니다.

이들은 정답을 공개적으로 말하는 것을 '파설(破說)'이라고 표현하여, 파설할 수 없는 정답을 가지고 있는 듯이 말합니다. 이들은 중국의 문자선과는 다른 형태의 새로운 문자선이라고 할 수 있습니다. 중국에서 문자선이 등장하여 유행하던 송대(宋代)나 그 이후의 역사에서 어느 누구도 "파설하지 말아야 한다."고 말한 기록은 없습니다. 중국 문자선을 기록한 책을 보면 모두들 최대한 자신의 견해를 드러내어 말하고 있지, 말할 수 없는 정답을 숨기고서 스스로 찾아서 정답을 말하라고 요구한 기록은 없습니다.

사실, 파설(破說)이라는 단어는 한문(漢文)이나 중국어(中國語)에 역사적으로 등장하지 않는 단어이고, 불교의 대장경이나 선종의 어록에도 전혀 등장하지 않는 단어입니다. 다만 현대 중국어 사전[69]에 중국 어느 지방의 사투리라는 명칭을 붙여 파설이라는 단어의 의미를 설명하기를 '상세히 분석하고 해석함. 노골적으로 분명하게 드러내어 말함.'이라고 나옵니다만, 선(禪)의 역사에서는 사용한 적이 없는 단어입니다. 이처럼 파설은 20세기 한국의 어떤 선승이나 그 문하의 사람들만 사용한 단어입니다.

어떤 공안에 대하여 자신의 견해를 드러내면서 "파설할 수 없다."고 말한다면, 드러내어 말할 수 없는 비밀스러운 답이 정해져 있다는 뜻입니다. 그렇다면 이들은 불법을 나타내는 올바른 견해를 가지고 있다는 것이므로, 이들은 불법을 말로써 나타낼 수 있다고

---

69 고려대학교 민족문화연구소에서 만든 《중한대사전(中韓大辭典)》.

여기는 것입니다. 결국 이들에게 불법이란 생각으로 이해하고 말로써 표현할 수 있는 것이 됩니다.

나는 정답을 알고 있지만 드러내어 말할 수는 없으니 스스로 노력하여 밝혀내라고 합니다. 마치 학교의 시험문제처럼 질문에 대한 정답이 정해져 있으니, 스스로 그 문제를 풀어서 정답을 찾아내라는 말처럼 들립니다. 다시 말해, 불법은 언어문자로 설명하고 이해할 수 있지만, 남의 말을 듣고 배워서 알려고 하지 말고 스스로 노력하여 밝혀내라는 말처럼 들립니다. 과연 불법에 어떤 정답이 정해져 있을까요? 불교의 깨달음이 정해진 답을 찾는 공부일까요?

생각으로 이해하고 말로써 표현하는 것은 전부 분별망상이지 불법이 아닙니다. 물론, 깨달음은 스스로 체험하여 스스로 밝히는 일이지 남이 설명해 주고 듣고 배우는 일은 아닙니다. 그러나 깨달음은 정답이 있는 문제를 풀어서 정답을 찾아내는 일이 아니고, 분별할 수 없는 곳에서 분별이 막혀 있다가 분별에서 벗어나는 불가사의한 체험입니다. 법은 모습이 없고 분별되지 않고 고정되어 있지 않은 지금 이렇게 살아 있는 마음이므로, 생각 속에서 분별하고 그려 내는 것이 아닙니다. 결국 이들도 언어문자 속에서 불법을 공부하는 문자선을 하는 사람들일 뿐입니다.

깨달음은 분별망상에서 벗어나는 불가사의한 체험이며, 분별망상에서 벗어나기에 생각할 수도 없고 말할 수도 없습니다. 생각과 말로써 정해지지 않고 살아 있는 당장의 마음이 깨달은 마음입니다. 그래서 실상(實相)은 무상(無相)이라 하여 깨달음은 분별할 수 없다고 하고 있습니다. 깨달음의 세계가 생각과 말을 벗어나 있다는 것은 경전과 선사들의 말씀에 수도 없이 나옵니다. 깨달음을 묘오(妙悟)라고 하는 것도 깨달음은 현묘하여 알 수도 없고 말할 수도 없다는 말입니다. 《금강경》에서도 "나라는 생각, 사람이라는 생각, 중생이라는 생각, 목숨이라는 생각을 가지고 있으면 보살이 아니다."라고 하여, 생각을 벗어나야 깨달은 사람이라고 말하고 있습니다.

불교의 경전에서나 선에서나 언어문자인 말은 분별망상을 가로막아 부수어 분별에서 벗어나는 깨달음으로 이끄는 파사현정(破邪顯正)의 방편입니다. 방편의 말은 달을 가리키는 손가락과 같다고 하는데, 달을 보지 못한 사람에게 달을 보게 하려면 최대한 친절하게 가리켜 주는 것이 좋습니다. 또 방편은 병을 치료하는 약이라고 하는데, 병을 치료하는 것이 목적이라면 약을 아끼거나 숨기지 말고 최대한 효과적인 약을 써야 합니다. 방편의 말이라면 숨길 말이 없고 못할 말이 없습니다. 다만 말은 방편이니, 자신의 마음을 스스로 직접 깨달아야 한다는 것은 당연히 가르쳐야 합니다.

선사들은 흔히 말하기를 "내 손아귀에 숨겨 놓은 비밀은 없다."라고 하였고, 또 "한마디 그럴듯한 말은 영원토록 중생을 묶어 놓는 말뚝이 된다."라고도 하였고, 또 "부처가 못 되는 게 걱정이지, 부처가 말 못할까 봐 걱정하지는 마라."고도 하였습니다. 오히려 말로 표현할 수 없는 것을 말로 표현할 수 있다고 여기는 것이 잘못입니다. 경전과 조사어록에 좋은 방편의 말들이 가득하지만, 이 말들은 모두 손가락이고 약이지 달이 아니고 건강이 아님을 잊으면 안 됩니다. 불교 공부는 부처가 무엇인지 아는 게 아니고, 중생의 마음에서 벗어나 부처가 되는 것입니다.

똑! 똑! 똑! 여기에는 한마디 말도 없습니다.

5. 묵조선이란 어떤 것인가?

똑! 똑! 똑! 여기에 있어야 말에 속지 않습니다.

조사선의 변질 – 묵조선

(1) 묵조선이란 무엇인가?

중국 송대 대혜종고 선사가 공안을 비평하는 것을 공부로 삼는 문자선보다 더욱 심하게 비난한 삿된 선은 이른바 묵조선(默照禪)입니다. 묵조선은 송대에 천동산(天童山)에 머물렀던 조동종(曹洞宗)의 굉지정각(宏智正覺; 1091-1157)이 제창한 선(禪)으로서, 굉지선(宏智禪)이라고도 합니다.

묵조(默照)라는 말은 '침묵 속에서 비추어 본다.'는 뜻입니다. 굉지정각이 지은 〈묵조명(默照銘)〉이라는 글 첫머리는 이렇게 시작합니다.

"침묵하여 묵묵히 말을 잊으면 밝고 또렷이 앞에 나타난다.(默默

忘言, 昭昭現前.)

거울처럼 비출 때는 텅 비어 있고, 텅 빈 바탕인 곳은 신령스럽다.(鑑時廓爾, 體處靈然.)

신령스레 홀로 비추니, 비춤의 속은 도리어 미묘하다."(靈然獨照, 照中還妙.)

또 굉지정각이 공안을 비평한 글을 실은 《종용록(從容錄)》에서 굉지는 제2칙 달마확연(達磨廓然)이라는 제목의 공안을 비평하면서 말하기를 "쓸쓸하고 고요하게 소림사에 앉아서, 침묵 속에서 말없이 부처의 바른 명령을 온전히 드러낸다."(寥寥冷坐少林, 黙黙全提正令.)라고 하였는데, 이로써 보면 침묵은 곧 좌선을 가리킨다고 합니다. 다시 말해, 묵(黙)은 침묵(沈黙)하며 가부좌(跏趺坐)로 앉아 좌선하는 것을 가리킨다고 합니다.

또 조(照)는 스스로를 비추는 자조(自照)로서 마음의 텅 빈 바탕이 스스로 비춤을 나타내는 것을 말한다고 하는데, 이것은 본래 깨달아 있는 마음〔본증(本證)〕이 나타나는〔현성(現成)〕 것이라고 합니다. 이것을 본래 깨달아 있는 마음〔본증〕이 스스로 느끼는〔자각(自覺)〕 것이라고도 합니다.

그러므로 묵조란 말없이 고요히 좌선하면 거울처럼 텅 빈 마음이 밝게 나타나 스스로 비추게 되는데, 이것을 현묘한 깨달음으로 여긴다고 할 수 있겠습니다. 다시 말해, 침묵 속의 좌선과 텅 빈 마음이 저절로 밝게 비춘다는 양 측면이 곧 묵조선(黙照禪)이고, 묵조

선에서는 이런 상태를 깨달음이고 지혜라고 주장합니다.[70]

1) 묵조선의 특징

① 묵조(默照): 말없이 앉아서 본래 깨달아 있음을 비추어 보며 자각하는 것이다. 깨달음은 모든 사람에게 본래부터 완전히 실현되어 있는데, 그렇게 실현되어 있는 깨달음을 좌선하면서 확인하고 익히는 것이 묵조선이다.

② 지관타좌(只管打坐): 다만 가부좌하여 좌선할 뿐이다. 좌선이 곧 본래 깨달아 있음을 확인하는 묘한 수행이며, 본래 깨달아 있음을 자각하는 깨달음의 실천이다. 좌선은 묵조에서 묵(默)에 해당한다.

③ 본증자각(本證自覺): 침묵하며 좌선하면 거울처럼 텅 빈 마음 바탕이 밝게 드러남을 자각하게 된다. 거울처럼 텅 빈 마음 바탕이 신령스럽고 묘하게 비추는 것이 곧 마음에 본래 갖추어져 있는 깨달음이다. 침묵하며 좌선하면 본래 깨달아 있는 이런 마음이 자각된다. 이것은 묵조에서 조(照)에 해당한다.

④ 본증묘수(本證妙修): 좌선하여 본래 깨달아 있음을 자각하는 것이 곧 수행이다. 좌선에서 본래 깨달아 있음이 드러나므로 부처님의 깨달음을 나타내는 공안이 실현된다고 하여 현성공안(現成公

---

70 이하 묵조선에 대한 소개는 동국대학교에서 묵조선을 전공하여 박사를 받은 김호귀 선생의 논문 〈묵조선의 수행체계〉와 저서 《묵조선》(도피안사 출간)을 참고하여 정리하였음을 밝힙니다.

案)이라고도 한다.

⑤ 수증불이(修證不二): 말없이 좌선하면 텅 빈 마음이 밝게 드러나고, 이것이 본래 깨달아 있는 마음을 자각(自覺)하는 깨달음이자 수행이다. 즉, 좌선이라는 수행은 곧 깨달음이 드러나는 깨달음의 실현이 된다. 수행과 깨달음은 좌선에 의하여 실현되므로 수행과 깨달음이 다르지 않은 수증불이(修證不二)다.

"선지식들이여, 이 몸뚱이는 몸뚱이 그대로 완전하고, 두 눈은 두 눈대로 그대로 있어야 할 곳에 자리하고 있다. 마찬가지로, 깨달음은 처음부터 털끝만치도 어긋남 없이 완전한 그대로이다. 그러니 여우처럼 의심 많은 사람이 아니라면 다시 무엇을 의심할 것인가? 본래의 자리에 앉아서 좌선하면 술잔에 비친 것은 뱀이 아니라 바로 활의 그림자임을 알리라."(굉지정각)

"좌선하는 사람은 수행과 깨달음이 따로 없다. 우리 마음은 깨달음을 본래 모자람 없이 갖추고 있어서 다른 것에 의하여 오염되지 않고 철저히 깨끗하다."(굉지정각)

2) 묵조선의 수행

묵조선의 수행은 ① 가부좌로 앉아 좌선할 뿐인 지관타좌(只管打坐), ② 본래 타고난 깨달음을 확인하는 본증묘수(本證妙修; =본증자각本證自覺)), ③ 몸과 마음과 감각까지도 깨달음이 드러나 이루어져 있는 현성공안(現成公案)인 신심탈락(身心脫落) 등 세 가지로 요약된다고 합니다.

① 지관타좌(只管打坐)

좌선이 곧 수행이고 수행의 완성인 깨달음이므로 오로지 좌선할 뿐임을 일러 지관타좌(只管打坐)라 한다. 묵조선 수행의 근본은 본래 깨달아 있음을 자각(自覺)하는 것인데, 본래 깨달아 있음을 자각하는 방식이 곧 좌선이다. 좌선은 가부좌하는 몸의 자세와 본래 깨달아 있음을 자각하는 마음의 자세라는 두 가지 뜻이 있다. 가부좌하여 앉아 있는 모습 그대로가 좌선이고 깨달음이 드러나 이루어져 있다는 말이다. 몸으로 직접 앉지 않고 깨닫는다거나 좌선한다고 말하는 것은 말장난에 지나지 않는다. 단순히 앉아서 말없이 있는 것이 아니라 말없이 앉아서 본래 깨달아 있음을 비추어 보고 자각하는 것이다. 말없이 앉아 있기 때문에 비추어 보는 것이 가능하므로 말없이 앉음과 비추어 봄은 둘이 아니다. 가부좌하고 앉아 본래의 깨달음이 나타나 이루어져 있음을 비추어 보고 자각하는 것이 곧 좌선 수행이자 깨달음이다. 그러므로 좌선은 수행이면서 동시에 깨달음의 실현이다. 그러므로 한 시간 좌선하면 한 시간 부처이고, 하루 좌선하면 하루 부처다. 이처럼 묵조선에서는 좌선이 곧 수행이자 깨달음이다.

② 본증자각(本證自覺)

말없이 앉아 비추어 보는 것은 본래 깨달아 있음을 스스로 알아차리는 것이다. 굉지(宏智)는 말했다. "모든 것이 깨달음[각(覺)]이니, 지금 말없이 비추어 보아 비로소 깨닫는 것[시각(始覺)]이 곧 본래부터 깨달아 있는 것[본각(本覺)]인 위음왕불 이전[위음나반(威音那畔)][71]이다." 우리는 본래 완전히 깨달아 있어서 원래 실 한 오라기의 부족함도 없다. 범부중생은 자기가 본래 완전히 깨달아 있음을 모르고 밖의 분별되는 경계를 따라 헤매니, 말없이 앉아 비추어 보면 본래 텅 비어 있고 본래 묘하게 작용하고 있고 본래 완전한 깨달음이 실현되어 있음을 알아차릴 수 있다. 따라서 말없음은 본래 깨달아 있는 마음의 바탕이고, 비추어 봄은 본래 깨달아 있는 마음의 작용이다.

③ 신심탈락(身心脫落)

몸과 마음이 떨어져 나갔다는 신심탈락(身心脫落)은 곧 생각으로 헤아리지 않고 행위하는 비사량행(非思量行)을 가리킨다. 가부좌로 앉아 좌선하며 비추어 보는 마음은 생각으로 헤아리지 않고 행하는 마음이다. 생각으로 헤아리지 않고 행한다는 것은 생각을 하지 않는다는 것이 아니라, 분별하지 않고 생각하는 것이고, 무심(無心)하게 생각하는 것이고, 번뇌 없이 생각하는 것이다. 이처럼 분별하지 않고 생각하는 좌선의 체험이 일상생활의 모든 경우에 실현되면 모든 경우에 분별과 번뇌에서 벗어나 생각하는데, 이를 일러 몸

---

71 위음나반(威音那畔) : 위음왕불(威音王佛)이 세상에 나오기 이전. 나반(那畔)은 저쪽이라는 뜻. 과거장엄겁(過去莊嚴劫)의 최초불을 위음왕불이라 함. 부모미생전(父母未生前), 천지미분전(天地未分前)이라는 말과 같이 분별이 일어나기 이전을 표시하는 말.

에서도 마음에서도 벗어난 신심탈락(身心脫落)이라 한다.

(2) 대혜종고의 묵조선 비판

묵조선을 주창한 굉지정각과 동시대를 살았던 대혜종고는 이러한 묵조선을 엉터리 선 수행 가운데에서도 가장 심한 엉터리 선이라고 매우 신랄하게 비판하고 있습니다. 대혜종고가 말하는 묵조선의 문제점을 살펴보겠습니다.

"몇 년 전부터 한 부류의 삿된 스승들이 묵조선을 말하면서, 사람들에게 하루 종일 이 일을 관여치 말고 쉬고 또 쉬며 말을 하지 말아야 하고, 금시에 떨어질 것을 두려워하라고 가르칩니다. 흔히 사대부가 총명하고 날카로운 근기에 부림을 당하여 시끄러운 곳을 싫어하다가, 문득 저 삿된 스승들에게 고요히 앉으라는 가르침을 받고서 잠시 수월해짐을 경험하면, 곧 이것을 옳다고 여기고 다시는 묘한 깨달음을 찾지 않고서 다만 말없이 고요히 있는 것을 지극한 법칙으로 삼습니다. 저는 구업 짓는 것을 아까워하지 않고 힘써 이러한 폐단을 바로잡으려 합니다."[72]

"요즘 들어서 선도(禪道)와 불법(佛法)이 매우 쇠락합니다. 어떤 부류의 엉터리 장로는 근본적으로 스스로 깨달음이 없고 업을 짓는 마음만 끝없이 가득하여 기댈 만한 바탕이 없고 참된 솜씨가 없

---

72 《대혜서장》 진소경 계임에 대한 답서.

으면서도, 배우는 사람을 단속하여 모든 사람에게 자기와 같이 칠흑처럼 어둡게 눈을 꽉 감도록 시키고는, '고요히 하여 늘 비춘다.'고 합니다."[73]

"삿된 견해 가운데에서도 좀 나은 것은, 보고·듣고·느끼고·아는 것을 자기라고 이해하고, 드러난 그대로의 경계를 깨달은 마음으로 삼는 것입니다. 이보다 못한 것은, 분별하는 의식(意識)을 놀려 깨달음으로 들어가는 출입구를 알아차리고는 경솔하게 입술을 놀려서 현(玄)을 이야기하고 묘(妙)를 말하는 것입니다. 더 심한 것은, 미쳐서 발광하기에까지 이르러서도 말을 아끼지 않고 인도말로 중국말로 상관없는 것들을 이것저것 지껄이는 것입니다. 가장 못한 것은, 묵묵히 비추며 말없이 텅 비고 고요하게 하며 귀신굴 속에 머물러 궁극적 안락을 찾는 것입니다."[74]

"오늘날 도를 배우는 사람에게는 출가나 재가를 막론하고 모두 두 가지 큰 병이 있습니다. 하나는 말과 문자를 많이 배워서 말과 문자 속에서 기특한 생각을 내는 것입니다. 또 하나는 불법과 선도가 말과 문자 위에 있지 않다는 말을 듣고는 곧 말과 문자를 모조리 쓸어 내 버리고, 한결같이 눈을 감고는 죽은 사람처럼 앉아서 '고요히 앉는다'〔정좌(靜坐)〕느니 '마음을 본다'〔관심(觀心)〕느니 '묵묵히 비춘다'〔묵조(黙照)〕느니 하고 말하면서, 다시 이러한 삿된 견

---

73 《대혜서장》유보학 언수에 대한 답서.
74 《대혜서장》이랑중 사표에 대한 답서.

해로써 무식하고 어리석은 사람들을 꼬드겨 말하기를 '하루 고요하게 지내면 곧 하루 공부를 한 것이다.'라고 합니다. 안타깝습니다! 이들 모두가 귀신 집안의 살림살이인 줄 전혀 모르고 있습니다. 이 두 가지 큰 병에서 벗어나야, 비로소 배움에 참여할 몫이 있습니다."[75]

"어떤 사람은 말없이 침묵하는 것으로써 공겁이전[76]의 일로 삼아, 사람들에게 그만두고 쉬라고 가르치는데, 쉬어서 흙·나무·기와·돌과 같이 되라고 합니다. 또 사람들이 '검은 산 아래 귀신굴 속에 앉아 있다.'라고 말하는 것을 두려워하여, 뒤따라 곧 조사의 말씀을 인용하여 증거하기를 '또렷하게 늘 알고 있는 까닭에 말로는 설명할 수가 없다.'[77]라고도 합니다. 쉬어서 흙·나무·기와·돌과 같이 될 때는 캄캄하여 지각(知覺)이 없는 것이 아니라, 곧장 또렷하고 분명히 깨어 있어서 가고·머물고·앉고·누움에 늘 지니고 있다고 합니다. 그리하여 다만 이와 같이 수행하여 오래오래 하면, 저절로 본래 마음에 들어맞게 된다고 합니다."[78]

"불법과 선이 문자언어 위에 있지 않다고 여기고서, 곧장 모든 것을 옆으로 밀쳐놓고 차려져 있는 죽과 밥을 게걸스레 먹고서, 검

---

75 《대혜법어》진여도인에게 보임.
76 공겁이전(空劫已前) : 위음왕불 이전과 같음. 위음왕 이전 혹은 공겁 이전이란 분별을 벗어난 진여자성을 가리킨다.
77 이조혜가(二祖慧可)의 말.《경덕전등록》제3권, 제28조보리달마에 나와 있다.
78 《대혜보설》황덕용이 청한 보설.

은 산 아래의 귀신굴 속에 꼼짝하지 않고 앉아서, 묵묵히 늘 비춘다고 하고, 또 완전히 죽은 사람과 같다고 하고, 또 부모가 낳기 이전의 일이라 하고, 또 공겁 이전의 일이라 하고, 또 위음왕불 이전의 소식이라 합니다. 앉고 또 앉아서 엉덩이에 굳은살이 박였는데도 전혀 움직이려 하지 않고, 공부가 차츰차츰 순수하게 익어 간다고 하고, 다시 수많은 쓸데없는 말들과 수다스러운 말들을 하나하나 도리를 지어 값을 따져서 한 번 전해 주고는 그것을 종지(宗旨)라고 부르지만, 마음속은 여전히 새까맣게 어둡습니다. 본래 '나다. 남이다.' 하는 생각을 제거하려 하면 '나다. 남이다.' 하는 생각이 더욱 치성하게 일어나고, 본래 무명(無明)을 없애고자 하면 무명이 더욱 커지는데도, 이러한 사실을 전혀 모르는 것입니다."[79]

"요즈음 총림에는 일종의 삿된 선이 있어서 병을 붙잡고 약으로 여깁니다. 이들은 스스로 깨달은 곳이 없기 때문에 깨달음을 만들어진 것이라 여기고, 깨달음을 사람을 이끄는 방편의 말씀이라 여기고, 깨달음을 두 번째에[80] 떨어진 것이라 여기고, 깨달음을 지엽말단의 일이라 여깁니다. 자기가 깨달은 곳이 없으니 남의 깨달음도 믿지 않습니다. 덮어놓고 오로지 텅 비고 고요하고 우둔하게 앎이 없는 것을 위음왕불 이전, 공겁이전의 일이라고 합니다. 매일 두 끼의 밥을 게걸스레 먹고는 어떤 일도 이해하지 못하고 줄곧 입을

---

79 《대혜법어》 동봉 거사에게 보임.
80 두 번째 : 분별로 인식하는 세속을 가리킨다. 첫 번째는 분별을 벗어난 불이(不二)의 실상(實相)을 가리킨다. 첫 번째는 제일의제(第一義諦)라고도 하고, 두 번째는 제이의문(第二義門)이라고도 한다.

꽉 다물고 앉아 있으면서, 그것을 일러 쉬고 또 쉰다고 합니다. 입을 열어 말을 하기만 하면 곧 금시[81]에 떨어졌다고 하고, 또 자손 쪽의 일이라고 합니다. 이러한 검은 산 아래의 귀신굴 속을 지극한 법칙으로 여기고, 또 조상이 애초부터 이 문을 나서지 않았다고도 합니다. 이들은 자기가 어리석은데도 도리어 타인을 어리석게 여기니, 석가모니가 말한 어떤 사람이 스스로 자기의 귀를 막고는 큰 소리로 부르면서 남이 듣지 않기를 바라는 비유와 꼭 같습니다. 이런 무리는 이름하여 가련하고 불쌍한 자들입니다."[82]

"오늘날 어떤 부류의 머리 깎은 외도(外道)들은 스스로는 안목이 밝지도 못하면서 오로지 사람들에게 가르치기를, 죽은 개처럼 쉬고 또 쉬라고 합니다. 만약 이와 같이 쉰다면 천 분의 부처님이 세상에 나오더라도 결코 쉬지 못할 뿐만 아니라, 오히려 마음을 어리석고 어둡게 할 뿐입니다. 또 사람들에게 가르치기를, 인연따라 지니고 있되 분별심을 잊어버리고 말없이 비추어 보라고〔묵조(默照)〕 합니다. 그러나 비추어 보고 또 비추어 보며 지니고 또 지니면, 더욱 어리석게 되고 더욱 어두움을 더하여 끝마칠 기약이 없을 것입니다.

이는 조사의 방편을 완전히 잘못 알아서 엉터리로 사람들에게 가리키는 것이니, 오로지 헛되이 삶을 떠돌다가 죽게 만드는 짓입니다. 또 사람들에게 가르치기를, '이 일에 상관하지 말고 다만 이렇

---

81 금시(今時) : 금시(今時)는 바로 지금 현재 눈앞에 펼쳐지는 온갖 경험세계로서, 망상(妄相) 혹은 생멸문(生滅門)이라 하며, 시간과 공간이 분별되는 세계. 반면에 실상(實相)인 진여문(眞如門)을 본분(本分)이라고 함.
82 《대혜법어》여기의에게 보임.

게 쉬어라. 쉬게 되면 분별심이 생겨나지 않으니, 이러한 때에 이르면 어둡고 알 수 없는 상태가 아니라 또렷또렷하고 분명한 상태다.'라고 합니다만, 이 역시 해로운 가르침으로서 사람의 눈을 멀게 하는 짓이니 작은 일이 아닙니다.

저는 평소에 이런 무리를 보면 사람으로 취급하지 않습니다. 그들은 자기의 눈이 밝지도 못하면서 다만 책 속의 말씀을 단순히 모방하여 사람들을 가르치니, 이렇게 하여 어떻게 사람들을 인도할 수 있겠습니까? 만약 이런 자들을 믿는다면 영겁토록 공부하여도 깨닫지 못할 것입니다."[83]

"삿된 스승의 무리가 터무니없이 지껄이는 말에 속아서 귀신굴 속으로 끌려 들어가 눈을 감고 망상을 짓는 일이 절대로 없도록 해야 합니다. 요즈음은 조사의 도가 쇠미하여 이러한 무리가 삼대나 조 알맹이처럼 많이 있습니다. 진실로 하나의 눈먼 사람이 여러 눈먼 사람을 이끌고 불구덩이로 들어가는 꼴이어서 매우 불쌍한 일입니다.

원컨대 공께서는 정신을 바짝 차리고 이런 행동을 하지 마십시오. 이런 행동을 한다면 비록 잠깐 동안은 이 냄새 나는 몸뚱이를 붙잡아 멈추어 곧장 마지막 진실로 여기겠지만, 의식(意識)이 어지러이 날아오르는 것은 마치 아지랑이와 같아서 설사 의식이 잠시 안정된다고 하더라도 마치 돌로 풀을 눌러 놓는 것과 같으니 모르는 사이에 다시 생겨나는 것입니다. 그러니 곧바로 위없는 깨달음

---

83 《대혜서장》증시랑 천유에 대한 답서(3).

을 성취하여 마지막 안락한 곳에 도달하려고 하여도 역시 어렵지 않겠습니까?

저 역시 일찍이 이런 무리에게 속았습니다. 뒤에 만약 참된 선지식을 만나지 못하였다면, 아마 일생을 헛되이 보내었을 것입니다. 매번 그것을 생각할 때마다 정말 견딜 수가 없습니다. 이 까닭에 구업을 마다하지 않고 이러한 폐단을 힘써 구제하려는 것입니다. 요사이 와서는 그것이 잘못임을 아는 사람이 조금씩 있습니다.

만약 재빨리 깨닫고자 한다면, 모름지기 이 한 생각이 한번 폭삭 부서져야 합니다. 그때야 비로소 삶과 죽음을 밝힌 것이며 바야흐로 깨달아 들어갔다고 말할 수 있습니다."[84]

"지금 여러 곳에 있는 묵조라는 삿된 선(禪)을 하는 무리들은 사대부들이 분별망상에 막혀서 마음이 평안하지 못한 것을 보고는, 곧 그들에게 불 꺼진 재나 고목나무처럼 되어라 하고, 한 폭의 하얀 명주처럼 되어라 하고, 오래된 사당의 향로처럼 되어라 하고, 썰렁하고 적막하게 되라고 시킨다. 이렇게 쉬는 사람을 그대들은 쉬었다고 말할 수 있는가? 이 원숭이[분별망상]가 죽지 않은 것을 전혀 알지도 못하면서, 어떻게 쉬었다는 것인가? 이 원숭이가 올 때는 맨 먼저 오고 갈 때는 맨 나중에 가면서 죽질 않는데, 어떻게 쉬었다는 것인가?"[85]

---

84 《대혜서장》 부추밀 계신에 대한 답서(1).
85 《대혜보설》 전계의가 청한 보설.

(3) 묵조선이 엉터리인 이유

묵조선의 주장에 근거하여 묵조선이 엉터리 공부임을 몇 가지 지적해 봅니다.

① 분별망상인 생각에서 벗어나지 못했습니다.

묵조선에서 주장하는 이론과 실천은 모두 생각으로 분별하여 만든 것입니다. 생각으로 헤아려 만든 이론에 따라 의도적으로 실천하는 것이니, 모두가 헛된 조작이고 허망한 유위법입니다. 묵조선의 주장을 보면 깨달음에 대한 그럴듯한 이론(지관타좌, 본증자각, 수증불이, 현성공안, 비사량의 사량, 심신탈락)을 만들어 놓고, 그 이론에 맞게 실천하라는 가르침입니다.

깨달음이 어떤 것인지 규정해 놓고, 그에 맞추어 어떻게 수행하는지를 규정해 놓았으니, 이 모두는 생각으로 그린 허망한 그림일 뿐입니다. 생각을 벗어나 불이중도(不二中道)의 불가사의한 깨달음을 얻도록 생각을 가로막는 가르침이 아니라, 다만 생각으로 그럴듯한 그림을 그려 놓고 그 그림을 따라 연극배우가 연기하듯이 수행하라는 가르침이니, 이러한 이론과 수행은 모두가 생각으로 만드는 환상이고 꿈입니다.

② 방편의 말을 사실이라고 오해하였습니다.

불교 경전이나 조사어록에서 말하는 모든 말은 불가사의한 출세간으로 이끄는 방편의 말일 뿐입니다. 방편의 말은 분별할 수 없는 깨달음으로 이끌기 위하여 분별망상을 가로막고 분별할 수 없는 깨달음을 가리키는 기능을 할 뿐이므로, 어떤 사실이 있다고 주장하는 세속의 말과는 기능이 전혀 다른 말입니다. 세속의 말은 그렇게 분별되는 사실이 있다고 주장하는 말이며, 그 주장에 해당하는 사실을 누구나 감각과 생각을 사용하여 검증할 수 있습니다.

그러나 방편의 말이 가리키는 것은 깨달음인데, 깨달음은 누구나 감각과 생각으로 검증할 수는 없고, 오로지 생각을 벗어나는 불가사의한 깨달음을 통해서만 납득할 수 있는 말입니다. 깨달음을 통하여 검증되는 것도 말하는 대로의 사실이 감각과 생각으로 분별되는 것은 아닙니다. 분별에서 벗어나는 깨달음을 얻게 되면, 방편의 말이 비록 객관적 사실을 있는 그대로 말한 것은 아니지만 그렇게 말하는 이유를 납득할 수는 있습니다. 방편의 말을 세속의 말처럼 이해하여 그렇게 말할 수 있는 사실이 있다고 주장한다면, 방편의 말을 오해한 것입니다.

묵조선에서 하는 말들도 모두 불교에서 말하는 방편의 말인데, 묵조선에서는 그런 말처럼 분별되는 사실이 있으니 그 사실에 알맞게 실천하라고 가르치는 것처럼 보입니다. 이것은 방편의 말을 세속의 말처럼 오해한 것입니다. 본증(本證), 본각(本覺), 시각(始覺), 현성공안(現成公案) 등 불교 경전이나 조사들의 말씀에 등장하는 모든 말은 그런 말처럼 분별되는 사실이 있다고 주장하는 말이 아니라, 말할 수 없고 분별할 수 없는 불가사의한 깨달음으로 이끌기 위한 방편의 말일 뿐입니다. 이런 방편의 말을 마치 그렇게 말해야 하는 사실이 있는 것처럼 여긴다면, 손가락을 달로 착각하는 것이고 약을 건강이라고 착각하는 어리석음입니다.

③ 묘한 깨달음을 부정하고 있습니다.

불교는 깨달음에 대한 가르침이고, 깨달음은 분별망상인 생각에서 벗어나는 불가사의하고 묘한 체험입니다. 분별망상에서 벗어나는 해탈은 불가사의한 해탈이고, 생각이라는 꿈에서 깨어나는 깨달음은 분별할 수 없고 알 수도 없는 묘한 깨달음입니다. 분별망상이라는 생각에서 벗어나는 묘하고 불가사의한 체험을 통하여 분별망상하는 중생의 마음을 항복시켜서 분별망상에 시달리지 않게 되는 것이 해탈이고 깨달음입니다. 분별망상에서 벗어나지 못한다면, 깨달음도 아니고 해탈도 아닙니다.

양쪽으로 나누어 취사선택하는 분별에서 벗어나 양쪽으로 나누지 않고 취사선택하지 않는 불가사의한 불이중도에 들어맞는 체험을 하는 것이 깨달음이고 해탈이고 열반입니다. 그래서 대혜종고도 반드시 생각이 한번 폭삭 부서져야 한다고 하였고, 또 원숭이[분별망상하는 마음]가 반드시 죽어야 한다고도 한 것입니다. 이런 불가사의한 해탈의 체험이 없다면, 전부 분별망상인 의식(意識) 속에서 만들어지는 헛된 일입니다. 그런데 묵조선은 이런 깨달음을 말하지 않고, 심지어 부정하고 있습니다.

본래 깨달아 있고 현재 깨달음이 완전히 실현되어 있어서 다시 깨달을 필요는 없고 다만 깨달은 삶을 살기만 하면 된다는 묵조선의 주장은 일견 그럴듯해 보이지만, 사실은 불교의 가르침과는 맞지 않는 주장입니다. 불교에서는 중생이 비록 불성을 갖추고 태어났으나 지금 분별망상이라는 헛된 꿈속에 빠져서 불성이 나타나지 못하고 있기 때문에, 중생을 분별망상이라는 꿈에서 깨우는 방편을 사용하는 가르침입니다.

만약 모든 사람이 본래 깨달아 있고 본래 병이 없는데도 중생이 어리석어서 마치 깨달음이 없고 병들어 있는 것처럼 여기는 헛된 망상에 빠져 있다고 하더라도, 불교의 가르침에서 가장 핵심은 그 망상에서 빠져나오도록 망상을 가로막아 끊는 방편이어야 합니다. 만약 "너는 원래 깨달아 있으니 다시 깨달음을 얻을 필요는 없고, 내가 알려 주는 깨달은 사람의 삶의 모습으로 살기만 하면 된다."고 가르친다면, 이러한 가르침은 중생에게 부처의 모습을 흉내 내라고 가르치는 것이니 매우 잘못된 가르침입니다.

④ 깨달음이 어떤 것이라고 정해 놓고 있습니다.

깨달음은 분별망상에서 벗어나는 체험으로서 이해할 수 없는 불가사의한 체험이라는 것은 대승불교에서 늘 하는 말입니다. 깨달음을 나타내는 흔한 말이 무상(無想; 생각이 없음), 무주(無住; 머묾이 없음), 무념(無念; 기억이 없음), 미묘(微妙; 알 수 없음), 불가사의(不可思議; 이해할 수 없음), 불이중도(不二中道; 분별에서 벗어남) 등의 말들입니다.

그러나 묵조선에서는 깨달음이 이러이러한 것이라고 규정하고 있습니다. 규정된 깨달음은 생각으로 분별하여 만든 망상일 뿐입니다. 불교의 모든 가르침은 전도몽상이라는 꿈에서 깨어나도록 이끄는 방편이지, 깨달음은 어떤 것이라거나 깨달은 삶은 어떤 것이라고 규정하는 가르침이 아닙니다. 허망한 생각의 꿈속에서 헤매는 사람을 깨워서 생각의 꿈에서 벗어나도록 도와주는 것이 불교의 가르침입니다. 생각은 분별의 세계이므로 생각 속에서는 깨달음이 어떤 것이라고 규정할 수 있겠지만, 생각에서 벗어나면 모든 분별에서 벗어나기 때문에 '이런 것이 깨달음이다.'라거나 '깨달은 사람은 이렇게 산다.'라고 알 수가 없고 말할 수가 없습니다.

그러므로《문수반야경》에서는 "깨달음도 없고 깨달은 부처도 없다."라고 했으며, 선사들도 "부처도 죽이고 조사도 죽이라."고 했던 것입니다. 그런데 묵조선에서는 깨달음이 어떤 것이며 깨달은 사람의 삶은 어떤 것이라고 규정해 놓고 있으니, 모두가 생각으로 그린 헛된 망상입니다. 꿈에서 깨어난 뒤에는 다시 꿈속에 빠지지 않고 자유롭게 살면 되는 것이지 꿈에서 깨어난 사람의 삶이 정해져 있을 수는 없습니다. 전도몽상의 번뇌는 중생의 병이고 불교의 가르침은 이 병을 치료하는 약이지, 병이 나은 건강한 사람의 삶을 규정하는 가르침이 아닙니다. 부처와 조사는 중생의 망상병을 치료하는 의사인데, 병이 나은 사람에게는 의사도 약도 필요 없습니다.

⑤ 가부좌하고 앉는 좌선이 곧 깨달음의 실천이라는 말은 불교나 선의 가르침과 맞지 않습니다.

좌선을 통해서만 깨달음이 실현된다는 주장은 대승 경전과 조사선의 선사들의 가르침과는 어긋납니다.《금강경》에서는 "수보리야, 만약 어떤 사람이 여래는 오기도 하고, 가기도 하고, 앉기도 하고, 눕기도 한다고 한다면, 이 사람은 내가 말한 뜻을 이해하지 못했다. 무슨 까닭인가? 여래는 오지도 않고, 가지도 않고, 앉지도 않고, 눕지도 않는 까닭에 여래라고 일컫기 때문이다."라고 하였습니다.

《유마경》에서는 "이보세요, 사리자님. 앉는 것을 좌선이라 여기지 마십시오. 무릇 좌선이라는 것은 삼계(三界)에 있으면서도 몸과 마음을 나타내지 않는 것이 곧 좌선입니다. 멸진정[86]에서 벗어나지 않으면서도 모든 행동을 하는 것이 곧 좌선입니다. 모든 깨달은 모습을 버리지 않으면서도 중생의 온갖 모습을 나타내는 것이 곧 좌선입니다."라고 하였습니다.

《육조단경》에서는 황제가 보낸 사자인 설간이 "서울에 있는 선승들은 모두 말하기를 '도(道)를 알려고 한다면 반드시 좌선하여 선정을 익혀야 한다. 선정으로 말미암지 않고 해탈을 얻은 자는 아직 없었다.'라고 하는데, 스님께서 말씀하시는 법은 어떻습니까?"라고 묻자, 육소 혜능은 이렇게 말했습니다. "도는 마음에서 깨닫는 것인데, 어찌 앉는 것에 있겠습니까? 경전에서 말했습니다. '만약 여래가 앉거나 눕는다고 말한다면, 이것은 삿된 도를 행하는 것이다. 무슨 까닭인가? (여래는) 오지도 않고 가지도 않기 때문이다.'[87] 생겨나지도 않고 없어지지도 않는 것이 여래의 깨끗한 선(禪)이요, 모든 법이 텅 비어 고요한 것이 여래의 깨끗한 좌(坐)입니다. 결국 깨달음도 없는데, 하물며 앉겠습니까?"

육조 혜능의 제자인 남악회양 선사는 좌선에 몰두하는 마조도일을 제도하기 위하여 마조가 좌선하고 있는 암자로 찾아와 마조에

---

86 멸정(滅定) : 마음의 작용을 모두 멸한 무심(無心). 일체의 정신작용을 소멸한 선정(禪定)인 멸진정(滅盡定). 열반과 같은 말.
87 《금강경》제29 위의적정분(威儀寂靜分)에 나오는 다음 내용.

게 "왜 좌선하느냐?"고 물었습니다. 마조가 "깨닫기 위하여 좌선합니다." 하고 답하자, 남악은 마당에 있는 바위에다 벽돌을 갈기 시작했습니다. 마조가 "무엇 하러 벽돌을 바위에 갑니까?" 하고 묻자, 남악은 "거울을 만들려고 한다."고 답했습니다. 이에 마조가 "벽돌을 바위에 갈아서 어떻게 거울이 되겠습니까?" 하고 비웃자, 남악은 "벽돌을 갈아 거울이 되지 못한다면, 좌선하여 어떻게 부처가 되겠는가?" 하고 답합니다. 이에 놀란 마조가 "그러면 어떻게 해야 합니까?" 하고 묻자, 남악은 "소달구지가 가지 않는다면 달구지를 때려야 하겠는가, 소를 때려야 하겠는가?" 하고 말합니다. 이 말을 듣고 마조가 말이 없자 남악이 이렇게 말했습니다. "그대는 좌선(坐禪)을 배우고자 하는가, 좌불(坐佛)을 배우고자 하는가? 만약 좌선을 배우고자 한다면, 선은 앉거나 눕는 것이 아니다. 좌불을 배우고자 한다면, 부처는 정해진 모습이 없다. 머물지 않는 법은 취할 수도 없고 버릴 수도 없다. 그대가 좌불을 따른다면 부처를 죽이는 것이고, 만약 앉는 모습에 집착한다면 깨달을 수 없다."

묵조선의 주장대로 우리가 모두 본래 깨달아 있다면 일상생활에서 언제나 어디서나 깨달음이 실현되어 있는데, 왜 좌선에서만 그런 깨달음이 자각되겠습니까? 이치가 맞지 않는 주장입니다.

⑥ 유위조작의 수행을 요구하고 있습니다.

묵조선에서 가르치는 '말없이 앉아서 비추어 본다.'는 것은 의도를 가지고 애써 노력하여 조작하는 유위법(有爲法)입니다. 어떤 행위의 방식을 정해 놓고 그 방식에 맞추어 의도적으로 실행하는 것은 일부러 조작하는 것이고 애써 만드는 것이므로 허망한 유위법입니다.《금강경》에서는 모든 유위법은 물거품이나 아지랑이처럼 헛되다[88]고 하였습니다. 대승불교에서는 깨달음이 일부러 행하는 것이 아닌 무위법(無爲法)임을 한결같이 말하고 있습니다. 불이중도는 분별망상에서 벗어나는 해탈을 체험하여 저절로 실현되는 무위법이지, 노력해서 이루어 내야 할 유위법이 아닙니다.

불교에서 유위법과 무위법이라는 방편의 말을 하는 이유는 세간의 중생세계는 유위법의 세계이지만, 출세간의 세계는 무위법의 세계라는 것을 알려 주려는 것입니다. 세간의 중생은 분별하여 취하거나 버리는 의도적 행위를 하기 때문에 자신의 의도에 매여서 자신의 행위에서 벗어나지 못합니다. 다시 말해, 유위의 행위는 업을 짓는 행위인 것이고, 그렇기 때문에 자신의 생각, 말, 행위에서 벗어나지 못하여 해탈하지 못하는 것입니다.

반면에 분별심에서 벗어난 해탈의 세계, 깨달음의 세계는 분별이 없어서 취하거나 버리는 의도적인 행위도 없습니다. 해탈 즉 깨달음이란 분별에서 벗어나는 체험이므로 분별할 수 없고 생각할 수 없는 장벽에 가로막혀 있다가 문득 분별이 무너지면서 분별에서 벗어나게 되면, 모든 분별이 사라져서 주관인 '나'도 없고 객관인 '대상'도 없어서 주관의 의도적인 행위인 유위행에서 벗어나게 됩니다. 그리하여 생각하지 않고 생각하고, 말하지 않고 말하고, 행동하

---

88 《금강경》32. 응화비진분(應化非眞分) "모든 유위법(有爲法)은, 꿈 같고 환상 같고 물거품 같고 그림자 같고, 이슬 같고 또 번개 같으니, 마땅히 이렇게 보아야 한다."

지 않고 행동하는 무위행이 저절로 이루어집니다. 즉, 깨달음의 세계는 무위행의 세계로서 모든 일은 저절로 여법하게 이루어지므로 일부러 할 일도 없고, 실천할 수행도 없고, 자각할 깨달음도 없습니다. 만약 의도적으로 행해야 할 수행이 있고 자각해야 할 깨달음이 있다면, 그것은 유위법의 중생세계이지 무위법의 깨달음의 세계는 아닙니다.

⑦ 불이중도를 말하지 않습니다.

불교에서 깨달음이란 이법(二法)인 분별(分別)을 벗어나 불이법(不二法)인 중도(中道)에 들어맞는 견성(見性)을 체험하는 것입니다. 그러나 묵조선에서는 이런 말을 하지 않습니다. 그런데 묵조선에서는 불이중도를 말하지 않으면서, 도리어 생각에서 벗어나 생각한다는 비사량(非思量)의 사량(思量)을 말하고 있는 것은 이해할 수 없습니다. 생각에서 벗어나 생각한다는 것은 생각함과 생각하지 않음이 둘이 아닌 불이중도의 표현인데, 분별망상에서 벗어나 불이중도에 들어맞는 깨달음의 체험을 말하지 않으면서 말없이 앉아 비추어 보는 묵조가 마치 불이중도의 실현인 것처럼 말하는 것은 이치에 맞지 않습니다.

분별망상에서 벗어나는 깨달음의 체험이 없는 사람이라면, 말없이 앉아 비추어 보는 좌선을 아무리 열심히 하더라도 모두가 분별망상 속의 일일 뿐입니다. 분별망상에서 벗어나는 해탈의 체험이 없는 사람에게 해탈한 사람처럼 수행하라고 아무리 말해도 그는 그렇게 수행할 수 없습니다. 분별망상이 가로막혀 있다가 문득 분별망상이 부서지면서 분별망상에서 벗어나는 불가사의한 해탈의 체험이 있어야만, 저절로 해탈한 사람의 삶을 살 수 있고 저절로 해탈한 사람으로서 수행할 수 있습니다.

⑧ 침묵에 떨어져 있습니다.

말없이 묵묵히 앉아 비추어 본다는 좌선은 침묵에 머물러 있는 것으로서, 선에서 피해야 할 선병(禪病) 가운데 하나입니다. 선병은 혼침(昏沈)과 도거(掉擧)의 둘을 대표적인 것으로 말합니다. 혼침은 어둠 속에 빠져 있다는 뜻으로서 마음을 말려 죽이고 생각을 잊는다는 고심망회(枯心忘懷)와 비슷하고, 도거는 마음을 일으켜 지니고 있다는 기심관대(起心管帶)와 비슷합니다. 다시 말해, 혼침은 고요한 침묵 속에 빠져 있는 것이고, 도거는 시끄러운 생각을 쥐고 있는 것입니다. 이 둘은 공부가 잘못된 선병을 대표하는 말입니다. 묵조선은 침묵에 머물러 있으므로 혼침에 떨어져 있는 경우에 해당한다고 할 수 있습니다.

물론, 묵조선에서는 말없이 침묵하면서도 깨어서 비추어 본다고 하여, 침묵하지만 혼침에 떨어지지 않는다고 주장합니다. 그러나 침묵 속에서 비추어 본다고 하더라도 어쨌든 침묵을 해야 한다고 주장합니다. 사실, 성성적적(惺惺寂寂)이라고 하여 고요하면서도 깨어 있고 깨어 있으면서도 고요하다는 말을 선에서 합니다. 그러나 이 말은 깨달은 사람의 마음은 저절로 분별하면서도 분별이 없고 분별이 없으면서도 분별하고 있는 불이중도에 들어맞게 된다는 뜻이지, 그렇게 실행하라는 말은 아닙니다. 깨달은 사람의 마음은 언제나 무위법(無爲法)이어서 저절로 여법하게 되고 저절로 불이중도에 들어맞는 것이지, 일부러 불이중도에 들어맞도록 노력하는 유위법(有爲法)이 아닙니다. 불이중도는 깨달음을 체험한 결과로서 저절로 실현되는 것인데, 도리어 노력해서 불이중도를 실행하라고 한다면 이것은 전혀 이치에 맞지 않는 엉터리 주장입니다.

똑! 똑! 똑! 여기에는 한마디 말도 없습니다.

6. 간화선이란 어떤 것인가?

똑! 똑! 똑! 여기에 있어야 말에 속지 않습니다.

우리나라 불교는 고려 말 이래로 선종(禪宗)이 가장 큰 세력을 이루어 왔습니다. 고려 말 큰 영향을 끼친 선승인 태고보우와 나옹혜근 선사가 공부하고 가르친 선불교는 이른바 간화선(看話禪)으로서, 이들은 중국 선승에게서 간화선을 배우고 공부하였습니다. 간화선은 중국 송나라 시대 조사선 종파인 임제종에 속하는 선승 대혜종고가 주창하여 유행시킨 새로운 선불교였습니다.

간화선이란 간화(看話)를 하는 선이라는 뜻인데, 간화란 '돌보다. 바라보다. 살펴보다. 구경하다.'라는 뜻인 간(看)과 화(話)가 결합한 단어입니다. 여기서 화란 곧 화두(話頭)인데, 화두라는 단어는 '말, 이야기, 대화'라는 뜻을 가진 '화(話)'에 동사를 명사로 만드는 의미

없는 접미사(接尾辭) '두(頭)'가 붙은 말입니다. 그러므로 간화란 '말, 이야기, 대화'를 '돌보다. 바라보다. 살펴보다. 구경하다.'는 뜻입니다. 여기서 화두는 주로 옛날 선사(禪師)들이 했던 말입니다. 따라서 간화란 옛날 선사들이 했던 여러 말 가운데 어떤 특정한 말을 살펴본다는 뜻입니다. 아래에서는 대혜종고 선사가 권장한 간화선이 어떤 것인지를 살펴보겠습니다.[89]

(1) 간화선 등장의 배경은 무엇인가?

대혜 선사는 왜 간화선이라는 새로운 수행을 권했을까요? 대혜종고가 간화선을 권장한 배경으로는 자신의 공부 경험이라는 내면적 배경과 당시 선종(禪宗)의 공부 풍토에서 간화선이라는 새로운 선을 필요로 하는 외면적 배경으로 나누어 살펴볼 수 있을 것입니다.

1) 내면적 배경

대혜종고는 두 번의 깨달음이 있었는데, 그 깨달음이 일어나기 전 대혜는 오매항일(寤寐恒一)과 유구무구(有句無句)라는 두 개의 장벽에 가로막혀 어떻게도 할 수 없던 경험이 있었습니다.[90] 대혜가

---

89 이하 간화선에 관한 이야기는 필자가 쓴 《간화선 창시자의 선》 하(下)(침묵의 향기 출간)에 나오는 이야기를 간략히 요약한 것이므로, 자세한 내용은 이 책을 살펴보기 바랍니다.
90 대혜종고 선사의 공부와 깨달음에 관한 상세한 이야기는 필자가 쓴 《간화선 창시자의 선》 상(上)(침묵의 향기 출간)을 참고하시기 바랍니다.

깨달음을 얻고자 공부할 때 넘어설 수 없는 당면한 장벽은 '잠잘 때와 깨어 있을 때가 한결같다.'는 오매항일과 '있다는 말과 없다는 말은 등나무 덩굴이 나뭇가지를 감고 있는 것과 같다.'는 유구무구였습니다. 이 두 주제는 대혜가 분별과 헤아림으로써 넘을 수 없는 장벽이었고, 그동안 익힌 온갖 솜씨로도 넘을 수 없는 장벽이었습니다. 말하자면, 오매항일과 유구무구는 대혜에게 하나의 화두(話頭)였던 것입니다.

오매항일과 유구무구라는 극복할 수 없는 장벽에 부딪혀 꼼짝달싹하지 못하고 손쓸 수도 없던 함정에 빠져서 허우적거리다가, 어느 순간 문득 깨달음이 일어난 자신의 경험이 간화선을 만든 내면적 배경이라고 할 수 있을 것입니다. 오매항일과 유구무구 앞에서 지금까지 배우고 익힌 모든 것이 쓸모가 없고 어떠한 헤아림도 용납되지 않아서 마치 쥐가 쇠뿔 속에 갇힌 것처럼 오도가도 못하는 상황에서 깨달음을 얻은 대혜의 경험은, 바로 간화선을 수행하는 사람은 그런 상황에서 깨달음을 얻는다고 하는 대혜의 말과 같습니다. 마음공부에서 가장 확실히 믿을 수 있는 것은 결국 자신이 경험한 공부와 깨달음의 경험일 수밖에 없기에, 대혜가 간화선을 권장한 것도 간화선을 수행하면 이런 경험을 하면서 깨달음에 이를 것이라고 확신했기 때문이라고 보아야 할 것입니다.

2) 외면적 배경

대혜어록에서 대혜가 간화선을 권장하는 곳을 보면, 언제나 먼저 당시에 공부인들이 흔히 빠져 있던 잘못된 공부와 삿된 선(禪)을 지적하며 그 잘못을 비판하고 난 뒤에 바른 공부를 제시하면서 간화선을 권하고 있음을 볼 수 있습니다. 대혜는 여러 곳에서 당시에 행해지고 있던 잘못된 공부와 삿된 선을 비판하고 있는데, 자신의 방편을 제시하는 곳에서는 늘 간화선을 권하고 있습니다. 그러므로 간화선은 대혜 당시에 성행했던 각종 삿된 선에 상대하여 올바른 공부로 이끄는 방편으로 제시한 것임을 알 수 있습니다.

대혜가 가장 문제 삼았던 당시의 대표적인 잘못된 공부와 삿된 선은 말과 침묵이라는 양쪽에 치우친 선 수행임을 다음 대혜의 말에서 알 수 있습니다.

"오늘날 도를 배우는 사람에게는 승속(僧俗)을 막론하고 모두 두 가지 큰 병이 있습니다. 하나는 말과 문자를 많이 배워서 말과 문자 속에서 기특한 생각을 내는 것입니다. 또 하나는 말과 문자를 모조리 쓸어버리고, 한결같이 눈을 감고는 죽은 사람처럼 앉아서 '고요히 앉는다'[정좌(靜坐)]느니 '마음을 본다'[관심(觀心)]느니 '묵묵히 비춘다'[묵조(默照)]느니 하고 말하면서, 다시 이러한 삿된 견해로써 무식하고 어리석은 사람들을 꼬드겨 말하기를 '하루 고요하게 지내면 곧 하루 공부를 한 것이다.'라고 합니다. 안타깝습니다! 이들 모두가 귀신 집안의 살림살이인 줄 전혀 모르고 있습니다. 이 두 가지 큰 병에서 벗어나야, 비로소 배움에 참여할 몫이 있습니다."[91]

---

91 《대혜법어》 진여도인에게 보임.

"오늘날 사대부로서 이 도를 배우는 자는 평소 총명하고 영리함에 지배받다가 흔히 옛사람의 말씀 속에서 도리를 만들고 말로써 분명하게 밝히려 하니, 말라 버린 뼈다귀에서는 결코 즙(汁)을 찾을 수 없음을 전혀 모르는 것입니다. 만일 선지식의 꾸중을 듣는다면, 기꺼이 언설(言說)을 떠나고 문자(文字)를 떠나지만, 다시 언설 없는 곳, 검은 산 아래의 귀신굴 속에 앉아 꼼짝하지도 않으면서 마음이 향하는 곳에 막힘이 없기를 바라니, 또한 어렵지 않겠습니까? 이미 세월은 재빠르고 살고 죽는 일이 크다면, 곧장 위없는 깨달음을 얻겠다는 뜻을 확실히 가지고, 세간의 여러 가지 허망하고 진실하지 못한 일들을 단번에 내려놓고, 도리어 취할 수 없고 버릴 수 없는 곳에서 '있는가? 없는가?' 하고 느긋이 살펴보며 찾아보십시오. 곧장 마음을 쓸 수 없고 입을 열 수 없는 곳에서 마음속이 마치 한 개 뜨거운 쇳덩이와 같을 때 놓아 버리려 하면 안 됩니다. 다만 여기에서 한 개 화두(話頭)를 지켜보십시오. 승려가 운문(雲門)에게 물었습니다. '아버지를 죽이고 어머니를 죽이면 부처님 앞에서 참회할 수 있습니다. 부처님을 죽이고 조사를 죽일 때는 다시 어디에서 참회합니까?' 운문이 말했습니다. '노(露).'"[92]

말에 치우쳐 말에 빠져 있는 사람들은 공안(公案) 위에서 지식과 이해를 구하려는 사람들이었습니다. 공안을 제시하고 공안에 의지하여 그 뜻을 가늠하고, 그 값어치를 매기는 말을 서로 주고받는 것을 선이요 공부라고 하는 이들이 말에 치우친 공부를 하는 사람들

---

92 《대혜법어》성기의에게 보임.

이었습니다. 여기에 관해서는 앞서 문자선에서 살펴보았습니다. 침묵에 빠져 있는 이들은 이른바 묵조선(黙照禪)입니다. 묵묵히 좌선하면서 마음을 비추어 보라고 당시 조동종(曹洞宗)의 굉지정각(宏智正覺)이 가르쳤던 묵조선을 대혜는 검은 산의 귀신굴 속에서 캄캄한 침묵에 빠져 있는 삿된 선이라고 신랄하게 비판하고 있습니다. 묵조선에 관해서도 앞서 살펴보았습니다.

문자선과 묵조선은 말과 침묵이라는 양쪽에 떨어진 잘못된 공부였고, 대혜는 이러한 잘못된 공부에 응대하여 올바른 공부로서 간화선을 제시하고 있음을 알 수 있습니다. 간화선은 화두를 말하되 말의 뜻을 부수어 버림으로써 말에 떨어지지 못하게 하고, 좌선하여 묵묵히 관조하는 수행도 아닙니다. 그러므로 말에도 떨어지지 않고 침묵에도 떨어지지 않는 올바른 선을 제시한 것이 간화선이라고 할 수 있습니다.

(2) 화두의 종류와 역할은 무엇인가?

1) 어떤 화두를 권했는가?

대혜가 살펴보라고 권한 화두 가운데 가장 많이 권한 것은 "강아지에게는 불성이 없다."라는 이른바 무자화두(無字話頭)입니다. 그 외에도 "뜰 앞의 측백나무." "수미산." "마음이 곧 부처다." "마음도 아니고 부처도 아니다." "내려놓아라." 등 옛 선사들의 다양한 말들뿐만 아니라, "내가 남에게 옳고 그름을 결단해 줄 수 있는 것은 누구의 힘을 입은 것이며 결국 어느 곳에서 나오는 것인가?" "어떤 것이 헤아림이 미치지 못하는 곳인가?" "태어날 때는 어디에서 오고 죽을 때는 어디로 가는가?" 등 보통 사람이 궁금하게 여기는 말도 화두로 삼아 살펴볼 것을 권하고 있습니다.

2) 화두의 역할은 무엇인가?

대혜가 말하는 화두의 역할을 정리해 보면 다음과 같습니다.
① 화두는 사량(思量)하는 정식(情識)이 활동하지 않게 한다.
② 화두는 잘못된 지식과 잘못된 깨달음을 물리치는 무기다.
③ 화두는 큰 불덩어리와 같아서 아무것도 들러붙을 수 없다.
④ 화두는 감정이나 생각을 고요하게 만든다.
⑤ 화두는 망상이 일어나지 않게 한다.
⑥ 화두는 시끄럽게 뒤얽힌 마음을 사라지게 한다.
⑦ 화두는 혼침과 도거를 가라앉힌다.
⑧ 화두는 삶과 죽음에 대한 의심을 끊어 버리는 칼이다.
⑨ 화두는 삶과 죽음을 두려워하는 마음과 어리석고 어두운 마음과 사량분별하는 마음과 총명한 마음이 일어나지 않게 한다.
⑩ 화두는 오래된 습기(習氣)가 일어나지 않게 한다.

간화선에서 화두는 온갖 의심과 분별망상과 허망한 사량분별과 두려움과 혼침이나 도거 같은 선병(禪病)을 끊어 버리는 칼과 같고, 태워 없애 버리는 불덩이와 같은 것이라고 합니다. 즉, 화두의 역할은 다만 분별망상과 의심과 지식과 두려움과 혼침과 도거를 가로막아서 사라지게 만드는 것입니다. 간단히 요약하면, 화두는 분별망상을 끊어 버리는 방편이고, 분별망상을 가로막아서 활동하지 못하게 하는 방편이라고 할 수 있겠습니다.

3) 화두는 몇 개나 살펴보는가?

대혜는 오직 하나의 화두에서 분별심을 끝장내면 된다고 합니다. 여러 가지 종류의 화두가 있지만, 그 가운데 하나를 골라서 자신의 분별심을 가로막는 장벽으로 삼고, 망상을 끊어 내는 칼로 삼고, 헛된 마음을 꼼짝 못 하게 가두는 덫으로 삼아야 한다고 합니다. 자신을 죽이는 칼은 하나면 족한 것이고, 자신을 가로막는 장벽은 하나면 되는 것이고, 자신을 가두는 덫은 하나면 되는 것이라는 말이겠지요.

(3) 간화선은 어떻게 깨달음으로 이끄는가?

화두를 살펴보는 것이 어떻게 깨달음으로 이끌어 가는지를 대혜는 다음과 같이 설명하고 있습니다.

① 화두를 살펴보고 또 살펴보고, 말하고 또 말하고, 일깨우고 또 일깨우고, 생각하고 또 생각하고 하면서 화두와 마주하여 버티고 또 버틴다.

② 오랫동안 그렇게 하여 때가 되면 문득 입으로 따질 수도 없고 마음으로 생각할 수도 없고 붙잡을 것도 없어서 마음이 갑갑하고 초조하고 안절부절못하게 되는데, 이때는 마음이 마치 무쇠로 만든 말뚝을 물어뜯는 듯이 맛이 없고, 마치 한 개 뜨거운 쇳덩이를 놓아둔 듯이 견디기 어렵고, 마음은 갈 곳이 없어져서 마치 쥐가 쇠뿔[쥐덫] 속으로 기어들어가 꼼짝도 못하는 것과 같아진다.

③ 다만 이 초조하고 갑갑하고 불편한 곳이 바로 깨달아 부처가 되고 조사가 되는 곳이니, 이러한 경계를 만나면 공(空)에 떨어질까 봐 두려워하지 말아야 하고, 물러서지 말고 화두를 살펴보면서 버티어야 한다.

④ 여기에서 자기도 모르는 사이에 갑자기 생각이 폭삭 부서지고 심의식(心意識)의 소식이 끊어지면서 단번에 확 깨달음이 일어난다.

⑤ 생각 없고 조작 없음에 이와 같은 깨달음을 일으키는 공덕(功德)이 있다.

다만 화두를 말하여 일깨우고 살펴보면서 화두와 마주하여 버티고 있다 보면, 어느 순간 마음은 갈 길을 잃어버리고 생각할 것도 없고 붙잡을 것도 없이 초조하고 갑갑하고 불안하게 되는데, 여기에서 물러나지 않으면 갑자기 소식이 끊어지면서 단번에 깨닫게 된다는 것입니다. 화두는 생각을 차단하고 마음이 갈 곳을 차단하는 장벽의 역할을 하는 것이지요. 그러므로 화두를 자신에게 말해 주고 일깨워 주어 화두를 살펴보면서 화두와 버티게 되면, 화두가 마음이 가는 길을 막는 장벽이 되어 마음은 마치 쥐가 쇠뿔 속에 들어가 꼼짝도 못 하는 것처럼 되고, 이렇게 마음이 꼼짝 못 하여 갑갑하고 초조하고 불안한 곳에서 자기도 모르게 갑자기 깨달음이 발생한다고 합니다.

이처럼 깨닫게 된다는 것은 조사선에서 말하는 깨달음이 일어나는 상황과 같습니다. 앞에서 살펴보았듯이, 조사선에서도 분별하는 마음이 분별할 수 없는 곳에 가로막혀 어떻게도 할 수 없어서 저절로 항복하게 되면 분별에서 벗어나 불이중도에 통하는 깨달음이 일어난다고 하였습니다. 사실, 중생의 마음은 분별망상이고 이 분별망상이 작동할 수 없어서 저절로 항복하게 되면, 분별에서 벗어난 불이중도인 진여자성이 나타난다는 견성(見性)이 바로 불교에서 말하는 깨달음입니다. 이처럼 깨달음이 일어나는 상황의 설명은 간화선이 조사선과 동일하고, 이런 면에서 간화선은 조사선을 계승하여 나타난 것임을 알 수 있습니다.

(4) 간화는 어떻게 행하는가?

대혜가 말하는 간화하는 방법을 살펴보겠습니다.

1) 간화하는 마음가짐

① 우선 꼭 깨닫겠다는 결정적 뜻을 먼저 갖추고서 아직 깨닫지 못한 것을 마치 빚을 갚지 못한 사람이 빚 독촉을 받는 듯이 하여

야 한다.

② 모든 아는 것들과 가진 것들을 일시에 다 비워 버리고 마음에 아무것도 남겨두지 말아야 한다.

③ 간화 이외의 다른 불교 수행이나 선 수행은 하지 말아야 한다.

④ 마음을 붙잡고 있거나 마음을 잊어버리는 인위적 행동은 하지 말아야 한다.

⑤ 허망한 생각이 일어나더라도 억지로 눌러 막지 말아야 하고, 자연스럽게 인연에 응하여 반응하는 마음으로 두어야 한다.

2) 언제나 어디서나 간화하라

일상생활 속의 모든 때 모든 곳에서 화두를 살펴보아야 한다고 합니다. 기쁠 때든 슬플 때든, 고요한 때든 시끄러운 때든, 한가한 때든 바쁠 때든, 일할 때든 사람을 만날 때든 언제든지 화두를 말하고 화두를 일깨우고 화두를 살펴보면서 화두와 버티고 있어야 한다고 합니다. 간화를 하는 사람은 마음속에 빚을 지고 있는 사람이고, 꼭 해야 할 일을 못하고 있는 사람이고, 반드시 풀어야 할 문제를 가지고 있는 사람이므로, 마음속에 이런 짐을 지고 있는 사람이 언제 어디에서든 이 짐으로부터 자유로울 수는 없다고 할 수 있겠습니다.

3) 어떻게 간화하는가?

화두를 살펴본다는 뜻에서 간화라고 하지만, 대혜가 간화선을 말하면서 간화만 말한 것이 아닙니다. 대혜가 화두를 목적어로 삼아 화두를 어떻게 취급하는지를 언급한 단어는 다음과 같은 여러 가지가 있습니다.

① 간(看): (화두를) 살펴보다.
② 제시(提撕): (화두를) 말하여 일깨우다. (화두를) 말하여 주의를 환기시키다.
③ 거(擧): (화두를) 말하다. (화두를) 말해 주다. (화두를) 거론(擧論)하다.
④ 거각(擧覺): (화두를) 말하여 일깨우다. (화두를) 말하여 주의를 환기시키다. =제시(提撕).
⑤ 여지시애(與之廝崖): (화두와) 맞붙어 버티다.
⑥ 애장거(崖將去): (화두와 맞붙어) 지속적으로 버티어 나아가다.
⑦ 참(參): (화두를) 참구(參究)하다.
⑧ 제철(提掇): (화두를) 말해 주다. =거(擧).
⑨ 처포(覷捕): (화두를) 자세히 살펴보며 찾다. =간(看).
⑩ 사량(思量): (화두를) 생각하고 헤아리다.
⑪ 경경발전(輕輕撥轉): (화두를) 살살 놀리다. (화두를) 가지고 놀다.

이러한 용어들은 간화(看話)를 어떻게 행하는지를 나타내고 있습니다. 그런데 간화(看話)를 행하는 것은 하나의 행위이지 여러 개의 행위가 아닙니다. 이들 다양한 용어들은 모두 간화(看話)라는 하나의 행위를 나타내는 말인데, 이 용어들이 어떻게 간화(看話)라는 하나의 행위를 나타낼까요?

간화(看話) 즉 화두를 살펴보는 행위는 곧 화두를 자신에게 말하여 일깨워 주는 거(擧), 거각(擧覺), 제시(提撕)의 행위라고 할 수 있습니다. 스스로 화두를 거론(擧論)함으로써 화두를 살펴보고, 화두를 자신에게 일깨워 화두에 주의를 환기시킴으로써 화두를 살펴보는 것이지요. 이처럼 순간순간 화두를 거론하고 자신에게 일깨움으로써 순간순간 화두와 마주 보는 간화(看話)를 행하게 되고, 이렇게 순간순간 화두와 마주 보고 간화를 행하며 화두와 맞붙어 버티어 나아가는 것이 여지시애(與之厮崖)요 애장거(崖將去)라고 할 수 있습니다.

순간순간 화두를 거론하고 자신에게 일깨움으로써 순간순간 화두와 마주하는 것은 마치 축구선수가 축구공을 가지고 노는 것과 같고, 고양이가 잡은 쥐를 놀리는 것과 같으니 경경발전(輕輕撥轉)이라고 할 수 있습니다. 순간순간 화두를 거론하고 자신에게 일깨움으로써 순간순간 화두와 마주 보는 것은 또한 화두를 생각하는 것이니 사량(思量)이라고 할 수도 있겠습니다. 이렇게 간화를 행하는 것이 바로 화두를 참구(參究)하는 것이라고 하겠습니다.

4) 간화하면 어떻게 되는가?

간화를 하다 보면 결국 마음이 붙잡을 것도 없고, 맛도 없고, 이치의 길이 끊어지고, 초조하고, 갑갑하고, 불편하고, 솜씨를 부릴 수 없게 되는데, 이러한 때도 화두를 놓고 게으름을 피우지 말고, 끊임없이 화두를 말해 주고 일깨워 줌으로써 화두를 살펴보아야 한다고 합니다. 이처럼 마음이 붙잡을 것도 없고, 맛도 없고, 이치의 길이 끊어지고, 초조하고, 갑갑하고, 불편하고, 솜씨를 부릴 수 없게 된 곳에 이르면 마치 쥐가 쥐덫인 쇠뿔 속으로 들어가 꼼짝달싹할 수 없게 된 것과 같은데, 여기에서 문득 슬그머니 마음이 사라지면 이것이 바로 깨달음이라고 합니다.

이처럼 쥐가 쇠뿔 속에 갇힌 것처럼 마음이 꼼짝달싹할 수 없는 이곳이 바로 꿈에서 깨어나는 곳이요, 문득 생각이 끊어질 곳이요, 저절로 한 덩어리가 되는 곳이요, 문득 저절로 깨닫는 곳이라고 합니다. 간화를 히면 이렇게 깨달음에 이른다고 합니다.

(5) 간화할 때 주의할 점

대혜는 간화가 제대로 되어서 깨달음이라는 효과를 가져오려면 간화할 때 이런 점들을 주의하라고 주의할 점을 여러 가지 말하고 있습니다.

① 깨달음을 기다리지 마라. 깨달음을 기다리는 사람에게 깨달음은 오지 않는다.
② 헤아리거나 해석하지 마라.
③ 입을 열어 말을 하는 곳에서 이해하거나 받아들이지 마라.

④ 말로써 설명하거나 문자를 인용하여 증명하려 하지 마라.
⑤ 일 없는 곳에 빠져 있지 마라.
⑥ 화두를 버리고 다른 곳에서 의문을 일으키지 마라.
⑦ 애써 노력하거나 힘쓰지 마라.
⑧ 욕심을 내어 급하게 깨달음을 찾지 마라.
⑨ 번개처럼 번쩍 스치는 곳에서 이해하지 마라.
⑩ 눈썹을 찡그리고 눈을 깜빡이는 곳에 빠져 있지 마라.
⑪ 오래된 습관이 나타나더라도 억지로 눌러 막지 마라.
⑫ 지나간 일을 생각하거나 두려워하지 마라.
⑬ 생각을 일으켜 붙잡고 있거나 생각을 잊어버리고 있는 행동을 피하라.
⑭ 텅 비고 고요한 곳에 떨어져 있지 마라.
⑮ 공에 떨어질까 두려워하지 마라.
⑯ 말할 때는 있고 침묵할 때는 없다고 하지 마라.

이들 주의사항을 요약하면, 생각을 일으켜 헤아리거나 붙잡고 있지도 말고, 생각을 잊고서 고요한 침묵에 머물러 있지도 말라는 두 가지 주의사항이 위주가 되어 있음을 알 수 있습니다. 여기에 더하여 욕심을 내어 애쓰거나 습관을 억지로 눌러 막는 유위(有爲)에 빠지지도 말고, 일 없는 곳에서 편안히 머무는 무위(無爲)에 머물지도 말라고 말하고 있습니다. 또 화두가 아닌 것에서 의문을 일으키지 말고, 눈앞에 나타나는 현상에 머물러 있지도 말고, 과거를 돌이켜보지도 말고, 눈을 깜빡이는 것과 같은 순간의 행위에 머물지도 말고, 번개처럼 이해하는 직관이나 통찰에 빠지지도 말라는 주의를 주고 있습니다. 결국 분별되는 양쪽을 따라 취사선택하지 말고, 분별이 가로막혀 저절로 분별에서 벗어나는 체험을 하도록 이끌고 있음을 알 수 있습니다.

(6) 간화선의 본질과 성공할 관건

1) 간화선의 본질

대혜종고는 조사선을 창시한 조사인 육조 혜능의 문하에서 나타난 임제종에 속하는 선승이므로, 대혜종고도 당연히 조사선을 계승하고 있습니다. 조사선은 직지인심(直指人心)·견성성불(見性成佛)의 선입니다. 스승이 사량분별할 수 없는 불이법(不二法)인 인심(人心)을 곧장 가리키면, 학인은 그 자리에서 분별망상이 끊어지면서 문득 깨달음을 얻는 것입니다. 조사선에서는 어떤 종류의 수행방식도 말하지 않고 어떤 종류의 수행도 요구하지도 않고, 다만 분별할 수 없는 마음을 곧장 가리킬 뿐입니다. 대혜의 어록을 읽어 보면 대혜가 말하는 선은 분명히 직지인심·견성성불의 조사선임을 알 수 있습니다.

간화선이 비록 간화라는 행위를 하라고 요구하고 있지만, 직지인심·견성성불이라는 조사선의 본질을 잃고서 수행만 요구하는 것은 아닙니다. 간화할 때 깨달음을 기다리지도 말고, 헤아리지도 말고, 생각을 붙잡거나 생각을 잊음이라는 양쪽에 떨어지지도 말고, 다만 화두만 스스로에게 말해 주고 스스로에게 일깨워 주어 화두만 살펴보라고 가르치는 것이 바로 직지인심·견성성불의 종지를 드러내고 있다고 할 수 있습니다. 다시 말해, 화두는 사량분별을 배제하고 곧장 불이중도인 본래마음을 가리키는 직지인심(直指人心)임이 분명하다고 하겠습니다. 화두가 사량분별을 배제한 직지(直指)임은 대혜의 다음 말에서도 명백히 드러나 있습니다.

"그러므로 이 일은 결코 언어 위에 있는 것이 아니다. 만약 언어 위에 있다면, 팔만대장경과 여러 선지식이 온 하늘과 땅에 가득한데, 어찌 말이 없었겠느냐? 또 달마 대사께서 서쪽에서 오셔서 곧장 가리키신〔직지(直指)〕일이 왜 필요하겠느냐? 결국 어디가 곧장 가리키신 곳인가? 그대들이 마음으로 헤아리려고 하면, 벌써 어긋나 버렸다.

예컨대 한 승려가 조주(趙州)에게 물었다.
'무엇이 조사께서 서쪽에서 오신 뜻입니까?'
조주가 말했다.
'뜰 앞의 측백나무다.'

이것이 확실히 곧장 (가리키신 것)이다.

또 어떤 승려가 동산(洞山)에게 물었다.
'어떤 것이 부처님입니까?'

동산이 말했다.
'삼베가 서 근이다.'

또 어떤 승려가 운문(雲門)에게 물었다.
'어떤 것이 부처님입니까?'
운문이 말했다.
'똥 닦는 막대기다.'

이것들이 확실히 곧장 (가리키신 것)이다."[93]

간화선의 본질은 이처럼 사량분별을 배제하고 분별을 벗어난 불이중도인 마음을 곧장 가리킴으로써 공부인이 분별망상에서 벗어나 깨달음을 얻게 하는 직지인심·견성성불의 선이므로, 육조 혜능의 조사선인 남종돈교(南宗頓敎)를 계승하고 있는 것은 틀림없습니다. 그러므로 간화선이 간화라는 수행을 통하여 점진적으로 깨달음에 다가가는 점수법(漸修法)이라고 오해해선 안 됩니다.

2) 간화선이 성공할 관건

간화선은 깨달음으로 이끄는 하나의 방편입니다. 간화선이 깨달음으로 이끄는 원리는 깨달음이 발생하는 조건 속으로 화두를 이용하여 마음을 몰아넣는 것입니다. 선에서 깨달음이 발생할 조건이

---

93 《대혜보설》설봉에서 보리회 만들 때의 보설.

란, 분별할 수 없는 곳에 다달아 분별심이 활동하지 못하여 마음이 마치 쥐가 덫에 갇힌 것처럼 꼼짝하지 못하게 되는 것입니다. 간화선에서 가장 중요한 관건은 화두를 이용하여 마음을 이러한 곳으로 효과적으로 몰아넣는 것이라고 할 수 있습니다. 즉, 어떻게 마음을 분별할 수 없고 머물 수 없고 갈 곳이 없는 곳으로 잘 몰아넣느냐가 바로 간화선의 성패를 가름하는 관건인 것입니다. 다시 말해, 사량분별을 배제하고 곧장 불이중도 속으로 어떻게 들어가게 하느냐 하는 것이 바로 간화선의 성패를 가름하는 관건입니다.

간화선에서는 화두를 순간순간 자신에게 말해 주고 일깨워 주어늘 화두를 마주 봄으로써 분별심을 가로막아 부수어 버리라고 하고서, 이 화두는 사량분별을 파괴하는 무기요, 사량분별이 들러붙을 수 없는 큰 불덩어리와 같아야 한다고 합니다. 이처럼 사량분별이 들러붙을 수 없는 불덩어리인 화두를 순간순간 자신에게 일깨워 주어 화두를 마주 보게 되면, 사량분별은 저절로 쉬어진다고 합니다. 이처럼 사량분별이 붙을 수 없는 화두를 가지고 분별심을 가로막아 부수는 것이 바로 간화선에서 깨달음이 일어나는 상황으로 마음을 몰고 가는 요점이라고 할 수 있습니다.

그러므로 간화할 때는 다만 화두를 말해 주고 일깨워 주고 살펴볼 뿐, 어떤 종류의 분별도 없어야 하고 어디에도 마음이 머물거나 집착하지 말아야 합니다. 화두를 말해 주고 일깨워 주고 살펴보면서, 만약 공부는 이렇게 하는 것이라는 견해를 가지고 있거나, 이렇게 하면 깨달음을 얻을 수 있다고 기대하고 있거나, 화두는 어떤 역할을 해야 한다고 생각하거나, 끊어짐 없이 화두를 살펴보아야 한다고 생각하는 등 어떤 종류의 사량분별이라도 생긴다면, 분별망상은 절대로 사라지지 않고 마음은 절대로 죽지 않을 것입니다. 그렇기 때문에 간화를 하면서 깨달음을 기다리지 말라거나, 헤아리거나 해석하지 말라거나, 애쓰거나 힘쓰지 말라거나, 생각을 붙잡고 있거나 생각을 잊는 것을 피하라는 등의 여러 가지 주의점을 말했다고 보입니다.

(7) 간화선의 문제점

지금까지 살펴본 바와 같이 옛사람의 말씀인 화두를 살펴보면 분별심이 가로막혀 깨달음에 이르게 된다고 하는 간화선은 대혜가 고안하여 권장한 새로운 선 수행입니다. 그러면 간화선에는 문제점이 없을까요? 여기에서는 간화선에서 보이는 문제점을 지적해 보겠습니다.

1) 간화를 수행 방식으로 오해하기 쉽다

대혜는 간화선에서 간화라는 행위를 어떤 방식으로 행하라고 가르쳤습니다. 말하자면, 수행의 방식을 가르친 것입니다. 육조 혜능 문하에서 대혜 이전까지의 조사선은 언제나 곧장 사람의 마음을 가리키는 직지인심(直指人心)이었고, 어떤 수행의 방식을 요구하는 것은 아니었습니다. 선은 언제나 분별을 배제하고 불이중도인 자성(自性)을 곧장 가리키는 것이었습니다. 이것이 직지인심·견성성불이라고 하는 선의 방편 아닌 방편인 것이며, 선에서 깨달음을 얻게 하는 길입니다.

그런데 대혜종고는 이와는 달리 간화라는 수행의 방식을 가르쳤습니다. 여기에 중대한 문제가 있을 수 있습니다. 육조 문하의 조사선에서는 어떤 종류의 수행 방식도 용납하지 않았습니다. 언제나 사량분별이 용납되지 않는 불이법인 불성을 단도직입으로 가리킴으로써 곧장 불이중도로 끌어들이는 것이 본래의 조사선입니다. 그러므로 대혜의 간화선이 조사선의 전통을 따르고 있다면, 간화하는 행위가 수행의 방식이 되지는 않아야 하고, 간화하는 행위 자체가 사량분별을 끊어 버리고 곧장 불이법문으로 끌어들이는 것이어야 합니다.

대혜가 방장실에서 제자를 지도할 때는 언제나 죽비를 손에 들고 "죽비라고 말해도 안 되고, 죽비가 아니라고 말해도 안 되고, 어떻게 해도 안 된다. 어떻게 하겠느냐?"라고 말하여 사량분별을 끊어 버렸듯이, 간화선에서 화두를 살펴보는 것도 곧장 사량분별을 배제하고 불이법문으로 이끌어 들이는 것이 본질이어야 합니다. 이러한 본질이 바탕이 될 때 간화선은 육조 문하의 조사선을 이어받게 되며, 사람들을 깨달음으로 이끄는 올바른 방편이 될 것입니다. 만약 그렇지 않고 간화를 행하는 방식에 중점을 두고서 간화선을 하나의 수행 방식으로 여긴다면, 간화선은 육조 문하의 조사선이 될 수 없고 임제종의 종지를 살릴 수도 없을 것입니다.

2) 관건을 오해하기 쉽다

간화선이 성공하여 깨달음을 얻을 수 있는 관건은 화두를 살펴봄으로써 사량분별을 가로막아 부수어 버리는 것인데, 이것을 모르고 도리어 화두를 얼마나 잘 붙잡고 있느냐 하는 것을 간화선 수행의 요체라고 오해하는 사람들이 많습니다. 고요할 때도 화두를 잡고서 놓지 않고, 움직일 때도 화두를 잡고서 놓지 않고, 꿈속에서도 화두를 잡고서 놓지 않고, 깊은 잠 속에서도 화두를 붙잡고 놓지 않아야 한다고 주장하는 이들이 이러한 사람들입니다.

이들은 간화하는 행위가 화두를 잊어버리는 망회(忘懷)를 피하여 화두를 끊임없이 붙잡고 있는 관대(管帶)[94]라고 오해한 것이라고 할 수 있습니다. 약이 단지 병을 치료하는 방편일 뿐이고 화두가 단지 사량분별을 가로막는 방편일 뿐인데도, 이들은 약이 곧 건강의 원인인 것처럼 오해하듯이 화두를 붙잡고 있는 것이 깨달음의 원인인 것처럼 오해한 것이라고 할 수 있습니다.

약은 단지 병을 없애기 위하여 일시적으로 사용하는 것일 뿐이고 건강은 본래 갖추어져 있는 건강을 지키는 것처럼, 화두는 단지 사량분별을 가로막아 없애는 방편일 뿐이고 깨달음은 본래 스스로에게 갖추어져 있는 진실이 드러나는 것입니다. 약이 건강의 원인이라면 건강한 사람은 일평생 약을 복용하여야 하겠지만, 병이 나으면 약은 필요 없는 것입니다. 마찬가지로, 화두를 놓지 않고 붙잡

---

94 관대(管帶)와 망회(忘懷): 관대(管帶)는 지니고 있는 것, 망회(忘懷)는 잊어버리는 것. 삿된 공부의 두 가지 종류. 무엇을 꾸준히 지니고 있거나, 모든 것을 싹 잊어버리고 텅텅 비우는 것은 모두 유무(有無) 양변에 치우친 삿된 공부이다. 바른 공부는 유(有)와 무(無), 색(色)과 공(空)을 나누지 않고, 다만 이렇게 나누는 분별심(分別心)이 부서지는 것이다.

고 있는 것이 깨달음의 바탕이라면 깨달은 사람은 모두 화두를 붙잡고 있어야 할 것이지만, 분별망상에서 벗어나 깨달으면 화두는 더이상 필요 없는 것입니다.

화두는 붙잡고 의지하는 대상이 아니라, 사량분별을 부수는 무기일 뿐입니다. 화두를 얼마나 잘 붙잡고 있느냐가 관건이 아니라, 사량분별을 얼마나 잘 부수고 막아 주느냐가 관건인 것입니다.

3) 기심관대하기 쉽다

일부러 마음을 내어 붙잡고 있는 기심관대(起心管帶)는 의도적으로 마음을 죽여 마음을 잊는 고심망회(枯心忘懷)와 더불어 선 공부에서는 삿된 길이요 잘못된 공부입니다. 그런데 화두를 자신에게 말해 주고 화두를 자신에게 일깨워 주고 화두를 마주 보며 살펴보는 행위를 순간순간 끊어짐 없이 행하는 것이 간화인데, 화두를 대상으로 하여 화두를 순간순간 끊어짐 없이 살펴보라는 말을 기심관대로 오해할 가능성이 다분히 있습니다. 화두와 맞붙어 버티라고 하는 여지시애(與之厮崖)나 애장거(崖將去)라는 말도 역시 기심관대로 오해할 수 있는 말입니다.

4) 화두를 헤아리거나 해석하기 쉽다

간화선이 등장한 뒤로 수많은 사람이 화두에 대하여 여러 가지로 헤아리고 해석하였습니다. 지금도 많은 사람이 다만 화두를 헤아리고 따지고 해석하는 것을 공부로 삼고 있는 경우를 볼 수 있습니다. 문자선에서는 공안을 해석하고 비평하였지만, 간화선에 등장하는 화두도 공안처럼 옛사람의 말씀이기 때문에 왜 그렇게 말했는지를 해석하여 설명하는 경우를 많이 봅니다. 옛사람들이 한 말을 해석하여 이해하고 설명하는 것은 자연스러운 일이지만, 그렇게 하면 그 말은 화두가 되질 못합니다. 화두는 그 말을 보는 사람의 생각이 막혀서 해석할 수도 없고 이해할 수도 없어서 분별심이 가로막혀야, 그 말이 화두로서의 기능을 하는 것입니다.

5) 화두를 선정(禪定)의 수단으로 삼는 경우가 있다

어떤 사람은 좌선하면서 화두를 선정에 들어가는 수단으로 삼는 경우도 있습니다. 화두에 의식을 집중하여 계속하여 화두를 관찰하는 것인데, 마치 사마타와 비파사나의 수행을 하는 것처럼 간화를 하거나, 혹은 염불 수행에서 염불하는 것처럼 간화를 하는 경우입니다. 이렇게 간화를 하면 화두는 분별심을 가로막아서 분별심을 항복시키는 수단이 아니라, 단지 정신집중의 대상일 될 뿐입니다. 사마타비파사나 수행하듯이 간화를 하거나 염불하듯이 간화를 한다면, 간화선은 조사선과는 너무나 다른 수행법이 될 것입니다.

6) 간화선은 대혜종고가 고안한 방편이다

간화선을 권장한 대혜종고 자신은 간화선을 공부하여 깨달음을 얻은 것이 아니라, 스승의 가르침을 받고 스승의 법문을 듣고 깨달았습니다.[95] 간화선은 대혜가 출가하지 않은 세속의 공부인들을 주로 염두에 두고 고안하여 만들어 가르친 방편입니다. 간화선이 대혜 자신의 공부와 깨달음이라는 체험에 바탕을 둔 것이 아니라, 대혜가 나름으로 고안하여 만든 수행법이라는 점이 간화선의 가장 큰 단점이라고 할 수 있습니다. 생각으로 헤아려서 고안한 것보다는 자신이 직접 체험한 것에 바탕을 두는 쪽이 더욱 진실에 가깝고 더욱 효과적이고 더욱 부작용이 덜한 방편이라고 해야 할 것입니다.

7) 대혜의 선은 본래 직지인심의 선이다

대혜 선사가 방장실에서 매일 백여 명의 납자들을 불러들여 지도할 때는 공안이나 화두를 이용하여 그의 견해를 물어보면서 그 낙처를 추궁하기도 하고, 개개인이 가진 문제점을 지적하여 그 문제에서 빠져나오도록 유도하기도 하는 식으로 지도하였고, 오로지 홀로 화두를 살펴보는 간화선만 하라고 시킨 것은 아니었습니다. 이 점은 대혜의 문하에서 깨달음을 얻은 사람들이 어떤 인연으로 말미암아 깨닫게 되었는지를 살펴보면 알 수 있습니다.

현재《대혜어록》과 후대의《오등전서》[96] 등 여타 문헌에서, 대혜

---

95 대혜종고의 공부와 깨달음에 관해서는 필자의 책《간화선 창시자의 선》상(上)(침묵의향기 출간)을 참고하기 바랍니다.
96 1693년에 편찬된《오등전서(五燈全書)》는《오등회원(五燈會元)》의 뒤를 이어 원초(元初)에서 청초(淸初) 사이에 출현한 선사들의 기연(機緣)을 모아 놓은 책인데, 제45권에 대혜의 승속 제자 34인의 깨달은 인연과 가르침을 실어 놓았다.

의 문하에서 어떤 인연으로 말미암아 깨달음을 얻었는지를 확인할 수 있는 인원은 20명 정도인데, 이 가운데 간화선으로 깨달음을 얻은 이는 진국태부인,[97] 진기의,[98] 채자응,[99] 유보학[100] 등 재가자 4인과 출가자로는 천복오본[101] 선사 1인 등 5인이다.

간화선이 아니라 대혜의 가르침이나 다른 인연으로 깨달음을 얻은 이는 출가자 11인과 재가자 4인 등 15인이다. 출가자 11인 가운데 미광(彌光) 선인(禪人)은 "그대는 또 여기 와서 선을 말하는구나!"라는 대혜의 질책을 듣고서 문득 깨달았고,[102] 만암도안(卍庵道顔) 선사는 운문암(雲門菴)과 양서암(洋嶼菴)에서 아침저녁으로 질문하다가 문득 크게 깨달았고,[103] 정수(鼎需) 선인은 대혜에게 죽비로 3대를 두들겨 맞다가 문득 깨달았고,[104] 대비한(大悲閑) 장로도 대혜에게 맞고서 깨달았고,[105] 불조덕광(佛照德光) 선사는 대혜에게

---

97 《대혜보설》'진국태부인(秦國太夫人)이 청한 보설'에 자세한 이야기가 나온다.
98 《대혜법어》'진기의(陳機宜)에게 보임'에 언급되어 있다.
99 채자응(蔡子應)이 깨달은 이야기는 《대혜보각선사연보(大慧普覺禪師年譜)》의 '1135년(47세) 소흥 5년 을묘(乙卯)'에 언급되어 있다.
100 《대혜서장》'유보학(劉寶學) 언수(彦修)에 대한 답서'에 언급되어 있다.
101 《오등전서》제45권 '요주천복오본선사(饒州薦福悟本禪師)'에 보면, 천복오본선사의 깨달은 인연을 이렇게 기술해 놓았다 : '개에게는 불성이 없다.'는 화두를 가지고서 무자(無字)를 말하여 일깨웠다. 어느 날 저녁 삼경(三更)에 가까워서 불전(佛殿)의 기둥에 기대어 잠이 들려는 사이에 자기도 모르게 무자(無字)가 입 밖으로 튀어나왔는데, 문득 깨달았다.
102 《대혜보각선사연보》의 '1134년(46세) 소흥 4년 갑인(甲寅)' 및 《총림성사(叢林盛事)》상(上)에 자세한 이야기가 언급되어 있다.
103 《오등전서(五燈全書)》제45권 '강주동림만암도안선사(江州東林卍庵道顔禪師)'
104 《대혜보각선사연보》의 '1134년(46세) 소흥 4년 갑인(甲寅)' 및 《총림성사(叢林盛事)》상(上)에 자세한 이야기가 언급되어 있다.
105 《대혜보각선사연보》의 '1134년(46세) 소흥 4년 갑인(甲寅)'에 자세한 이야기

한 방망이 맞고서 곧장 깨달았고,[106] 고목조원(枯木祖元) 선사는 밤에 어떤 승려가 등불의 심지를 돋우는 것을 보고는 깨달았고,[107] 무착도인(無著道人)은 "제가 석두 스님이 계신 곳에서는 마치 모기가 무쇠로 만든 소 위에 앉은 것과 같았습니다."라는 약산(藥山)의 말을 대혜가 인용하는 것을 듣고서 문득 깨달았고,[108] 준박 선인(遵璞禪人)은 대혜가 "악!" 하고 일할(一喝)을 외치는 소리를 듣고서 문득 깨달았고,[109] 상운담의(祥雲曇懿) 장로는 대혜의 한마디 말을 듣고서 깨달았고,[110] 개선도겸(開善道謙) 선사는 도반인 죽원암주(竹原菴主) 종원(宗元)과 함께 대혜의 심부름을 가다가 종원이 말하는 "옷 입고, 밥 먹고, 똥 누고, 오줌 누고, 이 육체를 끌고 길을 가는 5가지 일만은 누구도 그대를 대신해 줄 수 없다."라는 말을 듣고서 문득 깨달았고,[111] 묘도도인(妙道道人)은 대혜가 다른 스님에게 "마음도 아니요, 부처도 아니요, 물건도 아니다. 이것이 무엇이냐?"라고 묻는 소리를 문밖에서 듣고서 문득 깨달았다고 합니다.[112]

재가자 4인 가운데 이참정(李參政)은 "애초에 풀이 길고 짧은 줄 알았었는데, 풀을 태우고 보니 원래 땅이 울퉁불퉁하구나."라는 대

가 있다.
106 《오등전서》제45권 '경원부육왕불조덕광선사(慶元府育王佛照德光禪師)'
107 《오등전서》제45권 '온주안산능인고목조원선사(溫州雁山能仁枯木祖元禪師)'
108 《대혜법어》'영녕군 부인(永寧郡夫人)에게 보임'에 자세한 이야기가 나온다.
109 《대혜법어》'준박 선인(遵璞禪人)에게 보임'에 자세한 이야기가 나온다.
110 《대혜법어》'준박 선인(遵璞禪人)에게 보임'에 언급되어 있다.
111 《총림성사(叢林盛事)》상(上) '38. 개선도겸(開善道謙) 선사의 전기'에 자세한 이야기가 나온다.
112 《총림성사》하(下) '8. 묘도 도인(妙道道人)의 법문'에 이야기가 나온다.

혜의 말을 듣고서 문득 깨달았고,[113] 무구 거사(無垢居士) 장구성(張九成)은 격물(格物)만 알고 물격(物格)은 모른다는 대혜의 말을 듣고서 깨우쳐 주기를 당부했다가 대혜의 가르침을 듣고서 깨달았고,[114] 오제형(吳提刑)은 "솜씨를 내보일 필요는 없습니다. 곧장 우지끈 부러지고 뚝딱 끊어져야 비로소 삶과 죽음에 맞설 수 있습니다."라는 대혜의 말을 듣고서 작별하고 연평(延平)으로 길을 가다가 문득 깨달았고,[115] 황문사(黃門司)는 대혜의 "악!" 하는 일할(一喝)을 듣고서 의심이 사라졌다고 합니다.[116]

이러한 인연들을 본다면 대혜가 오로지 간화선만 수행하라고 가르친 것은 아니었던 것임을 알 수 있습니다. 대혜가 화두를 일깨우고 살펴보는 간화선을 출재가의 제자들에게 많이 권장하긴 하였으나, 또한 선원에서 함께 기거하였던 제자들에게는 평소 실중(室中)에서나 법당(法堂)에서 질문을 던지거나 할(喝)이나 방(棒) 등으로 상대하여 직접 지도하였음을 알 수 있습니다. 다시 말하여, 대혜도 근본적으로는 직지인심(直指人心), 견성성불(見性成佛)의 직접적인 지도를 행하였지만, 또한 평소 생활 속에서 행하는 하나의 공부 방편으로 간화선을 제시하였음을 알 수 있습니다.

똑! 똑! 똑! 여기에는 한마디 말도 없습니다.

---

113 《대혜보각선사연보》의 '1135년(47세) 소흥 5년 을묘(乙卯)'에 자세한 이야기가 언급되어 있다.
114 《오등전서》제45권 '시랑무구거사장구성(侍郎無垢居士張九成)'
115 《오등전서》제45권 '제형오명위거사(提刑吳明偉居士)'
116 《오등전서》제45권 '문사황언절거사(門司黃彦節居士)'

7. 염불선이란 어떤 것인가?

똑! 똑! 똑! 여기에 있어야 말에 속지 않습니다.

간화선의 변질 - 몽산덕이의 염불선

(1) 한국 간화선과 몽산법어

우리나라 간화선에서 지침서로 삼고 있는 책은 대혜종고(大慧宗杲; 1089-1163)의 《서장(書狀)》, 고봉원묘(高峰原妙; 1238-1295)의 《선요(禪要)》, 몽산덕이(蒙山德異; 1231-1298)의 《몽산법어(蒙山法語)》입니다. 간화선을 위주로 공부하는 조계종에서 몇 년 전 간화선 수행의 지침서로 발간한 《간화선》이라는 책을 보면, 《서장》과 대혜종고가 56회 인용되어 있고, 《선요》와 고봉원묘가 8회 인용되어 있고, 《몽산법어》와 몽산덕이가 16회 인용되어 있습니다. 이를 놓고 보더라도 《서장》이 간화선의 가장 중요한 지침서이며, 《선요》와 《몽산법어》 역시 중요한 지침서로 여겨지고 있음을 알 수 있습니다.

고봉원묘와 몽산덕이는 간화선을 주창한 대혜종고보다 140여 년 뒤에 태어난 사람들로서 모두 임제종에 속하는 선승들인데, 《선요》에서 고봉원묘가 말하는 간화선은 《서장》에서 대혜종고가 말하는 간화선만큼 상세하지는 않으나 기본 취지는 동일합니다. 그러나 《몽산법어》에서 몽산덕이가 가르치는 간화선은 여러 가지 점에서 대혜가 말하는 간화선과는 같지 않습니다. 현재 우리나라의 간화선 수행자들은《서장》과《몽산법어》모두를 간화선의 지침서로 삼고 있으므로,《서장》과《몽산법어》가 어떤 면에서 같고 다른지를 밝혀서 간화선 수행에서 범할지 모르는 잘못됨을 방지해야 할 필요가 있습니다.[117]

(2) 몽산법어의 간화선

몽산덕이가 간화선 수행을 가르치는《몽산법어》에 나타난 간화선이 어떤 것인지를 정리해 봅니다.

1) 몽산이 제시한 화두

---

117 몽산덕이(蒙山德異; 1231-1298)는 원대(元代) 임제종(臨濟宗) 양기파(楊岐派)의 선승으로서 고려 왕실과 교류가 있었다. 우리나라에만 남아 있는 그의 법문집인《몽산법어》와《사법어》외에《오등전서》에 약간의 행적이 기록되어 있다. 우리나라에서 간화선의 지침서로 여기고 있는《몽산법어》는 원제가《몽산화상법어약록(蒙山和尙法語略錄)》인데 현재는 혜각신미(慧覺信眉) 대사가 언해한 언해본(諺解本)으로 남아 있다. 그 판본은 ①간경도감본(刊經都監本; 1464-1468년 간행), ②통문관본(通文館本; 1472-1481년 간행), ③심원사본(深源寺本; 1525년 간행), ④고운사본(孤雲寺本; 1517년 간행), ⑤빙발암본(氷鉢菴本; 1535년 간행), ⑥송광사본(松廣寺本; 1577년 간행) 등이 있다. 각 판본 사이에 몇몇 글자가 다르게 되어 있긴 하지만, 그 내용에서 차이는 없다.《몽산법어》에 실린 내용은 ①시고원상인(示古原上人), ②시각원상인(示覺圓上人), ③시유정상인(示惟正上人), ④시총상인(示聰上人), ⑤무자십절목(無字十節目), ⑥휴휴암주좌선문(休休庵主坐禪文), ⑦시각오선인법어(示覺悟禪人法語) 등인데, 이 가운데 ⑦시각오선인법어(示覺悟禪人法語)는 이 책을 엮은 보제존자(普濟尊者) 나옹(懶翁)의 시중설법(示衆說法)이다. 그러므로 ⑦시각오선인법어(示覺悟禪人法語)을 제외한 나머지를 가지고 몽산덕이의 간화선이 어떤 것인가를 살펴보겠다. 여기에서 살펴본 판본은 최초의 언해본인 간경도감본《몽산화상법어약록》이다.

다음은 《몽산법어》에서 권하는 화두입니다.

"어떤 승려가 조주에게 물었다. '개에게도 불성(佛性)이 있습니까?' 조주가 말했다. '없다.' 꿈틀거리고 움직이며 영혼을 가진 중생들은 모두 불성을 가지고 있는데, 조주는 어찌하여 없다고 말했느냐? 결국 이 '없다'는 글자〔무자(無字)〕는 어느 곳으로 귀결되느냐?"[118]

"오조법연(五祖法演) 화상이 시중하였다. '석가와 미륵도 오히려 그의 하인이다.' 그는 누구냐?"[119]

"황벽(黃檗)은 백장(百丈)이 마조(馬祖)를 두 번째 찾아뵌 인연을 말하는 것을 듣고는 곧 혀를 내둘렀는데,[120] 이것은 백장의 힘이냐, 마조의 힘이냐?"[121]

"암두(巖頭)는 덕산(德山)이 '악!' 하고 일할(一喝)하자 곧 절을 하였는데,[122] 이것은 은혜를 아는 것이냐, 은혜를 갚는 것이냐? 또 동

---

118 《몽산화상법어》 '몽산화상시각원상인(蒙山和尙示覺圓上人)'
119 《몽산화상법어》 '몽산화상시유정상인(蒙山和尙示惟正上人)'
120 하루는 백장이 대중에게 말했다. "불법(佛法)은 작은 일이 아니다. 나는 옛날 마조 대사의 일할(一喝)을 거듭 듣고서 곧장 3일 동안 귀가 멀고 눈이 캄캄했었다." 황벽은 그 이야기를 듣고서 자기도 모르게 혀를 내둘렀다.(《경덕전등록》 제6권 '홍주백장산회해선사(洪州百丈山懷海禪師)')
121 《몽산화상법어》 '몽산화상시총상인(蒙山和尙示聰上人)'
122 암두(巖頭)가 하루는 덕산(德山)에게 인사를 드리려고 조실로 올라가서 발이

산(洞山)에게 답하여 말하기를 '내가 당시에 한 손으로는 치켜세웠고 한 손으로는 억눌렀다.'라고 하였는데, 어디가 치켜세운 곳이고 어디가 억누른 곳이냐?"[123]

이처럼《몽산법어》에서 몽산이 제시하는 화두는 모두 질문의 형태입니다. 그러므로 몽산의 간화선에서 화두는 의문을 일으키는 역할을 합니다. 화두가 던지는 질문의 답을 찾아서 의문을 가지고 화두를 참구하는 것이 몽산의 간화선이라고 할 수 있습니다.

2) 몽산이 말하는 간화의 방법

몽산이 말하는 간화선의 특징과 수행 방법을 살펴보겠습니다.

① 화두에서 의문을 일으켜라

"화두 위에서 의문(疑問)이 끊어지지 않으면, 이것을 참된 의문이라고 한다. 만약 의심을 한번 하고서 잠시 후에 다시 의심이 없으면, 참된 마음으로 의심을 낸 것이 아니고 조작된 가식(假飾)에 속

문지방을 넘어서자마자 곧 물었다. "범부입니까? 성인입니까?" 덕산이 곧 일할(一喝)을 하니, 암두가 곧 절을 하였다. 동산(洞山)이 그 이야기를 듣고서 말했다. "만약 암두 스님이 아니었다면, 역시 수긍하기가 매우 여려웠을 것이다." 암두가 말했다. "동산 노인네는 좋고 나쁨도 알지 못하고 말을 잘못하였으니, 내가 당시에 한 손으로는 치켜세웠고 한 손으로는 억눌렀다는 것을 전혀 모르는구나."(《연등회요》제21권 '악주암두전활선사(鄂州巖頭全豁禪師)')
123 《몽산화상법어》'몽산화상시총상인(蒙山和尙示聰上人)'

한다. 이 까닭에 혼침(昏沈)과 도거(掉擧)가 모두 침입할 것이다."¹²⁴

"화두에 마음을 두고서 늘 힘써 의심을 일으켜 오래오래 하여 공부가 순일하고 익숙해지면 비로소 힘을 덜 수 있다."¹²⁵

"단지 참되고 바르게 믿는 마음을 내어 참된 마음속에 의문이 있기만 하면, 저절로 화두가 앞에 나타날 것이다."¹²⁶

"본래 깨달아 있음이 아직 밝아지지 않았으면 하나하나가 모두 의문이니, 큰 의문이 있으면 큰 깨달음도 있다."¹²⁷

"유정(惟正) 상좌는 철저히 깨달았느냐? 깨닫지 못했다면, 서둘러 정신을 맑게 하고서 참된 공부를 시작해야 한다. 여법(如法)하게 참구(參究)하되, 깨달음으로 들어가는 문으로 삼아라. 이른바 참구란, '석가와 미륵은 부처님인데 무슨 까닭에 도리어 그의 하인인가? 결국 그는 누구인가?' 하고 의심해야 하는 것이다. 만약 다른 공안에 의문이 있거나 경전에 의문이 있다면, 모두 모아서 '그는 누구인가?'의 위로 돌려 보아라."¹²⁸

---

124 《몽산화상법어》'몽산화상시고원상인(蒙山和尙示古原上人)'
125 《몽산화상법어》'몽산화상시고원상인(蒙山和尙示古原上人)'
126 《몽산화상법어》'몽산화상시고원상인(蒙山和尙示古原上人)'
127 《몽산화상법어》'몽산화상시각원상인(蒙山和尙示覺圓上人)'
128 《몽산화상법어》'몽산화상시유정상인(蒙山和尙示惟正上人)'

"마땅히 본래부터 참구하던 공안에 의문이 있어야 한다. 큰 의문 뒤에 반드시 큰 깨달음이 있는 것이다. 천 가지 의문과 만 가지 의문이 모두 한 개 의문일 뿐이니, 본래 참구하던 곳에서 처리하여 해결해야 한다. 만약 언구(言句)를 의심하지 않는다면, 이것은 큰 병이다."[129]

몽산의 간화선에서 화두는 질문의 형태로 되어 있고, 화두가 던지는 그 질문에 따라 의문을 가지는 것이 화두를 참구하는 출발점임을 알 수 있습니다.

② 화두를 일깨워 스스로 살펴보라

"의문 덩어리를 하루하루 더욱 풍성하게 하여 매일 24시간 생활하는 가운데 오직 무자(無字)만 제기(提起)하여 빈틈없이 마음을 돌려 스스로 살펴보라. 살펴보고 또 살펴보고 의심하고 또 의심하여 전혀 맛이 없을 때 약간의 맛이 있으면 다시 번뇌를 일으켜선 안 된다."[130]

"의심이 강해지면, 다시 '그는 누구인가?'를 자신에게 일깨워 주어 마음을 돌이켜 스스로 살펴보아라."[131]

---

129 《몽산화상법어》'몽산화상시총상인(蒙山和尙示聰上人)'
130 《몽산화상법어》'몽산화상시각원상인(蒙山和尙示覺圓上人)'
131 《몽산화상법어》'몽산화상시유정상인(蒙山和尙示惟正上人)'

"모든 인연을 싹 내버리고 하루 24시간 행위하는 곳에서 오로지 화두만을 제기하여 마음을 돌이켜 스스로 살펴보아야 한다."[132]

화두가 묻는 질문에 의문을 가졌으면, 끊임없이 그 화두의 질문을 자기에게 제기(提起)하여[133] 그 질문을 살펴봄으로써 질문과 끊임없이 마주하도록 하여야 한다고 합니다.

③ 맑게 깨어서 빈틈없이 화두를 제기하라

"다만 움직이거나 고요히 있는 가운데 공부가 끊어지지 않도록 하면, 저절로 망상경계는 들어오지 않고 참된 경계가 날로 커져서 점차로 무명(無明)을 부수는 힘을 가질 것이다."[134]

"무릇 참선의 묘함은 맑게 깨어 있음[135]에 있다. 영리한 자라면 먼저 공안(公案)에서 점검하여 바른 의심이 있으면 다시 서두르지도 말고 늦추지도 말고 화두를 제기하여 빈틈없이 마음을 돌이켜 스스로 살펴보라. 그러면 쉽게 큰 깨달음을 얻어 몸과 마음이 안락

---

132 《몽산화상법어》'몽산화상시총상인(蒙山和尙示聰上人)'
133 화두를 제(提) 혹은 제시(提撕)하여 회광자간(廻光自看)하라고 하는데, 제(提)는 말하다는 뜻이고, 제시(提撕)는 말하여 일깨운다는 뜻이고, 회광자간(廻光自看)은 마음을 돌려 즉 주의를 기울여 스스로 살펴본다는 뜻이다. 화두의 질문을 의심하는 행위를 이렇게 표현하였다.
134 《몽산화상법어》'몽산화상시고원상인(蒙山和尙示古原上人)'
135 성성(惺惺) : 총명하다. 맑고 고요하다. 깨어 있다.

해질 것이다."¹³⁶

"의문이 무거워져서 화두를 제기하지 않아도 저절로 앞에 나타나면, 도리어 기뻐하지 말고 짙게 나타나든 옅게 나타나든 내버려두고 곧장 쥐가 관(棺)을 물어뜯듯이 다만 무자(無字)만 제기해 보라."¹³⁷

"묘함은 그 마음을 잘 쓰는 데에 있으니, 참되고 바르게 믿는 마음을 내고, 모든 세간의 마음은 버리고서, 맑게 깨어서 빈틈없이 일깨워야 한다."¹³⁸

맑게 깨어 있는 마음으로 빈틈없고 끊임없이 화두를 제기하고 일깨우고 살펴보아서, 마침내 제기하거나 일깨우거나 살펴보지 않아도 화두가 저절로 앞에 나타나게 하라고 한다. 화두가 저절로 앞에 나타나더라도 마치 쥐가 관을 물어뜯듯이 계속하여 끊임없이 화두를 제기하고 일깨우라고 합니다.

④ 좌선하여 선정의 힘을 빌려 화두를 일깨워라

"다시 앉고자 하면 단정해야 한다. 첫째로 잠이 오면 마땅히 무

---

136 《몽산화상법어》'몽산화상시고원상인(蒙山和尙示古原上人)'
137 《몽산화상법어》'몽산화상시각원상인(蒙山和尙示覺圓上人)'
138 《몽산화상법어》'몽산화상시유정상인(蒙山和尙示惟正上人)'

슨 경계인지를 알아야 한다. 눈꺼풀이 무거움을 느끼자마자 곧 정신을 가다듬어 화두를 한두 번 소리 내어 말하라. 잠이 물러가면 평소처럼 앉아야 한다. 만약 잠이 물러가지 않으면 곧 땅으로 내려가 수십 걸음을 걷고서 눈이 밝아지면 다시 앉아라. 좌선하는 가운데 다시 선정의 힘을 더하면, 서로 도와서 묘하게 될 것이다."[139]

"만약 앉아 있는 가운데 선정의 묘한 힘의 도움을 얻는다면, 바로 화두를 일깨우기에 좋다. 다만 힘을 써서 묘하게 되려고 하지는 말라. 만약 힘을 써서 화두를 일깨운다면, 선정의 경계를 풀어서 흩어 버릴 것이다. 마음을 잘 써서 문득 선정에 들어갈 때는 도리어 선정을 탐내어 화두를 잊어버리지 않도록 하라. 만약 화두를 잃어버리면, 공에 떨어질 것이니 묘한 깨달음은 없을 것이다. 선정에서 나올 때도 선정의 힘을 보호하여야 한다. 움직일 때나 가만히 있을 때나 한결같아서 혼침과 도거가 모두 사라지더라도 역시 기뻐하는 마음을 내지는 마라."[140]

"좌선하는 가운데 힘을 얻기가 가장 쉬우니, 처음 앉을 때 정신을 바짝 차리고 신체는 단정하게 하여라. 등은 굽히지 말고, 머리는 곧게 세우고, 눈꺼풀을 움직이지 않고, 눈은 평소처럼 뜨고, 눈동자가 움직이지 않는다면, 몸과 마음이 모두 고요해질 것이다. 고요해진 연후에 선정에 들면, 선정 속에서 도리어 화두가 앞에 나타나도

---

139 《몽산화상법어》'몽산화상시고원상인(蒙山和尙示古原上人)'
140 《몽산화상법어》'몽산화상시각원상인(蒙山和尙示覺圓上人)'

록 하고, 선정을 탐내어 화두를 잊지는 않도록 하라. 화두를 잊으면, 공(空)에 떨어져 도리어 선정으로 말미암아 헤매게 될 것이니, 이러면 안 된다. 선정 속에서 힘을 얻기는 쉬우나, 맑게 깨어서 어둡지 않아야 하는 것이다. 혹시 온갖 좋아하거나 싫어하는 경계가 나타날 때는 일절 관여하지 말아야 한다. 화두가 또렷하면 어느덧 경계가 저절로 깨끗해질 것이다. 선정에서 나올 때는 천천히 몸을 움직여 선정의 힘을 보호하여 지니도록 하여라."[141]

"만약 좌선 속에 있다면, 힘을 얻기가 가장 쉽다. 앉아서는 마땅히 법(法)을 얻어야지 눈을 부릅뜨고 눈에 힘을 주어 몸과 마음을 억압하지는 말아야 한다. 만약 애를 쓴다면, 병고(病苦)를 불러올 것이다. 다만 몸을 단정하게 하여 똑바로 앉아 평소처럼 눈을 뜰 뿐, 몸과 마음의 경계를 돌아볼 필요는 없다. 혹시 혼침(昏沈)과 도거(掉擧)가 있을 때는 정신을 조금 차리고 화두를 한두 번 소리 내어 말하면, 저절로 모든 마장(魔障)이 사라질 것이다. 눈이 안정되면 마음이 안정되고, 마음이 안정되면 몸이 안정된다. 선정을 얻었을 때는 선정을 능사(能事)로 여기지 말아야 한다. 만약 화두를 잊어버리면, 공적(空寂)에 빠져서 큰 깨달음을 얻지 못하고, 도리어 큰 병이 든다. 우리의 조사(祖師)께서는 서쪽에서 오셔서 다만 곧장 가리키는〔직지(直指)〕 것을 말씀하시고 큰 깨달음으로 들어가는 문으로 삼았을 뿐, 선정과 신통(神通)을 말씀하시진 않으셨으니, 이것들은 근본적인 일이 아니기 때문이니라. 만약 선정 속에서 깨달아

---

141 《몽산화상법어》'몽산화상시유정상인(蒙山和尙示惟正上人)'

밝아진다면, 지혜가 도리어 드넓어져서 물과 뭍으로 함께 나아갈 것이다."[142]

화두를 끊임없이 말하고 일깨우고 살펴볼 때 좌선을 하여 선정에 들어 그 선정의 힘을 빌리면 화두를 일깨우기가 대단히 쉽고 공부에 많은 도움이 된다고 합니다. 좌선하면서 화두를 일깨우는데, 비록 선정에 들어가더라도 공적(空寂)한 선정에 머물지 말고 끊임없이 화두를 일깨워서 선정 속에서 깨달으면 그 지혜가 드넓을 것이라고도 합니다. 선정의 힘을 빌릴 때는 선정 속에서 나오더라도 선정의 힘을 잃지 않고 잘 유지하면서 선정의 힘을 빌려서 화두를 일깨우라고도 합니다.

그러나 좌선을 하여 선정에 들어 선정의 힘을 빌려서 화두를 일깨우고 살펴보라는 이러한 가르침은 대혜종고에게서는 전혀 없던 새로운 가르침입니다. 또한 이 가르침은 육조(六祖) 문하(門下) 선종(禪宗)의 가르침 어디에도 없던 새로운 가르침입니다. 이것은 몽산의 간화선이 대혜의 간화선과는 본질적으로 다른 간화선일 수 있는 중요한 점입니다.

3) 몽산이 말하는 깨달음에 이르는 길

① 깨달음에 가까운 때

---

142 《몽산화상법어》'몽산화상시총상인(蒙山和尙示聰上人)'

"애써 화두를 제기하지 않아도 저절로 화두가 앞에 나타날 때에 이르면 경계와 심신(心身)이 전혀 이전과 같지 않게 되고 꿈속에서도 역시 화두를 기억할 것이니, 이와 같은 때는 큰 깨달음이 가깝다."[143]

"활동하는 가운데 화두를 지니고서 의심을 가지고 화두를 일깨워라. 힘쓰지 않는데도 끊임없고 빈틈없이 이어져 끊어지는 때가 없으면, 공부가 점차 한 조각이 되고[타성일편(打成一片)] 맑은 가을 들녘의 물처럼 맑고 깨끗해져서 비록 바람이 불더라도 함께 맑은 물결이 될 것이다. 이와 같은 때에 이르면 큰 깨달음이 가깝다."[144]

"공부가 혹 잘 되기도 하고 혹 안 되기도 하는 곳에 이르러 재미가 없을 때는 점차 정절(程節)[145]에 들어가기에 알맞은 때이니 절대로 놓아 버리면 안 된다. 맑게 깨어 있으면 곧 고요함에 들어가고, 고요한 이후에 선정이다. 선정에는 각기 이름이 있고, 삿됨도 있고 바름도 있으니, 마땅히 알아야 한다. 선정에서 나온 이후에 몸과 마음이 가볍고 깨끗하면, 모든 곳에서 힘을 덜게 되고 한 조각이 될 것인데, 다시 자세히 마음을 써야 한다. 공부해 가면서 처음부터 끝까지 고요함과 깨끗함의 두 글자를 벗어나지 말아야 한다. 고요함

---

143 《몽산화상법어》'몽산화상시고원상인(蒙山和尙示古原上人)'
144 《몽산화상법어》'몽산화상시유정상인(蒙山和尙示惟正上人)'
145 정절(程節) : 나아가는 과정(過程) 속의 마디를 뜻한다.

이 지극하면 곧 깨달음이 있고, 깨끗함이 지극하면 마음의 빛이 통달(通達)할 것이다.

기운이 엄숙하고 바람이 맑으며 움직이고 가만히 있는 경계가 마치 가을 하늘과 같은 때가 첫 번째 정절(程節)이니, 곧 기회를 타고 나아가야 한다. 마치 맑은 가을 들판의 물과 같고, 오래된 묘(廟) 속의 향로(香爐)와 같이 고요하면서도 맑게 깨어 있으면서〔적적성성(寂寂惺惺)〕 마음이 어디로도 가지 않을 때는, 또한 인간(人間)에게 환상과 같은 몸이 있는 줄도 알지 못하고, 다만 화두만이 끊임없이 이어짐을 볼 뿐이다.

이러한 곳에 이르러 번뇌가 사라지려 하고 마음의 빛이 드러나려 한다면, 이것이 두 번째 정절(程節)이다. 여기에서 만약 느끼고 아는 마음을 낸다면, 순일(純一)한 묘함을 끊어 버릴 것이니 커다란 해악이다. 이러한 허물이 없다면 움직일 때나 가만히 있을 때나 한결같고〔동정일여(動靜一如)〕, 잘 때나 깨어 있을 때나 맑아서〔오매성성(寤寐惺惺)〕, 화두가 앞에 나타나는 것이 마치 물을 투과한 달빛이 출렁이는 물결 속에서도 활발하게 드러나 건드려도 흩어지지 않고 쓸어버려도 잃지 않을 때와 같으면, 안으로는 고요하여 흔들리지 않고 밖으로는 감각(感覺)에 움직이지 않는다. 이것이 세 번째 정절(程節)이니, 의문 덩어리가 부서지고 바른 눈이 열릴 때가 가깝다."[146]

깨달음에 가까이 이르는 상황에 대한 몽산의 말을 정리해 보면

---

146 《몽산화상법어》 '몽산화상시총상인(蒙山和尙示聰上人)'

다음과 같습니다.

㉮ 움직일 때나 고요할 때나 화두가 흩어지지 않고 저절로 앞에 나타나 이어진다.

㉯ 애써 말하지 않아도 화두가 저절로 앞에 나타나고 꿈속에서도 화두를 기억한다.

㉰ 힘쓰지 않아도 끊임없고 빈틈없이 화두가 이어져 한 조각이 된다.

㉱ 고요함이 지극하면 곧 깨달음이 있고, 깨끗함이 지극하면 마음의 빛이 통달(通達)할 것이다.

㉲ 깨달음에 가까이 다가가는 과정에는 세 개의 마디인 3정절(程節)이 있다. 첫째 정절은 기운이 엄숙하고 바람이 맑으며 움직이고 가만히 있는 경계가 마치 가을 하늘과 같은 때이고, 둘째 정절은 마치 맑은 가을 들판의 물과 같고, 오래된 묘(廟) 속의 향로(香爐)와 같이 고요하면서도 맑게 깨어 있으면서[적적성성(寂寂惺惺)] 마음이 어디로도 가지 않고 다만 화두만이 끊임없이 이어지면서 번뇌가 사라지려 하고 마음의 빛이 드러나려 하는 때이고, 셋째 정절은 움직일 때나 가만히 있을 때나 한결같고[동정일여(動靜一如)], 잘 때나 깨어 있을 때나 맑아서[오매성성(寤寐惺惺)], 화두가 앞에 나타나는 것이 마치 물을 투과한 달빛이 출렁이는 물결 속에서도 활발하게 드러나 건드려도 흩어지지 않고 쓸어버려도 잃지 않을 때인데, 이때가 깨달음에 가까운 때다.

깨달음이 일어나는 상황 혹은 깨달음에 가까운 때에 대한 몽산의 말은 대혜종고의 말과는 판이하게 차이가 납니다. 대혜는 마음이 쥐가 쥐덫인 쇠뿔 속에 갇힌 것과 같고 깊은 함정에 빠진 것과 같고 은산철벽에 가로막힌 것과 같아서, 마음이 갈 길을 잃고 꼼짝달싹할 수 없는 상황을 깨달음이 일어나는 상황이라고 하였습니다. 이러한 상황을 선사들은 금강석으로 만든 우리에 갇혀 있다고 하여 금강권(金剛圈)이라 하거나, 밤송이 가시가 목에 걸려서 삼키지도 못하고 뱉어 내지도 못하는 상황과 같다고 하여 율극봉(栗棘蓬)이라고 하였습니다. 분별심이 어떻게도 할 수 없는 절망적인 상황에서 분별심이 항복하면 진여자성이 나타나는 깨달음이 이루어진다는 말입니다.

그러나 몽산은 열심히 화두를 제기하고 일깨우고 살피고 하여 마침내 움직일 때나 고요할 때나 화두가 힘들이지 않아도 저절로 앞에 나타나고, 꿈속에서도 앞에 나타나서 잘 때나 깨어 있을 때나 화두가 앞에 나타나 정신이 언제나 맑고 고요한 성성적적(惺惺寂寂)한 때를 깨달음에 가까운 때이고 깨달음이 일어나는 때라고 합니다. 몽산의 이러한 말은 금강권, 율극봉과는 전혀 다른 상황을 말하는 것입니다. 비유하면 대혜의 경우에는 길을 가다가 갑자기 길이 가로막혀서 오도가도 못하는 상황에 처한 경우이고, 몽산의 경우에는 길을 가다가 그 길에 익숙해져서 마침내 전혀 힘들이지도 않고 저절로 길을 가는 것과 같은 상황이라고 할 수 있을 것입니다. 이처럼 깨달음이 일어나는 상황에 대한 설명에서 몽산은 대혜와 결정적으로 다른 말을 하고 있습니다.

② 깨닫는 때

몽산이 말하는 깨달음이 일어나는 때에 대한 설명입니다.

"문득 빈틈없이 들어맞아 마음의 길이 한 번 끊어지면 곧장 크게 깨닫는다."[147]

"힘이 충분해져서 의심 덩어리가 부서지면〔의단타파(疑團打破)〕, 무명도 부서질 것이고, 무명이 부서지면 묘한 도를 볼 것이다."[148]

"문득 '아!' 하는 한 소리에 조주의 관문을 통과하여 한마디 한마디 하는 말이 합당하고 화살과 화살이 서로 맞부딪치듯 하면, 조주가 사람들의 미움을 받은 곳을 알아낼 것이다."[149]

"거듭된 의문이 급박하게 일어나 빈틈없이 들어맞게 되면, '아!' 하고 한번 소리 지르며 바른 눈이 밝게 열릴 것이니, 곧 집에 돌아온 말과 기틀에 맞는 말과 화살촉끼리 부딪치는 듯한 말을 할 수 있게 되고, 차별되는 여러 가지 인연들과 앞서부터 있던 온갖 의심과 장애가 얼음 녹듯 남김없이 사라질 것이다."[150]

---

147 《몽산화상법어》'몽산화상시고원상인(蒙山和尙示古原上人)'
148 《몽산화상법어》'몽산화상시고원상인(蒙山和尙示古原上人)'
149 《몽산화상법어》'몽산화상시각원상인(蒙山和尙示覺圓上人)'
150 《몽산화상법어》'몽산화상시유정상인(蒙山和尙示惟正上人)'

"문득 딱 들어맞아 우지끈 부서지고 뚝딱 끊어지면, 자기를 밝혀서 불조(佛祖)가 사람들에게 미움받는 곳을 붙잡을 것이다."[151]

빈틈없이 들어맞아 '아!' 하는 한 소리를 지르며, 혹은 생각이 우지끈 부서지고 뚝딱 끊어지면서 문득 깨닫게 된다는 돈오(頓悟)를 말하는 것은 몽산도 대혜와 동일합니다. 그러나 같은 단어라도 문맥이 달라지면 의미도 달라지듯이, 깨달음을 언급하는 표현이 같다고 하더라도 깨달음이 일어나는 조건과 상황이 다르면 동일한 깨달음이라고 할 수는 없을 것입니다. 몽산이 말하는 깨달음이 일어나는 조건과 상황은 대혜가 말하는 깨달음이 일어나는 조건과 상황과는 너무나 다릅니다.

4) 간화할 때 주의할 점

몽산이 말하는 간화할 때 주의할 점은 다음과 같습니다.

① 깨달음을 기다리지 마라.[152]
② 마음을 써서 급하게 하지 마라.[153]
③ 애써 억지로 하지 마라.[154]

---

151 《몽산화상법어》'몽산화상시총상인(蒙山和尙示聰上人)'
152 《몽산화상법어》'몽산화상시고원상인(蒙山和尙示古原上人)'
153 《몽산화상법어》'몽산화상시고원상인(蒙山和尙示古原上人)'
154 《몽산화상법어》'몽산화상시고원상인(蒙山和尙示古原上人)'

④ 헤아리고 추측하지 마라.[155]

⑤ 있다거나 없다고 이해하지 마라.[156]

⑥ 완전히 없다고 이해하지도 마라.[157]

⑦ 오로지 쓸어 내 버리기만 하지는 마라.[158]

⑧ 마음을 묶어 놓고만 있지도 마라.[159]

⑨ 긴장하지도 말고 늘어지지도 마라.[160]

⑩ 선정(禪定)을 능사로 여기지 마라.[161]

몽산이 말하는 간화할 때 주의할 점들은 모두 대혜가 언급했던 것들로서 다름이 없습니다.

(3) 대혜와 몽산 간화선의 차이

1) 화두의 형태에 차이가 있다

몽산이 제시한 화두는 모두 질문의 형식을 취하고 있지만, 대혜가 제시한 화두에 질문의 형식도 있긴 하나 주로 그렇지 않은 것이 많습니다. 그러므로 화두의 형태에서 결정적인 차이가 있다고 할

---

155 《몽산화상법어》'몽산화상시유정상인(蒙山和尙示惟正上人)'
156 《몽산화상법어》'몽산화상시각원상인(蒙山和尙示覺圓上人)'
157 《몽산화상법어》'몽산화상시각원상인(蒙山和尙示覺圓上人)'
158 《몽산화상법어》'몽산화상시각원상인(蒙山和尙示覺圓上人)'
159 《몽산화상법어》'몽산화상시각원상인(蒙山和尙示覺圓上人)'
160 《몽산화상법어》'몽산화상시유정상인(蒙山和尙示惟正上人)'
161 《몽산화상법어》'몽산화상시총상인(蒙山和尙示聰上人)'

수는 없지만, 몽산이 모든 화두를 질문의 형태로 제시한 것은 분명히 대혜와는 다릅니다.

2) 화두의 역할이 다르다

몽산이 제시한 화두의 역할은 질문하는 형식 그대로 의문을 제기하는 것이고, 의문을 일으키는 것이지만, 대혜가 말한 화두의 역할은 분별망상을 가로막아 활동하지 못하게 하는 장벽이나 쥐덫 같은 것입니다.

3) 간화하는 방법이 다르다

몽산도 화두를 자신에게 말하여 일깨우면서 화두를 살펴보라고 하는 것은 대혜의 간화와 동일합니다. 그러나 몽산은 좌선하여 화두를 제기하고 선정의 힘을 빌려서 화두를 제기하라고 하는데, 이것은 대혜가 말하지 않았던 것이고 대혜와는 전혀 다른 것입니다. 몽산이 좌선하여 선정의 힘에 의지하여 화두를 제기하고 선정의 힘을 빌려 화두가 저절로 앞에 나타나도록 하는 것은 대혜와는 확연히 다릅니다. 대혜는 좌선하라고 말한 적도 없고, 더구나 선정의 힘을 빌려 간화하라고 말한 적은 더더욱 없습니다.

몽산도 "우리 조사께서 서쪽에서 오셔서 다만 곧장 가리키는[직지(直指)] 것을 말씀하시고 큰 깨달음으로 들어가는 문으로 삼았을 뿐, 선정(禪定)과 신통(神通)을 말씀하시진 않으셨으니, 이것들은 근본적인 일이 아니기 때문이다."라고 하여 육조 문하의 조사선에서 하는 주장과 같은 주장을 하고, 다시 "만약 선정을 얻었을 때는 선정을 능사로 여기지 말아야 한다. 만약 화두를 잊어버리면, 텅 빈 고요함에 빠져서 큰 깨달음을 얻지 못하고, 도리어 큰 병이 된다."라고 하여 좌선과 선정이 단지 화두를 제기하는 힘을 얻기 위한 방편이라고 말하고 있기는 합니다.

그러나 대혜는 좌선하면서 화두를 제기하라고 말한 적이 없고, 일상생활 속에서 언제나 화두를 제기하라고 말했을 뿐입니다. 이것은 확실히 대혜와 몽산의 다른 점이고, 또 육조 문하 조사선의 일반적 특징과 몽산의 선이 다른 점이기도 합니다.

4) 깨달음에 이르는 길이 다르다

몽산은 선정 속에서 화두를 끊임없이 제기하여 화두가 움직일 때나 고요할 때나 꿈속에서까지 저절로 나타나 지속할 때 깨달음이 일어난다고 합니다. 이러한 주장은 대혜를 비롯한 조사선의 일반적인 가르침과는 전혀 다릅니다. 조사선에서 깨달음이 일어나는 일반적인 상황은 금강권·율극봉·의단(疑團)이라는 말이 나타내듯이 분별사유가 가로막혀서 분별심이 솜씨를 부릴 수 없고 분별심이 어떻게도 할 수 없는 진퇴양난의 함정에 빠져서 해결할 수 없는 의문만 남은 상황입니다. 깨달음에 이르는 길이 이처럼 다르다는 점은 몽산의 선과 대혜의 선 나아가 몽산의 선과 육조 문하의 조사선이 근본적으로 다르다는 것을 의미한다고 할 수 있습니다.

(4) 몽산의 선은 염불선이다

몽산의 선이 가진 특성을 살펴보면, 몽산의 선은 육조 문하의 조사선이나 대혜의 간화선과는 다릅니다. 그러면 몽산의 선은 어떤 공부법과 같을까요? 결국 몽산의 선은 이른바 염불선(念佛禪)에 해당합니다. 이런 사실에 대하여 아래에서 하나하나 밝혀 보겠습니다.

1) 좌선하여 화두를 제기한다.

좌선을 하라고 가르치는 것은 북종선(北宗禪)이나 묵조선(黙照禪)의 가르침과 같습니다. 육조 문하의 조사선인 남종선(南宗禪)에서는 좌선을 권장하지 않았고, 대혜 역시 좌선을 온갖 세간의 일에 시끄럽게 끄달리는 사람들의 마음을 안정시켜 이 공부로 돌리도록 하는 하나의 일시적 방편으로만 인정하였을 뿐입니다. 그러므로 반드시 좌선을 하면서 화두를 제시하라는 몽산의 가르침은 조사선의 일반적인 가르침과도 어긋나고, 대혜의 간화선과도 어긋납니다.

2) 선정의 힘에 의지하여 공부한다.

선정의 힘에 의지하여 공부한다는 것은 중국 선종(禪宗)의 어록인 《경덕전등록》, 《오등회원》, 《오등전서》 등에는 등장하지 않는 주장으로서 선종의 역사에는 등장하지 않는 몽산의 독특한 가르침이라고 할 수 있습니다. 육조 문하에서 널리 유행한 조사선에서는 선정의 힘을 빌려서 공부하라는 말이 전혀 없습니다.

3) 움직이고 멈춤과 꿈속에서 화두가 앞에 나타나야 공부에 진전이 있다.

화두가 고요할 때와 움직일 때 한결같이 앞에 나타나고 잠잘 때와 깨어 있을 때 한결같이 앞에 나타나고 꿈속에서도 한결같이 앞에 나타난다고 하는 주장은 대혜에게도 없던 주장이며, 육조 문하의 조사선 어디에서도 전혀 나타나지 않는 생소한 주장입니다.

4) 꿈속에서 화두가 앞에 나타나고, 잠잘 때나 깰 때나 활짝 깨어 있으면서도 고요하면 깨달음이 가깝다.

몽산의 이 주장 역시 중국 조사선인 선종(禪宗)의 역사에서는 등장하지 않는 독특하고 새로운 주장입니다. 《몽산법어》이외에 이러한 주장을 하는 문헌을 찾아보면, 우리나라 고려시대 나옹혜근(懶翁惠勤; 1320-1376)의 《보제존자어록(普濟尊者語錄)》과 태고보우(太古普愚; 1301-1382)의 《태고화상어록(太古和尙語錄)》및 중국 명나라 감산덕청(憨山德淸; 1546-1623)의 《감산노인몽유집(憨山老人夢遊集)》등에 다음과 같이 나와 있습니다.

"한 승려가 조주에게 '개에게도 불성이 있습니까?' 하니 조주가

'없다.'라고 하였다는, 이 마지막 한마디를 힘을 다해 드시오. 언제나 끊이지 않고 들어 고요하거나 시끄러운 가운데에도 화두가 앞에 나타나며, 자나 깨나 그 화두가 분명하여 들지 않아도 저절로 들리고, 의심 덩이가 의심하지 않아도 저절로 의심되면, 마치 물살 급한 여울의 달과 같아서, 부딪쳐도 흩어지지 않고 움직여도 잃어지지 않을 것이오. 진실로 그런 경지에 이르면 세월을 기다리지 않고도 갑자기 한번 온몸에 땀이 흐르게 되리니, 그때는 잠자코 스스로 머리를 끄덕거릴 것이오."[162] – 《보제존자어록》

"움직이고 고요함에 한결같고, 말하고 침묵함에 한결같아서, 화두가 늘 앞에 나타나면, 마치 급히 흐르는 물결 위의 달빛과 같아서 건드려도 흩어지지 않고 뿌리쳐도 사라지지 않고 쓸어 내도 없어지지 않는다. 이렇게 잘 때나 깨어 있을 때나 한결같으면, 크게 깨달을 때가 머지않았다."[163] – 《태고화상어록》

"만약 이렇게 힘을 얻는 곳에 이르면, 거듭 의정(疑情)을 내려놓

---

162 이 글은 나옹혜근의 《보제존자어록》에 실려 있는 '득통 거사(得通居士)에게 주는 글'의 일부다. 이밖에도 《보제존자어록》에 실려 있는 '일주수좌(一珠首座)에게 주는 글' '지신사 염흥방에게 주는 글' '숙녕옹주묘선(淑寧翁主妙善)에게 드리는 글' '공부십절목(工夫十節目)' 등에 이와 같은 취지의 오매일여를 말하는 구절이 나온다.
163 《태고화상어록(太古和尙語錄)》 상권(上卷) '답방산거사(答方山居士)'에 나오는 내용. 이 내용은 《몽산법어》의 '몽산화상시총상인(蒙山和尙示聰上人)'에 등장하는 제삼정절(第三程節)의 내용과 거의 같다. 이 밖에도 《태고화상어록》 상권의 '시진선인(示眞禪人)' '시문선인(示文禪人)' '시소선인(示紹禪人)' 등에서도 오매일여(寤寐一如)를 언급하고 있다.

기에 딱 좋다. 하루 종일 언제나 어디에서나 순간순간 바꾸지 않고 오래오래 되면, 꿈속에서도 한결같고 깨어 있을 때도 한결같을 것이다. 만약 힘써 이러한 곳에 도달하면, 결코 물러날 수 없다. 문득 의문의 덩어리가 부서져 흩어지면, 저절로 본래면목을 볼 것이다."[164] -《감산노인몽유집》

"극락에 왕생할 원을 내면 염불(念佛)의 바른 수행을 하여라. 그러나 염불은 반드시 생사심(生死心)[165]이 끊어져야 하는 것이다. 먼저 밖의 인연을 끊고 다만 한 생각을 내어 아미타불 한 구절을 목숨으로 삼아 생각생각 잊지 않고 마음마음에 끊어짐이 없어야 한다. 하루 24시 가운데 가고 · 머물고 · 앉고 · 눕고 · 숟가락과 젓가락을 들고 · 몸을 굽히거나 젖히고 · 움직이고 · 가만히 있고 · 한가하고 · 바쁘고 하는 모든 때에 어리석지도 않고 어둡지도 않아서 전혀 다른 인연이 없어야 한다. 이와 같이 마음을 써서 오래오래 순수하게 익으면 꿈속에서도 잊지 않을 것이니, 잠잘 때나 깨어 있을 때나 한결같으면 공부가 면밀하여 한 조각이 된다. 이때가 힘을 얻는 때이니, 만약 한 생각이 한 마음에 이르러 흩어지지 않으면, 목숨이 끊어질 때 극락정토의 경계가 앞에 나타날 것이다."[166] -《감산노인몽유집》

---

164 《감산노인몽유집(憨山老人夢遊集)》제8권 '시성각선인(示性覺禪人)'
165 생사심(生死心) : 분별과 차별 속에서 취하고 버리고 조작하는 중생의 분별심(分別心).
166 《감산노인몽유집》제9권 '시수정토법문(示修淨土法門)'

나옹혜근은 원(元)나라 평산처림(平山處林; 1279-1361)의 법을 이었다고 하나, 실제로는 그 선법(善法)이 몽산덕이를 따르고 있는 점은 몽산덕이의 어록인《몽산법어》를 편집한 자가 나옹혜근이며, 특히《몽산법어》의 마지막에 나옹 자신의 법어(法語)인 '시각오선인법어(示覺悟禪人法語)'까지 실어 놓은 것을 보더라도 분명합니다.[167]

태고보우는 원(元)나라 석옥청공(石屋淸珙; 1272-1352)의 법을 이었다고 하지만, 석옥청공의 어록인《복원석옥공선사어록(福源石屋珙禪師語錄)》에 오매일여에 관한 내용이 전혀 등장하지 않는 것으로 보아, 태고보우의 이런 주장도 역시《몽산법어》의 영향을 받고 있음이 틀림없습니다.

아래에서 살펴보겠지만 몽산덕이는 또한 염불화두법(念佛話頭法)을 제창했는데, 태고보우도 역시 몽산과 동일한 염불화두법을 말하고 있는 점으로 보아도[168] 태고보우의 선법이 몽산덕이의 영향 아래에 있다는 것은 틀림이 없습니다. 특히《태고어록》이나《나옹어록》을 보면 태고나 나옹이 스스로 오매일여를 통과하여 깨달았다는 고백이 없으니, 태고나 나옹의 이런 가르침이 몽산덕이의 가르침을 따르고 있다는 방증을 더합니다.

몽산보다 300년 정도 뒤에 등장하는 명나라의 감산덕청 역시 몽

---

167 나옹이 몽산의 영향 아래에 있으며 그 법통을 이었을 개연성에 관해서는 허흥식의《고려에 남긴 휴휴암의 불빛-몽산덕이》(서남동양학술총서. 창비. 2008) 'Ⅲ. 고려 조계종과의 관계'(pp.62-78)를 참조하길 바람.
168 인경은《몽산덕이와 고려 후기 간화선사상 연구》(목우학술총서01. 명상상담연구원. 2009)의 '제5장 고려후기 간화선의 수용과 전개' '3. 염불화두법의 수용' '(2) 태고보우(太古普愚)와 염불화두법(念佛話頭法)'에서 태고보우의 염불화두법이 몽산덕이의 염불화두법과 완전히 일치함을 밝히고 있다.

산의 영향을 받아서 이런 주장을 하는 것이라고 볼 수 있습니다. 그런데 잘 때와 깨어 있을 때가 한결같다는 오매일여(寤寐一如)를 말하고 있는 감산덕청의 글은 정토법문(淨土法門)의 염불 수행(念佛 修行)을 가르치는 글입니다. 즉, 몽산의 가르침이 정토종(淨土宗)의 염불 수행에 영향을 주었다는 것을 알 수 있습니다.

5) 몽산의 선은 간화선이 아니라 염불선이다.

대혜는 노서입우각변견도단(老鼠入牛角便見倒斷)이라 하여 쥐가 쇠뿔 속으로 들어가 곧장 꼼짝도 못하는 것이 곧 간화하여 도달하는 곳이고, 여기에서 문득 깨달음이 일어난다고 하였습니다. 그런데 몽산은 대혜의 이 구절을 노서교관재(老鼠咬棺材)라고 변형하여 쥐가 관의 널빤지를 이빨로 쏠 듯이 오로지 무자(無字)만을 제기하라고 하였습니다.

이처럼 대혜가 노서(老鼠)로 비유한 구절과 몽산이 노서(老鼠)로 비유한 구절의 차이가 바로 대혜의 선과 몽산의 선의 차이를 상징적으로 보여 주고 있습니다. 노서교관재(老鼠咬棺材)라는 구절은 선(禪)의 역사에서는 몽산을 제외하고는 어디에도 등장하지 않는데, 염불선을 하였던 감산덕청(憨山德淸)의 《감산노인몽유집(憨山老人夢遊集)》에 이르러 다음과 같이 등장합니다.

"공부해야 할 바로 그때 다만 조주무자(趙州無字)를 육조의 본래무일물(本來無一物)과 더불어 참구하라. 화두를 제기(提起)하기 전에 먼저 몸과 마음의 안팎을 모두 놓아 버려라. 놓고 또 놓아서 놓을 수 없는 곳에 이르면 이 무자에 결국 무슨 냄새[169]가 있는지를 철저히 살펴보아라. 한 생각이 일어나는 곳이 있자마자 곧장 한 번 자세히 살펴보고, 자세히 살펴볼 때는 반드시 그것이 결국 무엇인지를 살펴보아라. 이와 같이 안신입명[170]은 화두에 의지하여 정해지니, 깊이 찌르고 아프게 찔러서 한순간도 옮기지 말고 마치 쥐가 관(棺)을 쏠 듯이〔노서교관재(老鼠咬棺材)〕하면, 저절로 뚫고 벗어날 때가 있을 것이다."[171]

그런데 알려져 있는 바와 같이 감산덕청은 정토종의 염불 수행과 임제종의 간화선을 함께 수행해야 한다고 주장한 인물입니다. 정토종의 염불과 임제종의 간화선이 결합한 수행 형태를 염불선(念佛禪) 혹은 염불화두법(念佛話頭法)이라고 하는데, 감산덕청에 앞서 몽산덕이가 염불화두법을 가르쳤다는 자료가 있습니다.[172] 한국정신문화연구원에 소장되어 있는 《불설장수멸죄호제동자다라니경(佛說長壽滅罪護諸童子陁羅尼經)》의 끝에 필사되어 있는 《몽산화상염

---

169 기식(氣息) : ①호흡. 숨결. ②냄새. 향기. ③기운. 기백.
170 안신입명(安身立命) : 몸을 편안히 하고 목숨을 보존하다. 근심 없이 편안히 살다. 안심입명(安心立命)이라고도 한다. 심신(心身)을 천명(天命)에 맡기고 편안히 하는 것. 견성(見性)하여 생사(生死)를 벗어나 심신(心身)이 편안해짐을 가리키는 말.
171 《감산노인몽유집》제9권 '시수육일관주(示修六逸關主)'
172 몽산덕이의 염불화두법에 관한 보다 자세한 내용은 인경 스님이 지은 《몽산덕이와 고려후기 간화선사상 연구》(목우학술총서1. 서울, 명상상담연구원, 2009.)의 287-309쪽을 참고하기 바란다.

불화두법(蒙山和尙念佛話頭法)》과《몽산화상서씨거사염불법어(蒙山和尙徐氏居士念佛法語)》등 두 개로서 1605년에 간행된 것입니다. 이 가운데《몽산화상염불화두법》의 내용은 다음과 같습니다.

"나무아미타불을 하루 24시간 행동하는 가운데 혀를 움직이지 말고 마음으로 어둡지 않게 염(念)하되, '염하는 자가 누구인가?'〔염자시수(念者是誰)〕하고 순간순간 점검하면서 돌이켜 보고 스스로 살펴보아라. 이 몸은 헛되이 가탁한 것이니 오래지 않아 죽을 것인데, 몸이 아득히 문드러지고 부서질 때 염불하는 자는 어디로 돌아가는가〔염자귀하처(念者歸何處)〕? 이렇게 공부하여 하루가 가고 한 달이 가면 저절로 육신을 벗어나지 않은 때 곧 서방정토에 이르러 아미타불을 볼 것이다. 부디 거듭 정신을 가다듬고 용맹한 마음을 내어 끊어짐이 없게 하면 저절로 고향집에 도달할 때가 있을 것이니 소홀히 하지 마라."

몽산이 염불화두법이라고 가르친 이 내용을 보면《몽산법어》에 나오는 내용과 별 차이가 없습니다. '염하는 자가 누구인가?'와 '염하는 자가 어디로 돌아가는가?'는《몽산법어》에서 몽산이 제시한 질문 형태의 화두와 같으며, 순간순간 끊어짐이 없게 마음을 돌려 스스로 살펴보라는 것 역시《몽산법어》의 가르침과 다를 바 없습니다.

이로써 본다면《몽산법어》에서 몽산이 가르친 간화선은 몽산의 염불화두법과 같은 종류의 수행법에 속합니다. 이처럼 몽산의 간화선은 간화선에다 정토의 염불 수행을 도입한 것이며, 북종(北宗)의 좌선선정(坐禪禪定)의 수행도 함께 혼합한 것입니다. 그러므로《몽산법어》의 간화선은 대혜가 가르친 간화선이 아니며, 또한 좌선 수행을 배척하고 불이법(不二法)의 견성(見性)만 말하는 육조 혜능 문하의 남종돈교법문(南宗頓敎法門)과 임제종의 종지인 조사선에 속하는 것도 아닙니다. 따라서《몽산법어》를《대혜서장》과 동일한 간화선의 지침서로 여기는 것은 잘못된 것입니다.

똑! 똑! 똑! 여기에는 한마디 말도 없습니다.

8. 화두와 공안은 무엇인가?

똑! 똑! 똑! 여기에 있어야 말에 속지 않습니다.

선(禪)의 역사에서 화두와 공안이라는 말을 많이 사용하지만, 화두와 공안을 구분하지 못하여 헛갈리는 경우를 많이 볼 수 있습니다. 여기선 우선 화두와 공안이라는 단어의 의미를 살펴보고, 선종(禪宗)의 역사에서 화두와 공안이 어떤 의미를 가지고 어떻게 사용되었는지를 밝혀서 화두와 공안을 구분하는 데 도움을 주고자 합니다.

(1) 화두와 공안의 의미

화두(話頭)는 화(話)와 두(頭)가 결합된 단어입니다. 화(話)는 '말. 말하다. 이야기의 주제.'라는 뜻을 가진 명사 혹은 동사이고, 두(頭)는 명사 뒤에 의미 없이 쓰이는 접미사, 혹은 동사나 형용사의 뒤에서 그 일의 가치를 나타내는 추상명사를 만드는 접미사입니다. 그러므로 화두는 '말. 이야기. 이야깃거리. 이야기의 주제' 정도의 의미를 가진 단어입니다.

공안(公案)은 원래 '관공서에서 공적인 사무에 사용하는 책상'이라는 뜻이지만, 뜻이 변하여 '공문서(公文書). 관청에서 결재되는 안건(案件).'이라는 뜻으로 쓰이는 말입니다.

(2) 선에서의 화두와 공안

1) 간화선에서의 화두

간화선(看話禪)은 간화(看話) 즉 화두(話頭)를 살펴보는[간(看)] 선이라는 뜻입니다. 간화선에서 살펴보는 화두는 주로 이전 조사나 선사들이 가르침을 내리면서 했던 말입니다.[173] 중국 송나라 대혜종고 선사가 주창한 간화선에서 화두는 헤아리고 이해하는 대상이 아니라 분별과 생각을 가로막아 분별심이 활동하지 못하게 하는 방편입니다. 대혜종고가 살펴보라고 권한 화두 가운데 몇 개를 소개하면 다음과 같습니다.

---

173 간화선이 어떤 선 공부의 방법인지는 앞서 서술한 '간화선이란 무엇인가?'를 참조하기 바랍니다.

어떤 승려가 조주에게 물었다.

"개에게도 불성이 있습니까?"

조주가 말했다.

"없다."

한 승려가 조주에게 물었다.

"어떤 것이 조사가 서쪽에서 온 뜻입니까?"

조주가 말했다.

"뜰 앞의 측백나무."

그 승려가 말했다.

"스님께서는 경계를 사람에게 보여 주지 마십시오."

조주가 말했다.

"나는 경계를 사람에게 보여 주지 않는다."

그 승려가 다시 물었다.

"경계를 사람에게 보여 주지 않으신다면, 다시 어떤 것이 조사가 서쪽에서 온 뜻입니까?"

조주가 말했다.

"뜰 앞의 측백나무."

그 승려는 이 말을 듣고 문득 크게 깨달았다.

한 승려가 마조에게 물었다.

"어떤 것이 부처입니까?"

마조가 말했다.

"이 마음이 곧 부처다."

한 승려가 운문에게 물었다.
"아버지를 죽이고 어머니를 죽이면 부처님 앞에서 참회할 수 있습니다. 부처님을 죽이고 조사를 죽일 때는 다시 어디에서 참회합니까?"
운문이 말했다.
"노(露)."

"한 생각도 일으키지 않는데 허물이 있습니까?"
"수미산(須彌山)."

"한 물건도 가져오지 않은 때는 어떻습니까?"
"내려놓아라."

한 승려가 운문에게 물었다.
"무엇이 부처입니까?"
운문이 말했다.
"똥 닦는 막대기."

"내가 남에게 옳고 그름과 바르고 굽음을 결단해 줄 수 있는 것은 누구의 은혜로운 힘을 입은 것이며 결국 어느 곳에서 나오는 것인가?"

"어떤 것이 생각으로 헤아림이 미치지 못하는 곳인가?"

"나의 어둡고 우둔함을 알 수 있는 것은 결국 무엇인가?"

대혜는 말하기를 이런 화두는 생각으로 헤아리는 분별심이 활동하지 못하게 하는 역할을 한다고 합니다. 분별심이 활동하지 못하게 함으로써 화두는 망상이 일어나지 못하게 하고, 잘못된 지식과 잘못된 깨달음을 물리치는 무기가 되고, 감정이나 생각을 고요하게 만들고, 시끄럽게 뒤얽힌 마음을 사라지게 하고, 오래된 습기(習氣)가 일어나지 않게 한다고 합니다.

그러므로 화두는 마치 아무것도 들러붙을 수 없는 큰 불덩어리와 같아서 삶과 죽음을 두려워하는 마음과 어리석고 어두운 마음과 사량분별하는 마음과 총명한 마음이 일어나지 않게 하는 역할을 한다고 합니다. 결국 화두를 살펴보고 분별사유로 헤아릴 수 없다면, 마음에는 아무런 생각이 없고 의문만 남게 됩니다. 이처럼 화두는 마음에서 분별사량을 가로막아 의문만 남게 함으로써 분별심이 무너지도록 하여 깨달음으로 이끄는 역할을 하는 말입니다.

2) 조사선에서의 공안

공안(公案)은 공문서(公文書)라는 뜻으로서 세속에서 누구나 인정하는 공적인 권위를 가진 문서라는 뜻입니다. 선문(禪門)에서 공안은 부처와 조사의 올바른 가르침을 담고 있다고 누구나 인정하는 권위가 담긴 말씀이라는 뜻입니다. 공안은 중국 당대(唐代) 선승들의 문답에서 비롯되었는데, 송대(宋代)에 이르자 앞 시대 선승들의 어록(語錄)에 기록된 말씀과 문답들을 참구(參究)하는 것을 공부로 삼으면서 많은 공안이 만들어졌습니다. 공안을 때로는 화두(話頭), 고칙(古則)이라고도 합니다. 흔히 1700공안이라는 말을 하는데, 이 말은 당송대 선승들의 어록을 모아서 편집한《경덕전등록》에 대화가 수록된 선승의 숫자가 1,701명이었던 것에서 유래하였습니다.

선종(禪宗)에서 공안(公案)이라는 용어의 등장은《경덕전등록》에 실린 내용에서 황벽희운(黃檗希運; ?-856경)의 제자인 목주(睦州) 진존숙(陳尊宿)이 말한 "공안을 드러내어 이루었으니 그대에게 30대 때렸어야 할 것이다."(見成公案放汝三十棒)라는 말이 현재 확인할 수 있는 최초의 기록입니다. 그 뒤《분양무덕선사어록(汾陽無德禪師語錄)》,《황룡혜남선사어록(黃龍慧南禪師語錄)》,《양기방회화상어록(楊岐方會和尙語錄)》,《법연선사어록(法演禪師語錄)》등에 공안이라는 말이 나타납니다.

공안을 모아서 편집한 공안집(公案集)의 시초는 공안을 모아 게송을 붙인 임제종 선사 분양선소(汾陽善昭; 947-1024)의 어록(語錄)에 실린《분양무덕선사송고대별(汾陽無德禪師頌古代別)》입니다. 유명한 공안집(公案集)은 운문종(雲門宗)의 설두중현(雪竇重顯; 980-1052)이 화두 100칙(則)을 모아 만든《설두송고(雪竇頌古)》이며, 여기에 원오극근(圜悟克勤; 1063-1135)이 다시 수시(垂示), 착어(著語), 평창(評唱) 등을 붙여서《벽암록(碧巖錄)》을 만들었습니다. 뒤에 무문혜개(無門慧開; 1183-1260)는 고칙공안 48칙을 모아 평창(評唱)과 송(頌)을 붙여《무문관(無門觀)》을 저술하였는데,《벽암록》과《무문관》은 임제종의 공안집들입니다. 한편, 굉지정각(宏智正覺; 1091-1157)이 화두 100칙에 송(頌)한 것에 만송행수(萬松行秀; 1165-1246)가 평창을 붙여 간행한《종용록(從容錄)》은 조동종(曹洞宗)의 공안집입니다. 우리나라의 공안집으로는 고려시대 진각혜심(眞覺慧諶; 1178-1234)이 고칙 1,463칙을 모아 편찬한《선문염송(禪門拈頌)》이 있습니다.

세속에서 공안이라는 말이 누구나 그 권위를 인정하는 공문서를 가리키듯이, 선불교에서 공안이라는 말은 불교에서 가르치는 깨달음을 바르게 나타내고 있는 조사나 선사의 말씀을 가리킵니다. 부처님의 말씀을 적어 놓은 책을 경전이라 하고, 조사와 선사의 말씀을 적어 놓은 책을 어록(語錄)이라 하는데, 경전과 어록 가운데 불교의 바른 가르침을 잘 드러내는 몇 마디 말을 추려서 공안이라는 이름으로 수집하여 정리한 것이 공안집입니다.

공안은 바른 깨달음에 대한 안목을 나타내는 말이자, 잘못된 공부를 지적하여 바로잡는 말이기도 합니다. 즉, 공안은 잘못된 공부를 물리치고 바른 불법을 드러내는 파사현정(破邪顯正)의 방편으로서 역할을 하는 간단한 말씀입니다. 공안이 분별을 벗어난 깨달음을 말하기 때문에 공안을 바르게 평가하려면 평가하는 사람에게 깨달음의 체험에 근거한 바른 안목이 있어야 합니다. 이런 면에서 공안은 바른 안목을 요구하는 말이기도 합니다.

공안은 현성공안(現成公案) 혹은 공안현성(公案現成)이라고도 합니다. 현성(現成)은 현성(見成)이라고도 쓰는데, '드러나 이루어져 있다. 이미 갖추어져 있다.'는 뜻입니다. 그러므로 현성공안 혹은 공안현성이란 '공안이 드러나 이루어져 있다.'는 뜻입니다. 공안이 드러나 이루어져 있다는 말은 지금 눈앞에 현실로서 깨달음이 실현되어 있음을 가리키는 말입니다. 사실, 깨달음은 언제나 눈앞에 현실로 이루어져 있는 사실이므로 현성공안이라거나 공안현성이라는 말을 할 수 있습니다. 즉, 현성공안은 살아 있는 깨달음을 나타내는 방편의 말입니다.

유명한 공안집인 《벽암록》의 저자 원오극근 선사는 현성공안이라는 말을 자주 하였는데, 현성공안에 대한 원오극근의 언급을 보겠습니다.

"현성공안은 털끝만큼의 틈도 없이 하늘과 땅에 두루하는 하나의 큰 해탈문(解脫門)으로서 해와 달처럼 밝고 허공과 같은 크기다. 부처와 같고 조사와 같아서 다른 원인이 없고 옛날에 통하고 오늘에 통하는 동일한 정견(正見)이다. 만약 날카로운 근기의 지혜를 갖춘 이라면, 어떻게 할지를 물을 필요 없이 곧장 만 길 절벽 위에 우뚝 서서 자기의 발아래에서 들어맞아 옛날과 오늘날을 뛰어넘고 보신불과 화신불의 머리를 잘라 버릴 것이다."[174]

《선문염송》에 나오는 공안 가운데 몇 가지를 소개하면 다음과 같습니다.

---

174 《원오불과선사어록》 제12권.

☞ 고칙 1

석가세존은 도솔천[175]을 떠나기 전에 이미 왕궁에 태어났으며, 어머니 배 속에서 나오기 전에 중생제도하기를 이미 끝냈다.

☞ 고칙 2

석가세존이 처음 태어났을 때 두루 일곱 걸음을 걷고는 사방을 돌아보고서 한 손으로는 하늘을 가리키고 한 손으로는 땅을 가리키며 말했다.

"하늘 위 하늘 아래에 오직 나 홀로 존귀하다."

(운문문언[176]이 이 이야기를 들어 말했다. "내가 당시에 만약 이 꼴을 보았다면, 한 방망이에 때려죽여 개에게 던져 주어 먹게 함으로써 천하를 태평하게 하려 했을 것이다.")

☞ 고칙 3

석가세존은 샛별을 보고 도를 깨달았다.

(게송[177] : "별을 본 까닭에 깨달았지만,

깨닫고 나니 별이 아니다.

---

175 도솔천(兜率天) : 불교에서 말하는 욕계(欲界) 6천(六天) 중 제4천. 그중 내원(內院)은 장차 부처가 될 보살이 사는 곳이라고 하며, 석가도 전세에 머물렀으며 현재 미륵보살(彌勒菩薩)이 설법하고 있다고 함.

176 운문문언(雲門文偃) : 864-949. 당말(唐末) 5대(五代) 선승(禪僧). 운문종(雲門宗)의 개조.

177 게송(偈頌) : gāthā. 노래라는 뜻을 가진 어근(語根) gai에서 생긴 명사. 가요(歌謠) · 성가(聖歌) 등의 뜻으로 쓰임. 대개 경전의 끝에 그 내용을 다시 노래로 읊어 놓은 운문(韻文)을 가리킴.

사물을 좇아가지 아니하나,

의식 없는 사물도 아니다.")

☞ 고칙 4

세존이 다자탑[178] 앞에서 사람과 하늘의 중생을 위하여 법을 말할 때 마하가섭이 늦게 도착했는데, 세존이 자기 자리를 나누어서 앉게 하니 대중이 어리둥절하였다.

(3) 화두와 공안의 관계

이것은 화두이고 저것은 공안이라고 화두와 공안이 따로따로 정해져 있는 것은 아닙니다. 화두와 공안은 그것을 대하는 사람이 어떻게 대하느냐에 따라 화두가 될 수도 있고 공안이 될 수도 있습니다. 다시 말해, 어떤 선사의 이야기가 화두가 되느냐 공안이 되느냐 하는 것은 그 이야기를 대하는 사람에게 달려 있습니다.

그 이야기가 그 사람에게 의문을 일으키고 그 의문이 생각으로 헤아려서 해결할 수 없는 것이어서 궁금증이 더해 가서 의문만 더욱 뭉치고 쌓일 뿐, 그 의문에 대한 어떤 해결의 길도 찾을 수 없지만 또한 그 의문을 버릴 수도 없어서 갑갑하고 답답하게 의문에 사로잡혀 있다면, 그 이야기는 그 사람에게 화두가 된 것입니다. 어떤

---

178 다자탑(多子塔) : Pahuputraka. 중인도 비야리성(毘耶離城)의 서쪽에 있던 탑 이름. 왕사성의 어떤 바라문 장자의 아들 딸 각 30인이 모든 인연을 끊고 출가수도하여 벽지불이 되었다. 그후 그들의 권속들이 그들을 위하여 세운 탑이므로 다자탑이라 한다.(《조정사원(祖庭事苑)》 제8권)

이야기로 말미암아 의문에 사로잡히고 그 의문을 버릴 수도 없어서 늘 사로잡혀 있다면, 이런 경우 그 이야기는 간화선에서 말하는 화두의 역할을 하는 것입니다.

공안은 이미 분별에서 벗어나는 깨달음을 체험하고서 시간이 지나면서 체험한 깨달음에 점점 익숙해지면서 깨달음에 대한 안목이 어느 정도 생긴 사람이 자기의 안목만큼 깨달음에 관한 불보살의 말씀이나 조사나 선사의 말씀을 알아보고 평가하는 자료가 되는 말씀이라고 할 수 있습니다. 자기의 안목을 시험해 볼 수 있는 말씀이고, 또 공안이 바로 법문의 말씀이기 때문에 자기 공부에 도움이 될 수 있습니다. 이처럼 공안은 분별심에서 벗어나 해탈을 체험한 사람이 자기 공부의 안목을 시험해 보고, 그로 말미암아 공부에 도움을 받을 수 있는 법문의 말씀에 해당합니다.

똑! 똑! 똑! 여기에는 한마디 말도 없습니다.

9장 연기와 중도라는 방편

1. 불이중도란 무엇인가?

똑! 똑! 똑! 여기에 있어야 말에 속지 않습니다.

불교에서는 불이(不二)나 중도(中道)라는 말을 많이 합니다. 불이나 중도는 바로 불교의 본질인 깨달음을 나타내는 말이기 때문입니다. 보통은 불이와 중도를 제각각 말합니다만, 불이와 중도를 붙여서 불이중도라고 말하기도 합니다. 예컨대, 중국 삼론종의 창시자인 길장의 책에는 "진실과 세속, 생사와 열반은 양쪽이므로 세속의 말이다. 진실도 아니고 세속도 아니고 생사도 아니고 열반도 아닌 불이중도(不二中道)가 첫 번째 진리다."[179]라는 구절이 나옵니다.

우리가 불교의 교리를 공부한다면, 대승불교의 교리에서는 불이, 중도, 공(空), 연기(緣起)가 동일한 뜻을 가리키는 말이라고 배울 것입니다. 이런 이름들은 물론 방편의 말이지만, 불교의 깨달음이 어떤 것인지를 잘 나타내는 대표적인 이름들입니다. 대승불교를 나

---

179 以眞俗生死涅槃是二邊故, 所以爲世諦. 非眞非俗非生死非涅槃不二中道, 爲第一義諦也.(《이제의(二諦義)》)

타내는 가장 대표적인 단어를 들라고 하면, 불이, 중도, 공, 연기, 자성(自性), 반야바라밀 정도라고 말해도 틀리지 않을 것입니다.

대승불교에서 꽃을 피운 선(禪)에서도 당연히 불이와 중도를 깨달음의 본질이라고 말합니다. 《육조단경》에 보면 육조 혜능이 《금강경》 읽는 소리를 듣고 깨달아서 인가받은 뒤에 십수 년을 숨어 살다가 처음 세상에 나타났을 때 그곳 절의 주지인 인종 법사가 오조께서는 어떤 법을 가르치느냐고 물었는데, 육조는 답하길 다만 자성(自性)을 보라고 말할 뿐이라고 하고서 그 이유를 묻는 인종에게 불법(佛法)은 불이법(不二法)인데 자성이 바로 불이법이기 때문이라고 말합니다. 또 육조는 불교의 가르침을 이어 가려면 양쪽을 벗어나 중도에 들어맞도록 가르쳐야 한다고 당부하고 있습니다.

불이중도는 불이(不二)와 중도(中道)라는 두 단어가 결합된 말입니다. 먼저 불이를 살펴보면 불이는 일반적으로 불이법(不二法)으로 표현합니다. 불이법에 대하여 《화엄경》에서는 "부처님은 불이법을 익히셔서 마음이 늘 즐겁고 고요하고 지혜에 막힘이 없다." "모든 부처님은 늘 불이법을 행하여 신통력이 자재하고 행할 것을 두루 행하신다."[180]라고 하였고, 또 "보살마하살은 불이법에 머물러 보살이 배워야 할 깨끗하고 곧은 마음을 잘 배운다."[181]라고 하였습니다.

---

180 無等等牟尼, 修習不二法, 心常樂寂靜, 智慧無障礙. 一切諸導師, 常行不二法, 神通力自在, 具足行所行.《대방광불화엄경》제12권 공덕화취보살십행품(功德華聚菩薩十行品) 제17-2)

181 菩薩摩訶薩住不二法, 善學菩薩所學淸淨直心.《대방광불화엄경》제39권 이세간품(離世間品) 제33-4)

경전에서는 이처럼 깨달음을 얻은 부처와 보살은 불이법에 머문다고 하는데, 그러면 불이법이란 어떤 것일까요? 불이법에 대해서는 《유마경》에 가장 많은 법문이 있습니다. 사실, 초기 대승 경전인 《유마경》은 불이법을 가르침으로써 분별에서 벗어나지 못한 소승의 잘못된 가르침을 극복하고 올바른 불법(佛法)을 선양하는 경전이라고 할 수 있습니다. 현장법사가 번역한 《유마경》인 《설무구칭경》〈제9 불이법문품〉에서 불이법문에 관한 언급을 살펴보면 다음과 같습니다.

유마 거사는 여러 보살에게 "보살은 어떻게 깨달아 불이법문에 들어갈 수 있느냐?"[182]라고 물었는데, 여기에 대하여 32명의 보살이 답변을 합니다. 이들의 답변에서 이법(二法)이 되는 까닭과 불이법(不二法)으로 들어가는 길에 대한 언급을 살펴보면 다음과 같은 두 가지 유형으로 정리할 수 있습니다.

첫째, 분별하기에 둘이 되고 분별하지 않으면 둘이 아닌 불이법문이라는 것입니다. 예컨대, 승밀보살의 이런 답변이 있습니다. "나와 나의 것이라고 분별하면 둘이 되니, 나를 헤아리기 때문에 곧 나의 것을 헤아린다. 만약 나도 없고 나의 것도 없음을 깨닫는다면, 이것이 불이법문에 깨달아 들어가는 것이다."[183] 또 문수사리의 이런 말이 있습니다. "만약 모든 보살이 모든 법에 대하여 말도 없고 설명도 없고 드러냄도 없고 보여 줌도 없어서 모든 헛된 말을 벗어나 분별을 끊는다면, 이것이 곧 불이법문에 깨달아 들어가는 것이

---

182 云何菩薩善能悟入不二法門?
183 我及我所分別爲二, 因計我故便計我所. 若了無我亦無我所, 是爲悟入不二法門.

다."[184]

둘째, 분별하면 둘이 되지만 자성을 깨달으면 자성에는 모습이 없고 평등하여 하나의 법도 얻을 수 없으니 불이법문이라는 것입니다. 예컨대, 묘비 보살의 이런 답변이 있습니다. "보살의 마음과 성문의 마음이라는 두 마음이 둘이 된다. 만약 모든 보살이 두 마음은 자성이 공(空)이고 환상과 같아서 보살의 마음도 없고 성문의 마음도 없음을 깨달아 안다면, 이와 같이 두 마음의 모습은 평등하여 모두 환상과 같음이 곧 불이법문에 깨달아 들어가는 것이다."[185] 이 말은 자성을 보기만 하면 되니 자성은 불이법이기 때문이라는 육조의 말과 동일한 말입니다.

이를 요약하면, 불이법이란 분별에서 벗어나는 것이고, 분별에서 벗어나는 것이 곧 불성(佛性)인 진여자성을 보는 견성(見性)이라는 것입니다. 흔히 견성성불(見性成佛)이라고 하는데, 견성성불은 '자성을 보아 깨달음을 이룬다.'는 뜻이니 견성이 곧 깨달음입니다. 그러므로 불이법이란 바로 깨달음을 나타내는 말인 것입니다.

다음에는 중도를 살펴보겠습니다. 초기 경전이라고 하는 아함경에 이미 중도에 관한 구절이 등장합니다. 《중아함경》에 부처님의 이런 말씀이 있습니다.

"욕망과 쾌락을 구하지 말지니, 지극히 하천한 행위로서 범부의 행위다. 또 자기 몸의 고통스러운 행위를 구하지 말지니, 지극한 고

---

184 若諸菩薩於一切法, 無言無說無表無示, 離諸戲論絶於分別, 是爲悟入不二法門.
185 菩薩聲聞二心爲二. 若諸菩薩了知, 二心性空如幻, 無菩薩心無聲聞心, 如是二心其相平等皆同幻化, 是爲悟入不二法門.

통은 깨달은 사람의 행위에 알맞지 않다. 이 양변에서 벗어나면 중도가 있으니, 안목이 이루어지고 지혜가 이루어지고 자재(自在)함이 자리 잡아서 지혜와 깨달음과 열반으로 나아간다."[186]

이 말은 쾌락도 구하지 말고 고통도 구하지 말라고 하여 행위에서 양 극단에 떨어지지 말라는 뜻에서 중도를 말하고 있습니다만, 아함경에서는 다음과 같은 중도를 말하기도 합니다.

"만약 '나'가 있다고 말하면 상견(常見; 늘 있다는 견해)에 떨어지고, 만약 '나'가 없다고 말하면 단견(斷見; 끊어져 없다는 견해)에 떨어진다. 여래는 법을 말함에 상견과 단견이라는 양변을 버리고 벗어나 중도에 들어맞는다."[187]

이 경우에는 서로 상반되는 두 견해에 떨어지지 말라는 뜻에서 중도를 말하고 있습니다. 행위에서든 견해에서든 서로 상반되는 양쪽에서 벗어나라는 뜻에서 중도를 말하고 있습니다. 대승 경전에서도 양쪽을 벗어난다는 뜻에서 중도를 말하는데《대반야경》에서는 이렇게 말합니다.

"세존이시여, 이와 같은 반야바라밀다는 중도를 보여 주어 길을 잃은 사람으로 하여금 양변에서 벗어나도록 할 수 있기 때문입니다."[188]

---

186 佛言: "莫求欲樂, 極下賤業, 爲凡夫行. 亦莫求自身苦行, 至苦非聖行, 無義相應. 離此二邊, 則有中道, 成眼成智, 自在成定, 趣智·趣覺·趣於涅槃.(《중아함경(中阿含經)》169 근본분별품구루수무쟁경(根本分別品拘樓瘦無諍經) 제8)
187 若說有我, 卽墮常見, 若說無我, 卽墮斷見. 如來說法, 捨離二邊, 會於中道.(《별역잡아함경(別譯雜阿含經)》제10권 195)
188 世尊, 如是般若波羅蜜多能示中道, 令失路者離二邊故.(《대반야바라밀다경(大般若波羅蜜多經)》제107권 초분찬반야품(初分讚般若品) 제32-1)

길을 잃고 헤매는 중생에게 보여 주는 지혜의 길은 양쪽에서 벗어난 중도라는 말입니다. 길을 잃고 헤매는 중생은 분별하여 이쪽이나 저쪽이라는 양쪽에 떨어진 사람이고, 길을 찾은 지혜로운 사람은 분별에서 벗어나 양쪽에 떨어지지 않고 중도에 통하는 사람이라는 말입니다. 《열반경》에서는 중도를 이렇게 말합니다.

"중생의 불성은 있는 것도 아니고 없는 것도 아니다. … 있음과 없음이 합하는 까닭에 곧 중도이다. 이 까닭에 부처님께서는 중생의 불성이 있는 것도 아니고 없는 것도 아니라고 말씀하셨다."[189]

여기에서는 있음과 없음이 합하는 것을 중도라고 하고서 그것은 곧 있음도 아니고 없음도 아니라고 말합니다. 있음도 아니고 없음도 아님을 있음과 없음이 합한다고 한 것이죠. 있음도 아니고 없음도 아니면 있음과 없음의 분별에서 벗어난 것이니 있음과 없음이 합하여 분별되지 않는다고 하는 것입니다. 이처럼 중도는 양쪽으로 나누는 분별에서 벗어나는 것이니, 중도는 곧 불이법과 같은 뜻입니다. 또 《능가경》에서는 불이법이 곧 중도이며 공(空)이라고 말합니다. 《능가경》에서 대혜(大慧) 보살이 부처님께 "어떤 것을 일러 불이법(不二法)의 모습이라고 합니까?"하고 물으니, 세존께서는 게송으로 이렇게 말했습니다.

"나는 늘 공법(空法)을 말하여

단멸(斷滅)과 항상(恒常)에서 멀리 벗어난다.

---

189 衆生佛性, 非有非無. … 有無合故, 卽是中道. 是故佛說, 衆生佛性, 非有非無.(《대반열반경(大般涅槃經)》 제35권 가섭보살품(迦葉菩薩品) 제12-3)

삶과 죽음은 환상이나 꿈과 같지만
그 업(業)은 없어지지 않는다.
허공과 열반이
둘을 소멸하는 것도 그와 같다.
범부에겐 분별이 생겨나고
성인은 있음과 없음에서 벗어난다."[190]

단멸은 끊어져 사라지는 것이니 없음이고, 항상은 늘 변함없다는 뜻이니 있음입니다. 없음인 단멸과 있음인 항상을 단상이변(斷常二邊)이라고 하는데, 서로 반대되는 두 쪽이라는 뜻으로서 흔히 불교에서 분별을 가리키는 단어로 사용합니다. 단상이변에 떨어진다는 말은 분별에 떨어진다는 뜻인데, 불교에서는 단상이변에 떨어지지 않아야 불이중도의 불법(佛法)에 알맞다고 합니다. 이 말은 분별에 떨어지지 않아야 불이중도의 깨달음에 들어맞는다는 뜻입니다.

《능가경》의 부처님 말씀에서는 단상이변에서 멀리 벗어나는 것을 공법(空法)이라고 하니, 분별에서 벗어나 불이중도에 들어맞는 것을 곧 공(空)이라고 하는 것입니다. 있음과 없음이라는 단상이변의 분별에서 멀리 벗어나는 것이 곧 공(空)에 통하는 것이고 불이중도에 들어맞는 깨달음입니다. 그러므로 어리석은 범부중생에게

---

190 大慧言: "何者名爲不二法相?" 爾時世尊重說偈言: "我常說空法, 遠離於斷常. 生死如幻夢, 而彼業不失. 虛空及涅槃, 滅二亦如是. 凡夫分別生, 聖人離有無."(《입능가경(入楞伽經)》제3권 집일체불법품(集一切佛法品) 제3-2)

는 분별이 일어나지만, 깨달은 부처와 보살은 있음과 없음이라는 분별에서 멀리 벗어난다고 하는 것입니다.

　이처럼 깨달음은 불이중도를 실현하는 것인데, 그러면 불이중도는 어떻게 실현될까요? 불교 경전에서는 어떤 것이 불이중도인지만 말하고 있고, 불이중도를 실현하기 위하여 어떻게 해야 하는지를 말하지는 않습니다. 그 까닭은 불이중도를 실현하는 방법은 말할 수 없기 때문입니다. 불이중도를 실현한다는 것은 곧 분별에서 벗어나는 것인데, 만약 "이렇게 하면 불이중도가 실현될 것이다."라고 말한다면 이것은 분별 속에서 하는 말이고 분별로 이해하여 그 이해한 바를 분별하면서 행할 것이니 모두가 분별 속의 일이지 분별에서 벗어나는 것은 아닙니다.

　여기에서 분별에서 벗어나 불이중도에 통한다는 것은 분별하지 않는다는 뜻이 아닙니다. 분별함을 버리고 분별하지 않는 쪽으로 간다면 이것이 바로 분별하여 취하고 버리는 행위입니다. 분별에서 벗어나 불이중도를 실현한다는 것은 분별함과 분별하지 않음이라는 양쪽에서 벗어나는 것입니다. 분별함과 분별하지 않음의 양쪽에서 벗어나니, 분별하는 것도 아니고 분별하지 않는 것도 아닙니다. 다시 말해, 분별에서 벗어나 불이중도를 실현하는 것은 분별하면서 분별하지 않는 것이고, 분별이 없으면서 분별이 있는 것입니다.

　이처럼 불이중도는 이쪽과 저쪽으로 나눌 수 없어서 어떤 행동을 할 수도 없고 하지 않을 수도 없습니다. 불이중도 앞에서는 우리의 분별심은 어떻게도 할 수 없어서 꼼짝할 수 없이 얼어붙게 되는 것입니다. 이렇게 분별심이 꼼짝할 수 없이 얼어붙게 되면 분별심은 저절로 쓸모없게 되어 날뛰지 못하게 되니, 마치 입과 네 다리가 묶인 호랑이와 같아서 그만 풀이 죽고 항복하게 됩니다. 이처럼 분별심이 어떻게도 할 수 없는 상황에서 분별심이 저절로 항복하게 되면, 우리에게 잠재되어 있던 불이중도의 불성(佛性)이 깨어나게 되는데, 이것이 바로 깨달음의 체험입니다.

그러므로 선(禪)에서는 우리의 마음이 쥐가 쥐덫에 갇혀서 저절로 죽는 것처럼 되어야 한다고 하는데, 이런 경우를 일러 은산철벽에 가로막혔다느니 의문의 덩어리가 된다느니 금강석으로 만든 감옥에 갇혔다느니 밤송이 가시가 목에 걸렸다느니 하는 식으로 말하는 것입니다. 불이중도의 안목을 갖춘 우리의 불성은 태어날 때부터 갖추어져 있지만, 분별심이 앞장서 날뛰는 바람에 분별심에 가려서 드러나지 못했던 것입니다. 분별할 수 없는 장벽에 막혀 분별심이 스스로 항복하게 되면, 불이중도의 안목인 불성이 비로소 드러나서 실현되니, 이것을 일러 견성성불이라고 합니다.

똑! 똑! 똑! 여기에는 한마디 말도 없습니다.

2. 공(空)이란 무엇인가?

똑! 똑! 똑! 여기에 있어야 말에 속지 않습니다.

불교를 공교(空敎)라고도 일컫듯이 불경에서 '공(空)'이라는 글자는 매우 많이 등장합니다. '공(空)'은 산스크리트 śūnya의 번역으로서 '텅 비었다.'는 뜻입니다. 불교 신자들이 매일 외우는《반야심경》의 핵심적 글자도 '공(空)'이어서,《반야심경》은 '공(空)'을 말하는 경전이라고 할 수 있습니다.

《반야심경》은《대반야경》을 축약해 놓았다고 할 수 있는데,《대반야경》은 공경(空經)이라는 별명이 있듯이 '공(空)'을 말하는 경전입니다. 한문으로 된 불교의 대장경 가운데 가장 많은 분량인 총 600권으로 이루어진《대반야경》에는 '空'이라는 글자가 모두 7만 회 가까이 등장할 만큼 '공'을 말하는 경전입니다.

《대반야경》에서 말하는 '공(空)'이 무엇을 가리키는지 '제7만수실리분'에서 몇 곳을 인용하여 살펴보겠습니다.

문수동자가 아뢰었다.

"세존이시여, 모든 부처님의 묘한 법은 취할 수 없기에 또한 우수하다거나 열등하다고 말할 수 없습니다. 여래께서 어찌 모든 법이 공(空)임을 깨닫지 않았겠습니까?"

세존이 말했다.

"물론 깨달았다. 동자여."[191]

부처님은 모든 법이 공(空)임을 깨달았다고 합니다. 모든 법이란 우리가 경험하는 정신적이거나 물질적인 모든 것을 가리킵니다.

---

191 曼殊室利白言: "世尊, 諸佛妙法不可取故, 亦不可言是勝是劣. 如來豈不證諸法空?" 世尊答言: "如是, 童子."

우리가 경험하는 정신적이거나 물질적인 모든 것을 불교에서는 또 모습과 이름을 가진 물건, 느낌, 생각, 의도적인 행위, 의식 등 다섯 가지로 분류하여 오온(五蘊)이라고도 합니다. 《반야심경》의 첫 구절에서 "관자재보살이 깊은 반야바라밀을 실행할 때 오온이 전부 공(空)임을 비추어 보고 모든 고통에서 벗어난다."라고 한 말도 부처님의 깨달음을 나타냅니다.

반야바라밀이란 '중생의 망상세계에서 벗어나 부처의 깨달음세계로 들어가 나타나는 지혜'라는 뜻으로서 곧 깨달음에 의하여 나타나는 지혜를 말합니다. 반야바라밀이라는 깨달음의 지혜가 실행되면 모든 것이 공(空)으로 보인다는 것입니다. 다시 말해, 공(空)은 깨달음의 지혜인 반야바라밀이 실행될 때 나타나는 세계의 모습입니다.

"또 세존이시여. 이와 같은 깊고 깊은 반야바라밀다를 실천하면 모든 법 속에 분별되는 것이 없습니다. … 보살마하살의 무리는 반야바라밀다를 실행하여 모든 법을 전혀 분별하지 않음을 알아야 합니다. … 만약 모든 중생이 이와 같은 깊고 깊은 반야바라밀다를 실천할 수 있다면, 모든 법이 전부 불법(佛法)임을 볼 것이니 깨달음과 어긋나지 않기 때문이고, 모든 법이 전부 생각으로 헤아릴 수 없음을 볼 것이니 끝내 공(空)이기 때문입니다."[192]

---

192 復次, 世尊. 依修如是甚深般若波羅蜜多, 於諸法中無所分別. … 當知菩薩摩訶薩衆修行般若波羅蜜多, 於諸法中都無分別. … 若諸有情能修如是甚深般若波羅蜜多, 觀一切法皆是佛法, 順菩提故, 觀一切法皆不思議, 畢竟空故.

반야바라밀다를 실천한다는 것은 분별에서 벗어나는 것이고, 분별에서 벗어나기 때문에 생각으로 헤아릴 수 있는 것이 전혀 없어서 끝내 공(空)이라고 합니다. 반야바라밀이라는 깨달음의 지혜는 마음이 분별에서 벗어날 때 나타나고, 마음이 분별에서 벗어났기에 마음에 생각으로 헤아리는 망상(妄想)은 전혀 없어서 마음이 텅 빈 허공처럼 된다는 말입니다.

이처럼 공(空)이란 마음이 분별에서 벗어나 생각으로 헤아릴 것이 없어서 마음이 텅 빈 허공처럼 된 것을 가리킵니다. 사실, 마음공부를 하다가 분별에서 벗어나는 체험을 하게 되면 '내 마음'이라는 감옥에서 벗어나게 되는데, 그때 느끼는 것이 끝없는 허공만 있다는 느낌입니다. 세계의 본질은 무한하고 영원한 허공처럼 느껴집니다. 그러나 이런 허공의 느낌에 머물러 있으면 다시 허공이라는 분별이 생기기 때문에, 이런 허공의 느낌에 머물러 있으면 안 됩니다. 참된 허공은 모든 분별에서 벗어나 '무엇'이라는 분별이 없는 것입니다.

"모든 법이 공(空)이라는 깨달음의 법계(法界)는 모두 부처님의 경계로서 둘이 없고 다름이 없습니다. 둘이 없고 다름이 없기에 분명하게 알 수가 없습니다. 분명하게 알 수가 없기에 말할 수도 없습니다. 말할 수가 없기에 '유위(有爲)' '무위(無爲)' '있음' '있지 않음' 등을 펼쳐 놓을 수 없습니다. … 왜 그럴까요? 모든 법의 본성은 전부 있는 것이 아니기에 '여기다.' '저기다.' '이 물건이다.' '저 물건이다.'

하고 펼쳐 놓을 수 없습니다."[193]

마음이 깨달아 있을 때는 마음은 텅 비어서 알 것이 없고 말할 것도 없고, 마음속에 펼쳐져 놓인 것이 아무것도 없다고 합니다. 이것은 분별에서 벗어난 마음을 가리키는 말입니다. 분별에서 벗어난 마음에는 어떠한 분별도 없어서 분별에서 벗어난 마음이라는 분별조차도 당연히 없습니다.

그러므로 분별에서 벗어난 마음은 아무것도 없는 공(空)입니다. 마음에 무엇이라고 분별할 만한 어떤 것도 없지만, 보고 듣고 느끼고 생각하고 말하고 행동하는 모든 삶은 평소와 다름없이 이루어지고 있습니다. 즉, 깨달아 분별에서 벗어난 마음에는 세상이 평소처럼 펼쳐져 있지만, 또한 아무것도 없이 텅 빈 공(空)입니다.

"여러분이 만약 저의 법을 듣고 싶으시면 둘로 분별하는 생각을 일으키지 마십시오. 왜 그럴까요? 제가 말하는 법은 둘로 분별하는 생각을 멀리 벗어났기 때문입니다. 여러분은 지금 마땅히 '나'라는 생각을 부수지도 말고, 온갖 견해를 일으키지도 말고, 어떤 불법을 바라거나 구하지도 말고, 중생의 법 속에서 바꾸기를 좋아하지도 마십시오. 까닭이 무엇일까요? 두 법의 모습은 공(空)이어서 취할 수도 버릴 수도 없기 때문입니다."[194]

---

193 一切法空菩提法界, 皆是佛境無二無別. 無二無別故, 不可了知. 不可了知故, 則無言說. 無言說故, 不可施設有爲無爲有非有等. ⋯ 所以者何? 諸法本性都無所有, 不可施設在此在彼此物彼物.

194 汝等若欲聞我法者, 勿起二想. 所以者何? 我所說法遠離二想. 汝等今應不壞我

깨달은 사람이 말하는 깨달음의 진실 즉 불법(佛法)은 분별에서 벗어나야 비로소 알아들을 수 있습니다. 분별에서 벗어나는 것은 어떤 생각을 부수거나 취하는 것이 아니고, 없애거나 만들어 내는 것이 아닙니다. 분별할 수 없는 곳에서 분별이 막혀서 어찌할 줄 모르다가 문득 분별에서 벗어나는 불가사의한 체험을 하는 것입니다.

그렇게 취하거나 버리는 의도적인 행동 없이 저절로 불가사의하게 분별에서 벗어나야 비로소 모든 분별되는 세계 그대로가 곧 분별할 것이 없는 공(空)이라는 사실이 자연스레 밝혀집니다. 깨달음은 그렇게 일부러 노력하는 일 없이 저절로 이루어진다고 하여 무위법(無爲法)이라고 합니다.

나가르쥬나는 그의 저서 《중론》 관사제품(觀四諦品)에서 다음과 같이 공(空)을 연기(緣起) 및 중도(中道)와 같다고 말합니다.

"여러 인연(因緣)으로 생겨나는 법을 나는 없다〔무(無)〕고 말하고, 또한 임시로 지어 부르는 이름이라고 말하고, 또한 중도(中道)의 뜻이라고 말한다.

인연으로 말미암아 생겨나지 않은 법은 단 하나도 있었던 적이 없으니, 이 까닭에 모든 법은 공(空) 아닌 것이 없다.

여러 인연으로 생겨난 법을 나는 공(空)이라고 말한다. 무슨 까닭인가? 여러 인연이 갖추어져 어울려 합하여 사물이 생기는데, 이러한 사물은 여러 인연에 속하기에 자성(自性)이 없다. 자성이 없기

想不起諸見,於諸佛法無所希求,異生法中不樂遷動. 何以故? 二法相空無取捨故.

에 공(空)이지만, 공(空)도 역시 공(空)이다. 다만 중생을 인도하기 위하여 임시로 지은 이름으로 말하는 것이다. 있음과 없음의 양쪽에서 벗어났기에 일러 중도라고 하니, 이 법에는 자성이 없기에 있다고 말할 수 없고, 또 공(空)도 없기에 없다고 말할 수도 없다."[195]

공(空)이란 깨달음의 지혜인 반야바라밀을 실행하여 분별에서 벗어나는 것입니다. 나가르쥬나는 분별의 본질이 '이것'과 '이것 아닌 것'이 서로 인연이 되어 생겨나는 연기(緣起)임을 밝힘으로써 분별에서 벗어나는 길을 제시하고 있습니다. '이것'을 분별할 때는 '이것'과 '이것 아닌 것'이 서로 인연이 되어 나타나기 때문에, 분별된 '이것'은 '이것 아닌 것'에서 벗어나 따로 홀로 있을 수 없습니다. 그래서 우리가 분별하는 '이것'에는 사성(自性)이 없다고 합니다.

우리가 마음에서 '이것'을 분별할 때 '이것 아닌 것'과 연기하여 '이것'이 분별된다는 사실을 알지 못하고, '이것 아닌 것'은 무시하고 '이것'만 보게 되면 세계의 실상을 보지 못하고 세계를 왜곡하여 보는 것입니다. 세계의 실상을 보려면 '이것'과 '이것 아닌 것'을 따로 분별하여 보지 말고, '이것'에도 머물지 말고 '이것 아닌 것'에도 머물지 말아야 합니다. '이것'과 '이것 아닌 것'의 양쪽에서 벗어나는 것을 일러 중도(中道)라고 합니다.

---

195 衆因緣生法, 我說卽是無,/ 亦爲是假名, 亦是中道義./ 未曾有一法, 不從因緣生,/ 是故一切法, 無不是空者./ 衆因緣生法, 我說卽是空. 何以故? 衆緣具足和合而物生, 是物屬衆因緣故無自性. 無自性故空, 空亦復空. 但爲引導衆生故, 以假名說. 離有無二邊故名爲中道, 是法無性故不得言有, 亦無空故不得言無.(《中論》觀四諦品第二十四)

분별에서 벗어나 중도가 실현되면 마음에는 아무것도 없습니다. 중도, 공, 자성이 없음, 분별에서 벗어남, 반야바라밀 등의 이름은 실제로 그렇게 분별되는 무엇이 있어서 말하는 이름이 아니라, 분별에서 벗어나도록 이끌기 위하여 임시로 만든 가짜 이름입니다. 이런 이름을 일러 방편(方便)이라고 합니다. 나가르쥬나는 연기, 중도, 공이라는 방편을 만들어 분별에서 벗어나는 길을 제시하고 있습니다.

분별의 본질이 연기이므로 우리가 분별하는 모든 삼라만상의 실상은 분별에서 벗어난 공이고, 중도이고, 자성이 없습니다. 이러한 연기의 이치는 모든 분별에 빠짐없이 해당합니다. 그러므로 우리의 마음에 나타난 세계의 실상을 깨달으려면 분별에서 벗어나야 합니다. 분별에서 벗어나려면 분별에 의지하지 말아야 합니다. 분별은 생각으로 헤아리는 것이므로 분별에서 벗어나려면 생각으로 헤아리는 것에 의지하지 말아야 합니다.

이처럼 나가르쥬나가 제시한 연기 즉 중도라는 방편은 분별에서 벗어나 중도가 실현되어야 깨달음을 이룬다는 가르침을 주는 방편이고, 분별에서 벗어나게 만드는 방편은 아닙니다. 다시 말해, 나가르쥬나가 말하는 연기, 무자성, 중도, 공을 이해한다고 해서 분별에서 벗어나 중도가 실현되는 것은 아닙니다. 나가르쥬나는 우리가 왜 분별에서 벗어나 중도에 이르러야 하는지를 설득할 뿐인 것입니다.

그러면 어떻게 분별에서 벗어날 수 있을까요? 분별에 의지하고 있는 동안은 분별에서 벗어날 수 없습니다. 분별에서 벗어나려면 우선 분별에 의지하지 말아야 합니다. 분별에 의지하지 않으면 아무것도 알 수 없는데, 무엇을 할 수 있을까요? 자신이 아무것도 알 수 없고 아무것도 할 수 없음을 자각하고, 이미 분별에서 벗어나 분별에서 벗어나는 길을 안내하는 선지식의 가르침을 따르는 것이 유일한 길입니다. 분별에서 벗어나 깨달으려면 참된 선지식을 찾아가 그의 가르침에 귀를 기울여야 합니다.

생각으로 헤아리지 않으면 우리는 아무것도 알 수 없고, 아무것도 알 수 없으면 아무것도 할 수 없습니다. 분별에서 벗어나기 위하여 우리가 아무것도 할 수가 없다는 사실이 마주한 현실이고 벽입니다. 분별하는 마음이 아무것도 할 수가 없어서 꼼짝도 못하고 있다 보면, 어느 순간 갑자기 분별에서 벗어나는 불가사의한 체험이 일어납니다. 이처럼 깨달음은 아무것도 할 수 없는 상황에서 저절로 일어나는 무위법입니다.

공(空)은 분별에서 벗어나는 경험인 깨달음을 가리키고, 이런 경험을 중도라고도 하고, 반야바라밀이라고도 하는 것입니다. 분별에서 벗어나 아무것도 분별되는 것이 없는 마음을 일러 공이라 하고, 중도라 하고, 불이법이라 합니다. 아무것도 분별되는 것이 없어서 마음이 텅 빈 것을 일러 공이라 하고, 마음에 아무것도 없어서 보고 듣고 느끼고 생각하는 마음의 활동에 아무런 장애가 없는 것을 일러 신통자재라고 합니다.

똑! 똑! 똑! 여기에는 한마디 말도 없습니다.

3. 분별에서 벗어나면 어떻게 되나?

똑! 똑! 똑! 여기에 있어야 말에 속지 않습니다.

우리 마음이 분별에서 벗어나는 체험이 곧 해탈이고 깨달음이고 열반입니다. 이러한 체험에 관해서는 어떤 경전이나 조사의 설명보다는 필자의 체험을 기억나는 대로 말하는 것이 좋겠습니다.

분별에서 벗어나는 체험을 말하기 전에 분별에서 벗어나기 전의 공부 경험부터 먼저 말하겠습니다. 제가 생각할 수 없는 마음을 깨닫고자 하는 뜻을 가지고 스승님의 법회에 참석하여 법문을 듣기 시작하여 1, 2년 정도 시간이 흐르자 이러한 상황에 이르렀습니다. 스승님이 가리키시는 것이 마치 바로 앞 가까운 곳에 있는 듯이 느껴졌지만 그것과 나 사이에 옅은 커튼이 쳐져 있는 것처럼 정확히 무엇인지 보이지는 않았고, 또 손을 뻗으면 잡을 수 있는 것처럼 느껴졌지만 팔이 몸에 묶여 있는 듯이 손을 뻗을 수가 없었습니다.

그렇게 답답한 시간을 보내고 있는데, 어느 날 문득 '깨달음은 내가 할 수 있는 일이 아니구나. 나의 힘으로는 도저히 해낼 수 없는 일이구나.'라고 하는 자각이 너무나 생생하게 와 닿았습니다. 그런 자각 이후로는 완전히 힘이 빠져서 몸은 살아 있으나 마음은 죽은 사람처럼 법회에 다녔습니다. 몸은 움직이지만 마음은 완전히 힘이 빠져서 꼼짝도 할 수 없는 상황이었습니다.

그렇게 습관적으로 법회에 나가고 있던 어느 해 무더운 여름날, 마당에서 매미가 시끄럽게 우는 가운데 더위에 지쳐 나른한 의식으로 법문을 듣고 있었습니다. 법문이 끝나 갈 즈음에 스승님께서 손가락으로 방바닥을 톡톡 치며 "이것이 바로 부처이고 선이다." 라고 하시는 말씀을 듣는 순간, 마음속이 시원해지면서 뭔가 막혔던 것이 뚫리는 느낌이 왔습니다. 그렇게 법회가 끝나고 집에 가는데, 까닭 없이 기분이 좋고 발걸음이 가벼웠습니다.

그날 저녁인지 며칠 뒤인지 모르겠지만, 책상에 앉아 《20세기의 성자들》이라는 책의 한 페이지를 펼쳐 보니 "모든 것이 신의 축복이다."라는 구절이 문득 눈에 들어왔는데, 갑자기 형용할 수 없는 기쁨이 몰려들면서 온 세계가 축복으로 가득 차 있는 것처럼 느껴졌습니다. 그리하여 마치 죽은 사람이 다시 살아난 듯이 저 아래 밑바닥에 가라앉아 있던 마음이 점차 살아나면서 마음의 변화가 시작되었습니다.

얼마간 시간이 흐르면서 분명하게 기억되는 또 하나의 경험은 지금까지 살아온 내 마음이라는 영역에서 빠져나오게 되었다는 사실이었습니다. 내 마음이라는 방 안에서만 살아오다 방문을 열고 밖으로 나오니 아무것도 없이 텅 빈 무한한 허공만 있었습니다. 이 텅 빈 허공은 너무나 개운하고 가볍고 자유로워서 너무나 좋았고, 이 텅 빈 허공에서 비로소 스승님의 참모습을 만났다고 여겼습니다. '스승님은 이런 가볍고 걸림 없이 자유로운 세계에서 살고 계시는구나.' 하고 느꼈습니다.

이때부터 텅 비어 아무것도 없는 곳에서 깨어 살아 있는 것에 익숙해지는 것을 공부로 삼고 더욱 즐겁게 법회에 나갔습니다. 이제 비로소 스승님의 진면목을 보니 스승님이 더욱 가깝게 느껴졌습니다. 법회에서는 이런 텅 빈 법 속에 있는 듯하였지만, 일상생활에서는 여전히 지금까지의 습관에 따라 생각하고 말하고 느끼면서 살고 있었습니다. 모든 것에서 벗어나 자유로운 법의 힘은 약하고 생각, 말, 느낌에 얽매여 있는 습관의 힘은 강함을 절실하게 느꼈기에, 하루빨리 법의 힘을 키워서 더욱더 자유로워지기를 바랐습니다.

마음 밑바닥에서는 '나는 이제 법 속에 사는 사람이어서 모든 것에 무심하고 오직 텅 비고 걸림 없는 법이 있을 뿐이다.'라고 생각하였지만, 생각, 욕망, 언어문자 등에 힘없이 휘둘리는 사실은 어쩔 수 없었습니다. 곁에 아무도 없이 혼자 있을 때는 그나마 온전히 법을 즐기는 시간이라고 느껴졌기에, 사람들을 피하여 혼자 있기를 좋아하였습니다. 특히 저녁에 혼자 한 시간 정도 산책하는 시간은 더욱더 법에 깊이 들어가는 느낌이 들어서 너무나 좋았습니다.

마음이라고 할 무엇이 생기면 매우 불쾌하였고 텅 비어 아무것도 없으면서 밝게 깨어 있는 것이 너무 좋았기에, 스승님을 제외하고는 사람을 만나는 것이 싫었습니다. 스승님은 바로 이 텅 비고 밝은 존재였기 때문에 스승님을 만나는 것은 이 텅 빈 법에 대한 나의 갈증을 해소시키는 일이어서 언제나 좋았습니다. 스승님에게서 나의 본래 모습을 발견한 것 같았기 때문입니다. 그 텅 빈 곳에는 스승도 없고 나도 없고 아무것도 없어서 무한한 자유로움만 있었습니다.

이 텅 비고 가볍고 일 없는 허공이 나의 본래 모습이고 스승님의 진면목이라고 여기면서 그런 공을 즐기면서 몇 년을 지냈습니다. 그동안 불교신문에 선(禪)에 관한 글을 연재한 일이 인연이 되어 무심선원이라는 이름을 걸고 사람들에게 법을 말하기 시작하였습니다. 그렇지만 사실, 법문하는 시간은 곧 나의 법을 확인하는 나의 공부 시간이었습니다.

그렇게 법문하고 공부하면서 몇 년을 보내던 어느 날 저녁에도 마찬가지로 그렇게 법을 즐기면서 홀로 산책하고 있었는데, 갑자기 그 허공이 사라져 버렸습니다. 처음에는 좀 당황했습니다. 지금까지 소중하게 지녀온 법을 잃어버린 것 같았고, 허공이 사라지니 이제는 다시 예전의 분별세계만 남아 있는 듯하였기 때문입니다. 그렇게 당황하고 있는데 점차 분별세계 자체가 바로 허공이라는 사실이 드러났습니다. 허공이 사라진 것이 아니라, 분별세계가 곧 허공이라는 사실이 드리니면서 분별세계를 버리고 허공을 찾지 않아도 되게 되었던 것입니다. 그러자 도리어 편안해지고 더욱 안심되었습니다.

지금까지는 생각, 느낌, 욕망, 보고 듣는 것, 만나는 사람 등의 분별세계는 싫어하여 멀리하고 오로지 아무것도 없는 허공을 좋아하여 허공만 바라보고 공부해 왔는데, 비록 허공이 좋기는 하지만 분별세계를 등지고 허공을 향하는 것은 사실 부담스럽고 불편하고 한편으로는 불안한 일이기도 했습니다. 그런데 이제 허공이 따로 없고 분별세계가 곧 허공이라는 사실이 확인되자, 좋아하거나 싫어하는 부담이 사라져서 한결 편안해졌습니다. 이렇게 되자 공부가 더욱 짜임새를 갖추고 단단하게 여물어 가는 듯이 여겨졌습니다.

그렇지만 아주 만족스럽게 단단하고 강력한 것은 아니어서 여전히 상당히 물렁물렁하여 손가락으로 누르면 좀 꺼질 것 같고, 무언가 틈이 남아 있어서 삐거덕거리는 느낌이었습니다. 하지만 시간이 지나면서 점차 단단해지고 틈이 줄어들어 갔습니다. 그렇게 몇 년이 지나자 어느 날 문득 이제는 아주 단단해져서 어디에 내던져도 깨지지 않을 것 같고, 틈이 사라져서 말끔해진 것 같고, 마음에 어떤 의문도 없이 모든 것이 밝게 보이는 것 같아졌습니다. 그러자 문득 불퇴전(不退轉) 즉 물러나지 않는 경지가 되었구나 하는 생각이 들었고, 《반야심경》에서 말하는 "색이 곧 공이고, 공이 곧 색이다."라는 구절이 확연히 보였습니다.

또 마음이 정확히 딱 들어맞아서 마음에 무엇이라고 할 흔적이 전혀 남아 있지 않은 것이, 마치 여름 한낮에 막대기를 정확히 태양을 향하도록 세우면 막대기의 그림자가 생기지 않는 것과 같아졌습니다. 그러자 비로소 불이중도(不二中道)라는 말이 분명히 와닿았습니다. 세상은 있는 것도 아니고 없는 것도 아니며 있기도 하고 없기도 하다는 사실이 저절로 분명해지니, 온갖 것이 있는데 아무것도 없다는 말을 하게 되었습니다.

이렇게 되자 거리낌 없이 보고 듣고 느끼고 생각하고 말하는 순간순간 하나하나의 분별세계에 빠짐없이 분별 없는 것이 밝게 나타나 살아 있으니, 분별을 따라 헤매는 일은 없게 되었습니다. 삼라만상 하나하나가 모두 밝게 살아 있는 진실이어서 세간과 출세간이 따로 없게 되자, 깨달음과 공부에 대한 모든 생각이 사라졌습니다. 그전까지는 사실 깨달음, 법계의 실상, 불교에서 말하는 진리인 불법(佛法)에 대한 궁금함이 조금은 남아 있어서 '결국 무엇인가?'

하는 생각이 늘 있었는데, 이제는 그런 궁금함이 깨끗이 사라졌습니다.

또 모든 조사 스님의 말씀, 선사 스님의 말씀, 부처님의 말씀이 남김없이 다 보였습니다. 즉, 방편의 말씀을 보는 안목이 밝아졌습니다. 이제는 경전을 읽거나 조사나 선사의 말씀과 행위를 적은 기록을 보면 저절로 모두 소화가 되고, 나아가 그 말씀의 허물까지 보였습니다. 지금은 어디에도 머물지 않고, 어떤 것도 가지고 있지 않고, 아무것도 아는 것 없이 인연에 따라 자유롭게 살아가는데, 순간순간이 해탈이고 모든 것이 깨달음이어서 할 일이 전혀 없습니다.

똑! 똑! 똑! 여기에는 한마디 말도 없습니다.

4. 연기법이란 무엇인가요?

똑! 똑! 똑! 여기에 있어야 말에 속지 않습니다.

연기(緣起)라는 말은 불교의 특징을 말할 때 가장 많이 언급되는 단어 가운데 하나입니다. 연기라는 말은 '인연이 되어 발생한다.'라는 뜻인데, 인연생기(因緣生起)의 줄임말이라고 합니다. 인연(因緣)은 보통 어떤 결과를 낳는 직접적 원인을 인(因)이라 하고 간접적 원인을 연(緣)이라 한다고 합니다만, 어떤 결과를 가져오는 원인 혹은 조건을 가리키는 말입니다. 그러므로 연기란 '무엇과 무엇이 서로 원인이 되어 어떤 결과가 발생한다.'라는 정도의 뜻입니다.

불교 경전에서 연기라고 하면 소승 경전에서는 십이지연기(十二支緣起)를 주로 가리키고, 대승 경전에서는 연기라고 하면 불이(不二), 중도(中道), 공(空) 등의 말과 연관된 뜻으로 사용합니다. 십이지연기에 대해선 다른 곳에서 따로 다루기로 하고, 여기에서는 대승 경전의 연기를 다루겠습니다.

초기 경전이라고 인정되는 《아함경》에서 연기는 주로 "이것이 있으면 저것도 있고, 이것이 없으면 저것도 없다. 이것을 생기게 하면 저것도 생기게 하고, 이것을 사라지게 하면 저것도 사라지게 한다."(若有此則有彼, 若無此則無彼. 若生此則生彼, 若滅此則滅彼.)(《중아함경》)라는 형태로 나타나고, 그 뒤에 십이지연기가 소개됩니다. 여기에서 연기란 '이것'과 '저것'이 함께 있거나 함께 없거나 함께 나타나거나 함께 사라진다고 하여, '이것'과 '저것'은 서로 떨어질 수 없음을 나타냅니다.

대승 경전에서는 연기를 어떻게 말하고 있는지 《대반야경》과 《화엄경》에서 살펴보겠습니다.

"보살마하살이 이와 같은 연기법을 관찰할 때는 원인 없이 생겨난 법이 있음을 보지 못하고, 원인 없이 사라지는 법이 있음을 보지 못한다."[196]

---

196 若菩薩摩訶薩如是觀察緣起法時, 不見有法無因而生, 不見有法無因而滅.(《대반야경》 초분무진품(初分無盡品) 제59-2)

삼라만상 모든 것은 빠짐없이 전부 연기하여 나타난다고 합니다.

"연기하는 법에는 자성이 전혀 없다. 만약 법에 자성이 없으면 있는 것이 아니다."[197]

"모든 법은 전부 연기하기에 자성이 없음을 알아야 한다."[198]

연기하여 나타나는 법에는 자성이 없다고 합니다. 자성(自性)이란 '독립적으로 스스로 존재하는 성질'이라는 뜻으로서, 다른 것과 인연하여 나타나지 않는 것을 말합니다. 모든 것은 연기하여 나타나므로 당연히 모든 것에는 자성이 없습니다. 자성이 없으므로 독립적 실체로서 존재하지 않는다고 합니다. 즉, 모든 것은 다만 연기하여 나타날 뿐이고, 연기하지 않고 홀로 있는 것은 존재하지 않는다는 말입니다. '연기(緣起)는 무자성(無自性)'이라는 말이 보입니다.

"보살마하살이 반야바라밀다를 수행할 때 이와 같이 연기하여 본성이 공(空)일 뿐임을 진실하고 밝게 안다."[199]

보살이 깨달음의 지혜를 가지고 보면 모든 것은 연기하여 나타

---

197 緣起之法都無自性. 若法無自性則無所有.(《대반야경》 초분삼점차분(初分三漸次品) 제65-1)
198 知一切法, 皆從緣起, 無有體性.(《화엄경》 십통품(十通品) 제28)
199 菩薩摩訶薩, 修行般若波羅蜜多時, 如實了知, 如是緣起, 本性空已.(《대반야경》 초분불가동품(初分不可動品) 제70-2)

날 뿐이고, 그 본성 즉 자성은 텅 비어 있어서 없음을 밝게 안다고 합니다. '연기는 공(空)'이라는 말이 보입니다.

"세존이시여, 부처님의 말씀과 같이 인연으로 일어난 법은 헛된 생각으로 말미암아 일어났으니 진실이 아닙니다."[200]

연기하여 일어나는 것은 헛된 생각으로 말미암은 것이므로 진실하지 않다고 합니다. '연기는 망상(妄想)'이라는 말이 보입니다.

"모든 법에서 정해진 자성은 얻을 수 없고, 다만 인연이 화합하여 일어난 법인 까닭에 이름으로서의 온갖 법이 있을 뿐입니다."[201]

연기하여 나타나는 것들에 독립적 존재성인 자성은 없고, 다만 분별하여 붙인 이름이 있을 뿐이라고 합니다. 연기하여 나타나는 모든 것은 다만 이름으로 분별되어 있을 뿐이고, 실체는 없다고 합니다. '연기는 다만 이름으로 분별할 뿐'이라는 말이 보입니다.

"불자여, 이 보살마하살은 모든 법이 전부 환상과 같으니 인연으로 말미암아 일어난 것임을 안다."[202]

---

200 世尊, 如佛所說, 因緣起法, 從妄想生非實.《대반야경》심오품(深奧品) 제57)
201 一切諸法中, 定性不可得, 但從和合因緣起法故, 有名字諸法.《대반야경》정토품(淨土品) 제82)
202 佛子, 此菩薩摩訶薩, 知一切法皆悉如幻, 從因緣起.《화엄경》십인품(十忍品) 제29)

연기하여 나타나는 법은 모두 환상과 같아서 진실한 것이 아니라고 합니다. '연기는 곧 환상과 같다'는 말이 보입니다.

"보살도 이와 같아서, 모든 법이 전부 인연으로 말미암아 생겨남을 관찰하니, 생기는 것이 없기에 사라지는 것도 없다."[203]

연기하여 나타나는 모든 것은 환상과 같아서 실체가 없으므로, 실제로는 생겨나는 것도 없고 사라지는 것도 없다고 합니다. '연기는 곧 불생불멸(不生不滅)'이라는 말이 보입니다.

"연기법을 깊이 알아서 양쪽에서 멀리 벗어나 무너지지 않는 해탈이라는 결과를 얻는다."[204]

모든 것은 반드시 양쪽이 서로 인연이 되어 동시에 나타나므로 양쪽 가운데 어느 한쪽만을 취할 수도 없고 버릴 수도 없습니다. 다시 말해, 양쪽을 따로 분리하여 보지 말아야 합니다. 양쪽을 따로 분리하여 보지 않으면 분별에서 벗어나게 되고, 분별에서 벗어나면 망상에서 벗어나 해탈한다는 말입니다. '연기를 깊이 알면 분별에서 벗어나 해탈(解脫)한다'는 말이 보입니다.

---

203 菩薩亦如是, 觀察一切法, 悉從因緣起, 無生故無滅.(《화엄경》 십인품 제29)
204 深知緣起法, 遠離二邊, 得不壞解脫果.(《화엄경》 여래출현품(如來出現品) 제37-2)

"모든 법에는 다만 이름이 있을 뿐이고, 모든 법은 마치 환상과 같고, 모든 법은 마치 영상(影像)과 같고, 모든 법은 다만 연기할 뿐이다."[205]

모든 것은 다만 연기하여 나타날 뿐이어서 자기의 실체가 없으므로, 모든 것에는 이름이 있지만 실제로는 환상처럼 실체가 없다고 합니다. '연기는 단지 이름이 있을 뿐, 실체가 없는 환상'이라는 말이 보입니다.

"보살마하살은 연기법을 보기에 법이 깨끗함을 본다."[206]

모든 것이 다만 연기하여 나타날 뿐이어서 이름은 있지만 실체가 없음을 알면, 모든 것이 마음에 어떤 장애도 만들지 않아서 마음이 텅 비고 깨끗해진다고 합니다. 텅 비고 깨끗한 마음이 곧 열반한 마음입니다. '연기를 알면 열반(涅槃)하게 된다'는 말이 보입니다.

"연기하기 때문에 있는 것도 아니고 없는 것도 아니며, 진실한 것도 아니고 허망한 것도 아니다. 이와 같이 중도에 들어가니, 이를 일러 집착함이 없다고 한다."[207]

205　一切法但有名, 一切法猶如幻, 一切法猶如影, 一切法但緣起.《화엄경》이세간품(離世間品) 제38-1)
206　菩薩摩訶薩, 見緣起法故, 見法淸淨.《화엄경》이세간품 제38-6)
207　緣起非有無, 非實亦非虛. 如是入中道, 說之無所著.《화엄경》이세간품 제38-7)

모든 것은 연기하여 나타나기에 있다고도 할 수 없고 없다고도 할 수 없고, 진실하다고도 할 수 없고 허망하다고도 할 수 없다고 합니다. 왜냐하면 있음과 없음은 연기하여 나타나고, 진실과 허망도 연기하여 나타나는 이름이어서 어느 것도 취할 수도 버릴 수도 없기 때문입니다. 양쪽에서 벗어나는 것을 일러 중도라고 합니다. 양쪽에서 벗어나니 어느 것에도 집착하지 않습니다. '연기가 곧 중도(中道)요 무집착(無執着)의 해탈'이라는 말이 보입니다.

경전에 나오는 연기법에 관한 언급의 내용을 다시 정리하면 다음과 같습니다.

① 연기하는 관계인 '이것'과 '저것'은 함께 있거나 함께 없고 함께 나타나거나 함께 사라진다. '이것'과 '저것'은 절대로 제각각 따로 있을 수 없다.

② 연기하는 관계인 '이것'과 '저것'에는 제각각 독립적으로 존재하는 성질인 자성(自性)이 없다. '이것'과 '저것'은 절대로 제각각 따로 있을 수 없다.

③ 연기하는 관계인 '이것'과 '저것'은 그 본성 즉 자성이 공(空)이다. '이것'과 '저것'은 절대로 제각각 따로 있을 수 없기에, '이것'과 '저것'으로 분별되지 않으므로 텅 빈 허공과 같다.

④ '이것'과 '저것'을 생각하는 것은 '이것'과 '저것'을 분별하는 것이고, '이것'과 '저것'을 분별하는 것은 '이것'과 '저것'이 연기하는 것이다. 그러므로 분별이 곧 연기다.

⑤ '이것'과 '저것'은 연기하여 일어나기에 '이것'과 '저것'이라는 이

름만 있을 뿐이고, 정해진 실체로서의 자성은 없다. 연기하여 나타나는 모든 것은 '모든 것'이라는 이름일 뿐이고, 실체로서의 자성은 없다. 생각에서 분별되어 나타나는 것이 곧 연기하여 나타나는 모든 것이므로, 이 모든 것은 이름으로만 있는 것이다.

⑥ 연기하여 나타나는 모든 것은 실체인 자성이 없고 이름만 있을 뿐이므로, 마치 환상과 같다. 생각의 세계가 바로 이름의 세계이고 환상과 같은 세계다.

⑦ 연기하여 나타나는 모든 것은 환상과 같기에 모습으로는 생기고 사라지지만, 실제로는 생기는 것도 없고 사라지는 것도 없다. 생각에서 분별되는 모든 것은 환상과 같아서 실제로는 아무것도 없다.

⑧ 생각에서 분별되는 '이것'과 '저것' 둘은 연기하여 나타나므로 독립적 실체가 없는 환상과 같은데, '이것'과 '저것'이라는 연기하는 양쪽을 모두 버려야 '이것'과 '저것'이라는 환상에서 벗어난다. 환상에서 벗어나 '이것'에도 매이지 않고 '저것'에도 매이지 않는 것이 곧 해탈이다.

⑨ 연기하여 환상처럼 나타난 '이것'과 '저것'을 모두 버리면 '이것'과 '저것'이 모두 사라져서 아무것도 없이 깨끗해진다. 생각에서 분별되어 나타나는 것이 전부 연기하여 나타나므로 모두 환상과 같음을 깨달으면, 마음에는 아무것도 나타나지 않아서 텅 비고 깨끗해진다.

⑩ 연기하여 나타나는 모든 것은 있는 것도 아니고 없는 것도 아니고 진실하지도 않고 허망하지도 않은데, 이처럼 양쪽에서 벗어나

중도(中道)에 들어가니 어느 쪽에도 집착하지 않게 되어 집착에서 벗어난다. 생각에서 분별되는 모든 것은 연기하여 나타나므로 실제로 있는 것이 아니지만 또한 나타나기에 없다고 할 수도 없다. 그러므로 진실하다고 할 수도 없고 허망하다고 할 수도 없다. 생각에서 분별되는 양쪽은 연기하여 나타난 것이어서 제각각 실체가 없으므로 허망한 양쪽을 버리면 중도에 들어가는데, 양쪽을 버렸기에 양쪽에 대한 집착이 사라진다. 이처럼 분별되는 모든 것에 대하여 분별되는 양쪽을 버리고 중도에 들어가면, 모든 집착에서 벗어나 해탈하게 된다. 이 해탈이 곧 열반이고 깨달음이다.

이처럼 연기법은 곧 분별이고 생각의 원리입니다. 우리가 온갖 것을 생각한다는 것은 곧 온갖 것을 분별한다는 것입니다. 우리가 '무엇'을 분별할 때는 '무엇'과 '무엇 아닌 것'을 나누는 것입니다. 그러므로 '무엇'을 분별할 때는 '무엇'과 '무엇 아닌 것'은 필연적으로 함께 나타나고 함께 사라지며 함께 있거나 함께 없습니다.

연기법이 생각 속의 분별의 법칙이기에 연기하여 나타나는 모든 것에는 실체가 없고 이름만 있는 허망한 환상과 같은 것이라고 한 것입니다. 우리가 '무엇'을 생각하고 분별할 때 우리는 반드시 그 '무엇'에 이름을 붙여서 '무엇 아닌 것'과 분별합니다. 그러므로 연기하여 나타난 세계는 다만 이름의 세계라고 한 것입니다.

그러면 불교에서는 왜 이와 같은 연기법을 말할까요? 당연한 이야기지만 번뇌에서 벗어나는 하나의 방편으로 연기법을 말하는 것입니다. 불교에서 말하는 모든 가르침은 번뇌에서 벗어나 해탈을 얻도록 이끄는 방편입니다. 앞서 살펴본 경전에서도 연기법은 양쪽에서 벗어나 중도에 통하여 집착에서 벗어난다고 언급하였습니다. 연기법이 어떻게 번뇌에서 벗어나 해탈을 얻도록 이끄는 방편이 될까요?

번뇌는 고통인데 고통은 염오(染汚) 즉 물들기 때문이라고 합니다. 무엇에 물이 들까요? 망상(妄想) 즉 허망한 생각에 물드는 것입니다. 물든다는 것은 곧 얽매인다는 뜻이고, 얽매이는 까닭은 집착하기 때문입니다. 헛된 생각을 헛된 생각인 줄 모르고 사실처럼 여겨서 집착하는 것이 중생의 전도(顚倒) 즉 어리석음입니다. 전도란 뒤집어져 있다는 뜻인데, 중생의 어리석음은 허망한 생각을 진실한 것으로 뒤집어 보는 것입니다. 이런 어리석음을 밝은 지혜가 없다고 하여 무명(無明)이라고 합니다.

생각은 분별로 말미암아 생겨나고, 분별 때문에 허망하게 됩니다. 분별이 허망하게 되는 원리를 밝힌 것이 바로 연기법입니다. 우리가 '무엇'을 분별할 때는 '무엇'만 보고 '무엇'을 '무엇'인 줄로만 압니다. 여기에 허망함이 있고 어리석음이 있습니다. '무엇'을 분별할 때는 '무엇 아닌 것'이 반드시 함께 나타나 있습니다. '무엇 아닌 것'과 나누어져 '무엇'이 '무엇'으로 분별되는 것이니, '무엇'은 '무엇 아닌 것'이 받쳐 주어서 '무엇'이 됩니다.

'무엇'은 '무엇 아닌 것'에 의하여 '무엇'으로 분별되고, '무엇 아닌 것'은 '무엇'에 의하여 '무엇 아닌 것'으로 분별되므로, '무엇'과 '무엇 아닌 것'은 각자 독립적으로 존재할 수 없습니다. 이처럼 독립적으로 존재할 수 없음을 일러 자성(自性)이 없다고 합니다. 자성의 뜻은 '다른 것에 의지함 없이 독립하여 존재함'이기 때문입니다. 세계에서 분별되는 모든 것이 전부 연기하여 나타나므로 독립하여 존재하지 않는데도, 우리는 마치 독립하여 존재하는 것처럼 그것만 분별하여 그것만 취하므로 우리가 어리석은 것이고 진실을 보지 못하고 헛된 생각에 빠지는 것입니다.

예컨대, 여기 한 자루의 펜이 있습니다. 이 펜은 다른 모든 펜이나 다른 모든 사물과 분별되어 이 펜이라고 우리는 분별합니다. 다시 말해, 이 펜이 이 펜인 까닭은 다른 모든 펜과 다른 모든 사물이 이 펜이 아니기 때문입니다. 그러므로 우리가 이 펜을 분별할 때는 다른 모든 펜과 다른 모든 사물이 함께 나타나 있습니다. 그러나 우리는 다른 모든 펜이나 다른 모든 사물은 무시하고, 오로지 이 펜만 홀로 있는 듯이 그렇게 분별하고 그렇게 생각하고 그렇게 집착합니다.

여기에 분별의 문제가 있습니다. '이 펜'을 분별할 때는 '이 펜 아닌 모든 것'이 함께 나타나는데, 우리는 오직 '이 펜'만 보고 있으므로 세계를 잘못 보고 있는 것입니다. 이것이 우리의 분별이 허망한 까닭입니다. 세계를 온전히 보지 못하고 분별되는 하나의 대상만 취하고 나머지 세계는 모두 버리는 이런 취사선택이 우리가 세계를 왜곡하여 잘못 보는 원인입니다. 취사선택하면 집착이 생기고, 이 집착이 바로 우리가 허망한 생각에 물드는 것이고, 이렇게 생각에 물들어 생각에 얽매여 생각에서 벗어나지 못하기 때문에 괴로움이라는 번뇌가 나타납니다. 번뇌는 마음이 무언가에 사로잡혀 그것에서 벗어나지 못하여 자유자재함이 없는 괴로움입니다.

분별(分別)의 본질을 밝힌 것이 바로 연기(緣起)입니다. '이것'을 분별할 때는 '이것'과 '이것 아닌 것'이 함께 나타나고, 분별하지 않을 때는 '이것'과 '이것 아닌 것'이 함께 사라집니다. 분별되는 '이것'과 '이것 아닌 것'은 함께 나타나고 함께 사라지고 함께 있거나 함께 없는데, 이렇게 둘이 함께 나타나고 함께 사라지는 것을 일러 연기한다고 합니다. 분별은 사실 연기여서 '이것'과 '이것 아닌 것' 가운데 어느 하나를 취하거나 버릴 수 없습니다. 그러나 우리가 '이것'을 분별할 때는 '이것 아닌 것'은 무시해 버립니다. 여기에 분별의 허망함이 있습니다.

분별이 허망하게 되지 않으려면 분별이 사실은 연기임을 깨달아 분별되는 양쪽을 취하지도 않고 버리지도 않아야 합니다. 분별되는 양쪽을 분별하여 보게 되면 반드시 '이쪽' 아니면 '저쪽'으로 나누어지므로 허망함에서 벗어날 수 없습니다. 허망함에서 벗어나려면 양쪽을 나누지 않고 양쪽에서 벗어나야 비로소 허망함에서 벗어납니다.

이렇게 '이것'과 '이것 아닌 것'의 양쪽에서 벗어나는 것을 일러 중도(中道)라고 합니다. '이것'과 '이것 아닌 것'의 양쪽에서 벗어나면 '이것'과 '이것 아닌 것'이 둘로 나누어지지 않으므로 이를 일러 불이(不二)라고 합니다. 둘로 나누어지지 않으면 아무것도 분별되는 것이 없어서 마치 텅 빈 허공과 같으므로 이를 일러 공(空)이라고 합니다. 이리하여 연기는 중도, 불이, 공으로 통하게 됩니다. 분별에서 벗어나 중도, 불이, 공이 되면 취사선택은 사라지고 집착도 사라지고 번뇌도 사라집니다. 연기법은 이처럼 번뇌에서 벗어나도록 이끄는 불교의 방편입니다.

똑! 똑! 똑! 여기에는 한마디 말도 없습니다.

5. 십이연기법은 무엇인가?

똑! 똑! 똑! 여기에 있어야 말에 속지 않습니다.

십이연기법(十二緣起法) 혹은 십이지연기법(十二支緣起法)은 불교에서 널리 알려진 방편입니다. 처음 불교를 접하여 배울 때 거의 반드시 배우는 교리(敎理)이기도 합니다. 이 십이지연기법도 당연히 번뇌를 벗어나 해탈로 이끄는 방편인데, 그 내용은 어떻게 번뇌가 생기고 어떻게 번뇌에서 벗어날 수 있는지를 설명하는 것입니다.

십이지란 12가지로 되어 있다고 하여 붙인 이름입니다. 이 12가지는 서로 함께 나타나고 함께 사라지는 연기(緣起)하는 법이라고 합니다. 그러므로《연기경》에서는 십이연기법을 말하기에 앞서 "이것이 있으면 저것도 있고 이것이 없으면 저것도 없으며, 이것이 생기면 저것도 생기고 이것이 사라지면 저것도 사라진다."라는 연기의 원리를 먼저 말하고 있습니다. 12가지의 이름과 내용은 다음과 같습니다.

① 무명(無明): 밝은 지혜가 없는 어리석음. 분별망상에 물들어

어리석게 분별하여 취하거나 버림.

② 행(行): 행함. 무언가를 분별하여 의도적으로 행하는 유위행(有爲行). 업(業)을 짓는 일과 같음.

③ 식(識): 육식(六識). 눈, 귀, 코, 혀, 몸, 마음으로 분별하여 아는 의식세계.

④ 명색(名色): 이름과 모습. 육식으로 분별하는 대상. 육경(六境). 색깔, 소리, 냄새, 맛, 촉감, 삼라만상.

⑤ 육처(六處): 육근(六根). 눈, 귀, 코, 혀, 몸, 마음의 여섯 가지 지각 기관.

⑥ 촉(觸): 만남. 주관과 객관의 만남. 분별하여 나타난 의식세계인 육식(六識)이라는 객관세계와 주관인 분별심이 만남.

⑦ 수(受): 받아들임. 주관인 분별심이 객관인 의식세계를 분별하여 받아들임.

⑧ 애(愛): 좋아함. 주관이 분별하여 받아들인 객관을 좋아함.

⑨ 취(取): 붙잡아 가짐. 집착함. 주관이 분별하여 받아들여 좋아하는 객관에 집착함.

⑩ 유(有): 있음. 주관이 분별하여 집착하는 객관을 진짜로 있다고 여김.

⑪ 생(生): 태어남. 살아 있음.

⑫ 노사(老死): 늙어 죽음. 늙고 병들어 죽음. 인간이 두려워하는 것으로서 번뇌를 대표하는 것.

이런 12가지가 서로 인연이 되어 떨어질 수 없이 함께 발생하고 함께 소멸한다는 것이 십이연기법입니다. 이 12가지는 늙어 죽는다는 고통이 어떻게 생기게 되는지 그 원인을 밝힌 내용이기도 하고, 동시에 그 원인을 없앰으로써 늙어 죽는다는 고통에서 어떻게 벗어날 수 있는지를 밝힌 내용이기도 합니다. 이 12가지는 그 내용으로 보아 다음과 같이 크게 네 부분으로 나누어 볼 수 있습니다.

① 무명, ② 행 = 생로병사의 고통에 떨어지는 근본 원인. 분별에서 벗어난 불이중도의 깨달음이 없는 중생이 분별에 얽매여서 분별에 집착하는 어리석음이 일차 원인이고, 그 어리석음 때문에 중생이 분별에 매여서 취사선택하는 업을 짓는 의도적인 행위인 유위행(有爲行)을 하는 것이 이차 원인. 어리석음인 무명과 업을 짓는 행위는 중생에게만 있고 부처에게는 없음. 분별에서 벗어나 불이중도에 통하는 깨달음이 있으면 중생의 무명(無明)이 밝은 지혜인 광명(光明)이 되고, 중생이 분별에 매여서 업을 짓는 행위인 유위행(有爲行)이 깨달으면 분별에서 벗어나 업을 짓지 않는 무위행(無爲行)이 됨. 즉, 중생에게는 무명과 유위행이 있고, 부처에게는 광명과 무위행이 있음.

③ 식, ④ 명색, ⑤ 육처 = 여섯 개의 지각(知覺) 기관을 통하여 지각하여 분별하고 의식하는 우리가 경험하며 살아가는 세계. 불교에서는 이 세계를 육근(六根), 육경(六境), 육식(六識)으로 이루어진 십팔계(十八界)라 함. 십팔계는 어리석은 중생에게나 깨달은 부처에게나 동일하게 나타나는 세계. 분별심이라는 무명에 매여 있는

중생은 십팔계를 분별함에 매여 있으므로 십팔계가 실제로 있는 세계가 되어 십팔계는 중생을 얽어매어 괴롭히게 되고, 분별심에서 벗어난 부처는 십팔계를 분별하여도 분별에 매여 있지 않으므로 십팔계가 텅 빈 공(空)이 되어 십팔계에 얽매이는 괴로움이 없음.

⑥ 촉, ⑦ 수, ⑧ 애, ⑨ 취, ⑩ 유 = 중생의 마음이 어떻게 분별되는 대상세계에 집착하고 얽매이게 되는지를 설명한 것. 우리가 살고 있는 십팔계라는 의식세계가 왜 번뇌가 되는지를 설명하고 있음. 우리의 마음이 분별세계인 십팔계를 만나 십팔계에 물들어 받아들이고 집착하여 벗어날 수 없이 얽매이는 것을 나타냄. 분별세계에 집착하면 분별되어 나타난 모든 것이 마음에는 실제로 있는 것이 되고, 온갖 분별되는 것들이 실제로 있게 되면 마음은 이것들에 매여서 벗어날 수 없는데, 이렇게 온갖 있는 것들에 매여 있는 것이 바로 번뇌임. 마음이 십팔계를 받아들여 집착하는 까닭은 분별을 벗어나지 못하고 분별에 매여 있어서 지혜가 없는 무명(無明)이라는 어리석음 때문임. 중생의 마음은 '나'라는 주관과 '세계(법)'라는 객관이 있어서 주관이 객관에 오염되어 객관을 따라 헤매는 미혹(迷惑)이 있으나, 부처의 마음에는 주관과 객관이 사라져서 '나'도 없고 '세계'도 없으므로 집착도 없고 미혹도 없음.

⑪ 생, ⑫ 노사 = 생로병사는 중생의 삶의 번뇌를 상징하는 대표적인 번뇌를 가리킴. 태어나고, 늙고, 병들고, 죽는 일은 중생이나 부처나 누구나 겪게 되는 일이지만, 중생에게는 이런 일들이 실제

로 있는 일이어서 이 일들이 모두 번뇌가 되지만, 부처에게는 이런 일들을 겪더라도 실제로는 이런 일들이 없어서 번뇌가 되지 않음. 이러한 부처의 세계를 생로병사를 겪지만 생로병사가 사라져 아무 것도 없다고 하여 생사즉열반(生死卽涅槃)이라고 함.

이처럼 십이연기법은 생로병사라는 인생이 고통이 되는 원인을 밝히고 동시에 고통에서 벗어나는 길도 밝히고 있습니다. 생로병사는 사람이라면 누구나 일평생 겪어 가야 할 인생이지만, 깨닫지 못한 중생에게는 생로병사가 고통이 되고, 깨달은 중생에게는 생로병사가 고통이 되지 않는 것입니다.

십이연기에서 생로병사가 번뇌로 되는 것을 나타낸 말이 바로 열 번째 유(有)입니다. 유란 '있다'는 뜻인데, 생로병사가 있다는 뜻입니다. 생로병사가 허망한 꿈같고 환상 같다면 번뇌가 되지 않겠지만, 생로병사가 실제로 있는 일이라면 번뇌가 될 수밖에 없습니다. 다시 말해, 생로병사가 분별망상으로 나타난 허망한 가유(假有)가 아니라 실재하는 실유(實有)로 보는 것이 중생의 전도망상이고 무명이며 모든 집착과 번뇌의 원인입니다.

깨닫지 못한 중생에게는 분별되어 나타나는 세계가 모두 사실로 여겨지기 때문에 중생은 세계의 온갖 일에서 벗어날 수가 없습니다. 그러므로 중생의 세계는 번뇌의 세계입니다. 중생이 깨달아 분별에서 벗어나면 분별되어 나타나는 세계의 삼라만상이 실제로 있는 것이 아니라 없는 것처럼 여겨지기에, 세계의 온갖 일이 비록 나타나고 사라지지만 그런 온갖 일이 마치 꿈이나 환상처럼 여겨져서 번뇌가 되지 않습니다. 결국 깨달음이라는 밝은 지혜가 없는 중생의 어두운 어리석음인 무명이 모든 번뇌의 원인입니다.

똑! 똑! 똑! 여기에는 한마디 말도 없습니다.

6. 분별이 연기이므로 중도가 실상이다?

똑! 똑! 똑! 여기에 있어야 말에 속지 않습니다.

(1) 불교의 세계는 마음세계다

중생의 분별망상에서 어떻게 벗어나 불이중도의 깨달음으로 들어갈까요? 중생의 분별망상에서 벗어나 불이중도로 가야 한다고 설득하려는 방편이 바로 연기법입니다. 다시 말해, 연기법은 중생의 분별망상에서 벗어나 불이중도의 깨달음으로 가야 하는 이유를 설명하는 방편입니다. 연기법이 불교에서 가지는 방편으로서의 가치는 바로 여기에 있습니다.

먼저 분명히 해 두어야 할 것은 부처님의 가르침인 불교는 우리 마음에 관한 가르침입니다. 우리들 중생은 번뇌 속에서 괴로워하며 살고 있는데, 번뇌(煩惱)는 마음이 불편하고 불안하고 괴로운 것입니다. 번뇌를 벗어나는 해탈, 열반, 깨달음도 당연히 마음에서 일어나는 일입니다. 불교에서 말하는 모든 말씀은 마음에 관한 가르침이고, 불교의 수행은 마음의 수행이고, 불교의 깨달음은 마음의 깨달음이라는 사실을 잊으면 안 됩니다. 불교의 가르침이 마음에 관한 것이 아니라 인간사회나 물질세계에 관한 것처럼 오해한다면, 부처님의 말씀을 전부 오해하는 것이고, 부처님의 말씀은 전부 말도 되지 않는 헛소리가 될 것입니다.

《화엄경》에 이런 내용이 있습니다.

"과거·현재·미래의 모든 부처님을
사람이 만약 밝혀 알고자 한다면,
법계의 자성을 마땅히 보아야 하니
모든 것은 오직 마음이 만든다."[208]

부처님을 밝혀서 안다는 것은 법계의 자성을 보아야 하는데, 법계의 자성은 마음이 모든 것을 만든다는 사실이라는 말입니다. 법계(法界)란 곧 삼라만상인 만법(萬法)의 세계입니다. 인도에 17년 유학하고 돌아온 당나라 스님 현장(玄奘)이 번역한, 유식불교(唯識佛敎)의 대가인 세친(世親)의 저작 《유식이십론(唯識二十論)》 1권의 첫머리에 "삼계는 오직 식이다."(三界唯識)와 "삼계는 오직 마음이다."(三界唯心.)라는 구절이 나옵니다. 삼계(三界)란 곧 우리 중생이 사는 세계를 가리킵니다. 중생이 사는 세계는 오직 마음일 뿐이고, 또 중생이 사는 세계는 오직 의식(意識)일 뿐이라는 뜻입니다. 다시

---

208 若人欲了知, 三世一切佛, 應觀法界性, 一切唯心造.(《대방광불화엄경(大方廣佛華嚴經)》 야마궁중게찬품(夜摩宮中偈讚品) 제20)

말해, 우리들 중생이 사는 세계는 단지 마음일 뿐인데, 이 세계는 또한 의식일 뿐이므로, 모든 것은 오직 마음이 만든다고 할 수 있습니다.

부처님이 중생을 제도하기 위하여 하시는 모든 말씀은 전부 이러한 마음세계에 관한 말씀입니다. 우리가 경험하는 세계는 마음의 세계이고, 이 세계 속의 삼라만상인 모든 것은 전부 마음에서 의식(意識)된 것들입니다. 의식에서 의(意)는 곧 의근(意根)으로서 보통 마음이라고 하는 것이고, 식(識)은 식별(識別) 즉 '분별하여 안다'는 뜻입니다. 전체 세계는 한 개 마음의 세계이고, 헤아릴 수 없이 많은 삼라만상은 마음이 분별하여 아는 것들입니다. 불교는 이런 유심(唯心)과 유식(唯識)의 세계에 관한 이야기입니다.

(2) 분별이 망상세계를 만든다

"모든 것은 분별이다."[209]

"모든 세계는 마음이 분별한 것이다."[210]

"어리석은 범부는 분별을 일으켜 주관과 객관을 헛되이 헤아린다."[211]

"모든 법은 견고하지 않으니, 모두 분별로 말미암아 생긴다."[212]

"허망한 분별에서 말미암으니, 이것이 곧 식(識)이 생기는 것이

209　一切是分別.(《대방광불화엄경》 세계성취품 제4)
210　一切國土心分別.(《대방광불화엄경》 세계성취품 제4)
211　愚夫起分別, 妄計於二取.(《대승입능가경》 게송품 제10)
212　諸法不堅固, 皆從分別生.(《대승입능가경》 게송품 제10)

다."[213]

"오온(五蘊) 속에는 사람이 없고 나도 없고 중생도 없으니, 생기는 것은 오직 식(識)이 생길 뿐이고, 사라지는 것도 오직 식(識)이 사라질 뿐이다."[214]

"중생이 분별함으로 말미암아 나타나는 허망한 모습, 오직 마음일 뿐 진실로 경계[215]는 없으니 분별을 벗어나면 해탈이다."[216]

중생이 경험하며 살아가는 세계는 전체가 하나의 마음이지만, 이 하나의 마음세계는 또한 하나하나 분별되는 온갖 것이 헤아릴 수 없이 많이 나타나는 세계이기도 합니다. 우리가 경험하는 세계의 모든 것은 빠짐없이 전부 마음이 분별하여 나타나는 것이고, 이렇게 분별하여 알게 되므로 분별로 나타나는 세계는 곧 식(識)의 세계입니다.

그러므로 중생세계는 오직 식(識)의 세계라고도 하는 것입니다. 식(識)이란 '안다'는 뜻이므로 식별(識別)과 같은 말입니다. 우리가 무엇을 알 때는 그것을 식별하는 것입니다. 식별이란 분별(分別)하여 안다는 뜻입니다. '무엇'을 '무엇'이라고 분별하여 아는 것이지요.

---

213 由虛妄分別, 是則有識生.(《대승입능가경》 게송품 제10)
214 蘊中無有人, 無我無衆生, 生唯是識生, 滅亦唯識滅.(《대승입능가경》 게송품 제10)
215 경계(境界) : 분별된 대상(對象). 분별하여 차별되는 경계선이 생긴 대상이라는 뜻. 분별된 제각각의 대상인 경계에 독자적인 자성(自性)이 있어서 그 경계가 실체(實體)라고 착각하는 것이 중생의 어리석음이다.
216 以衆生分別, 所現虛妄相, 惟心實無境, 離分別解脫.(《대승입능가경》 게송품 제10)

'무엇'을 '무엇'이라고 분별하여 아는 것을 논리적으로 분석하면 다음의 세 가지 법칙이 있음을 알 수 있습니다.

- 동일율: A는 A다.(A라는 분별의 표현)
- 모순율: A는 A 아닌 것이 아니다.(동일율의 다른 표현)
- 배중율: A이거나 또는 A가 아니거나다.(A이기도 하고 A가 아니기도 하다거나, A도 아니고 A가 아닌 것도 아니라고 하면, A라는 분별이 성립하지 않는다.)

이 세 가지 법칙은 전통적으로 논리학의 가장 기본적인 법칙이며, 실제 일상생활에서 우리가 무엇을 분별할 때 빠짐없이 해당하는 법칙입니다. 우리가 A를 분별하여 A로 알 때는, 우리는 의식하지 못하지만 사실 이런 법칙 속에서 A를 A로 분별하여 아는 것입니다.

그런데 이 세 가지 법칙을 보면 우리가 A를 분별하여 알 때는 A만 분별하고 있는 것이 아니라, A 아닌 것도 모르는 사이에 분별하고 있습니다. 우리는 A에만 관심이 있으므로 A 아닌 것을 보지 않습니다만, A가 A가 되려면 A 아닌 것이 반드시 있어야 합니다. A 아닌 것이 A가 아니어야 A가 A일 수 있는 것입니다.

우리가 A를 분별한다는 것은 A를 A 아닌 것과 나누는 것입니다. 분별(分別)이란 '둘로 나눈다'는 뜻입니다. A를 A 아닌 것과 나누어 A 아닌 것을 버릴 때 A가 A가 되는 것입니다. 우리가 세계의 삼라만상을 분별하여 알 때는 항상 이렇게 분별합니다.

그러므로 A를 분별할 때는 A 아닌 것도 필연적으로 분별이 됩니다만, 우리가 A에만 관심이 있으므로 A 아닌 것은 쳐다보지 않고 무시합니다. 바로 이 지점에서 분별이 우리가 세계를 보는 눈을 왜곡시킵니다. A와 A 아닌 것은 항상 함께 나타나서 절대로 분리될 수 없는데도, 우리는 A만 보고 A 아닌 것은 보지 않습니다. 우리가 세계를 분별하여 알 때는 이렇게 둘로 나누어 절반만 보고 나머지는 보지 않는 왜곡이 일어납니다. 다시 말해, 분별 때문에 우리는 세계의 진실한 모습을 보지 못하는 것입니다. 즉, 분별로 보는 세계는 왜곡된 망상세계이지 참된 실상세계가 아닙니다.

(3) 분별의 본질은 연기다

"모든 법을 관찰하면 전부 인연으로 말미암아 일어나니 머무는 곳이 없다."[217]

"모든 법은 전부 인연으로 말미암아 일어나니 체성(體性)이 없음을 알아야 한다."[218]

"모든 법은 전부 다 환상과 같음을 알아야 하니, 인연으로 말미암아 일어나기 때문이다."[219]

"모든 법을 관찰하면 빠짐없이 인연으로 말미암아 일어나므로, 생겨남이 없기에 사라짐도 없다."[220]

---

217 觀一切法, 皆從緣起, 無有住處.(《대방광불화엄경》 십회향품 제25-3)
218 知一切法, 皆從緣起, 無有體性.(《대방광불화엄경》 십통품 제28)
219 知一切法, 皆悉如幻, 從因緣起.(《대방광불화엄경》 십통품 제28)
220 觀察一切法, 悉從因緣起, 無生故無滅.(《대방광불화엄경》 십통품 제28)

"모든 법은 인연으로 말미암아 일어나고 인연이 없으면 일어나지 않음을 알아야 한다."[221]

"어리석은 범부는 인연(因緣)이 화합하여 생기는 것을 헛되이 분별하기에 진실한 모습을 깨닫지 못한다."[222]

"온갖 연기(緣起)한 법이 화합한 것을 이름과 모습으로 분별하지만, 이것들은 모두 생기는 것이 아니다."[223]

"모든 법은 전혀 생겨남이 없고 연기(緣起)에 의지하여 머무는데, 중생은 어리석게 분별한다."[224]

A를 A 아닌 것과 분별하여 A로 인식(認識)할 때, A는 A 아닌 것이 아니어야 A가 되며, A와 A 아닌 것 이외에 다른 선택할 것은 없어야만 A가 오로지 A일 수 있습니다. 다시 말해, A 아닌 것이 A를 A로 만들어 주고, A가 A 아닌 것을 A 아닌 것으로 만들어 줍니다. A냐 아니면 A가 아니냐인 것이 우리가 무엇을 분별하여 아는 방식인 것이지요.

이처럼 A를 분별할 때 A와 A 아닌 것은 늘 함께 나타나고 분별하지 않으면 당연히 A도 없고 A 아닌 것도 함께 없어지는데, 이렇게 함께 붙어서 나타나고 함께 붙어서 사라지는 관계를 불교에서는 연기(緣起)라고 합니다. 연(緣)은 인연(因緣) 혹은 반연(攀緣)이라고도 하는데, '말미암다'라는 뜻입니다. 그러므로 연기란 '말미암아

221　知諸法從緣起, 無緣則不起.(《대방광불화엄경》 이세간품 제38-6)
222　凡愚妄分別, 因緣和合生, 不了眞實相.(《대승입능가경》 게송품 제10)
223　諸緣法和合, 分別於名相, 此等皆不生.(《대승입능가경》 게송품 제10)
224　諸法皆無生, 依止於緣起, 衆生迷分別.(《대승입능가경》 게송품 제10)

일어나다'라는 뜻입니다. 둘이 서로 말미암아 일어난다는 뜻이니, 둘이 서로가 서로의 원인이 되어 생긴다는 뜻입니다.

따라서 연기는 둘이 함께 일어나는 것이고, 연기하는 둘은 서로가 서로의 원인이 되므로 절대로 분리될 수 없습니다. 그러므로 불교의 초기 경전인 《아함경》에서부터 연기법은 이렇게 표현하였습니다.

"만약 비구가 인연과 인연으로 말미암아 일어나는 것을 본다면, 진여를 알 것이다. 이것으로 말미암아 저것이 있으니, 이것이 없으면 저것도 없다. 이것이 생기면 저것도 생기고, 이것이 사라지면 저것도 사라진다."[225]

연기를 보면 세계의 실상인 진여(眞如)를 아는데, 연기는 '이것'과 '저것' 둘이 서로에게서 말미암기에 있으면 둘이 함께 있으며 없으면 둘이 함께 없고, 생기면 둘이 함께 생기며 사라지면 둘이 함께 사라진다는 것입니다. 이 경우에 '이것'과 '저것' 둘 사이에 다른 것은 없어야 합니다. 즉, '저것'은 '이것 아닌 것'이고, '이것'은 '저것 아닌 것'입니다.

이처럼 우리가 '이것'이라는 하나의 대상을 분별한다는 것은 사실은 '이것'과 '이것 아닌 것'이 서로 말미암아 일어나는 연기가 발생하는 것입니다. 분별은 '이것'과 '이것 아닌 것'을 분리하여 취하고

---

225 若有比丘見, 因緣及從因緣起, 知如眞. 因此有彼, 無此無彼, 此生彼生, 此滅彼滅.《중아함경(中阿含經)》심품(心品) 다계경(多界經) 제10)

버리는 행위이지만, 사실 분별의 실상은 '이것'과 '이것 아닌 것'이 서로서로 말미암는 연기 관계로서 '이것'과 '이것 아닌 것'을 분리하여 하나를 취하고 하나를 버릴 수는 없습니다.

(4) 연기이므로 불이중도다

"연기하므로 있음도 아니고 없음도 아니고, 진실도 아니고 허위도 아니다. 이와 같이 중도에 들어간다."[226]
"자기와 남이라는 견해에서 벗어나니, 인연으로 말미암아 일어남을 알기 때문이다."[227]
"분별은 곧 공(空)이기에, 분별된 것은 있는 것이 아니다."[228]

분별의 본질이 연기라는 사실은 분별은 둘로 나누어질 수 없는 세계를 둘로 나누어 세계의 실상을 왜곡시키므로, 둘로 나누는 분별에서 벗어나야 둘로 나누어지지 않는 세계의 실상이 드러난다는 사실을 말해 줍니다. '이것'을 분별할 때는 '이것'은 '이것 아닌 것'과 연기하므로, '이것'과 '이것 아닌 것'을 둘로 나누는 분별에서 벗어나 둘로 나누지 않아야 비로소 세계의 실상이 드러나는 것이지요.

이처럼 둘로 나누지 않는 것을 일러 불이법(不二法)이라고 합니다. 둘로 나누지 않는 불이법에서는 '이것'도 아니고 '이것 아닌 것'

---

226 緣起非有無, 非實亦非虛. 如是入中道.(《대방광불화엄경》이세간품 제38-7)
227 離自他見, 知從緣起故.(《대방광불화엄경》입법계품 제39-18)
228 以分別卽空, 所分別非有.(《대승입능가경》게송품 제10)

도 아니기에 양쪽에서 벗어났다고 하여 중도(中道)라고도 합니다. 불이중도(不二中道)는 분별망상에서 벗어난 깨달음을 나타내는 말들 가운데 하나입니다.

불이란 둘로 나누지 않는다는 뜻이고, 중도란 둘로 나눈 어느 쪽도 아니라는 뜻입니다. 둘로 나누지 않고 둘로 나눈 어느 쪽도 아니므로 분별하는 것이 아닙니다. 분별은 둘로 나누어 한쪽을 버리고 한쪽만 취하는 것이기 때문입니다. 둘로 나누지 않으므로 '이것'도 없고 '이것 아닌 것'도 없습니다.

불이중도는 분별에서 벗어나는 체험이므로 우리가 분별심인 생각으로 알 수도 없고 당연히 취사선택하는 행동도 할 수 없는 불가사의한 체험입니다. 분별에서 벗어나는 체험은 분별이 가로막혀서 분별심이 어떻게도 할 수 없는 상황에 처한 분별심이 저절로 항복하는 예측 불가한 일이 일어날 때 일어납니다.

분별심에서 벗어난 세계는 분별심이 분별하여 알 수 없는 세계이므로 분별심이 아닌 깨달음의 눈, 즉 부처의 눈[불안(佛眼)]이 열려 부처의 눈으로 볼 수 있다고 합니다. 중생세계인 세간을 보는 눈은 분별하는 중생의 눈이고, 부처세계인 출세간을 보는 눈은 분별하지 않는 부처의 눈이라고 할 수 있습니다. 물론, 부처에게도 중생이 가진 분별하는 눈은 있으니 중생세계도 함께 봅니다만, 중생에게는 분별하는 눈만 있고 분별하지 않는 부처의 눈은 없으므로 중생은 부처세계를 볼 수 없습니다.

불이중도의 세계는 분별할 수 없기에 생각할 수 없고 알 수 없고 말할 수 없습니다. 그러므로 불이중도라고 하는 말도 방편으로 하는 말이지, 불이중도라고 분별되는 무엇이 있어서 하는 말은 아닙니다. 불이중도는 분별에서 벗어난 알 수 없는 불가사의한 세계이므로 오로지 직접 체험할 수밖에 없습니다.

(5) 분별에서 벗어나는 것이 깨달음이다

"모든 부처의 하나의 법신은 진실하고 여여하고 평등하여 분별할 것이 없다."[229]

"부처님은 허공과 같아서 분별할 수 없다."[230]

"중생의 마음을 평등하게 보아 어떤 분별도 일으키지 않으면, 진실한 경계에 들어간다."[231]

"만약 여래를 보아 몸과 마음이 분별에서 벗어나면, 모든 법에서 온갖 의심을 영원히 벗어날 것이다."[232]

"어리석은 사람은 분별하지만, 부처에게는 나와 남에 대한 생각이 없다."[233]

"유위(有爲)도 없고 무위(無爲)도 없고, 오직 헛된 분별을 없앨 뿐이다."[234]

"만약 진실을 보고자 한다면, 모든 분별하여 취함을 벗어나야 한

---

229 一切諸佛一法身, 眞如平等無分別.(《대방광불화엄경》 세주묘엄품 제1-3)
230 佛如虛空無分別.(《대방광불화엄경》 세주묘엄품 제1-5)
231 等觀衆生心, 不起諸分別, 入於眞實境.(《대방광불화엄경》 광명각품 제9)
232 若有見如來, 身心離分別, 則於一切法, 永出諸疑滯.(《대방광불화엄경》 광명각품 제9)
233 愚夫所分別, 佛無覺自他.(《대승입능가경》 게송품 제10)
234 無有爲無爲, 惟除妄分別.(《대승입능가경》 게송품 제10)

다."[235]

"늘 분별 없음을 행하여 마음과 마음에 나타나는 것에서 멀리 벗어나, 색구경천[236]에 머물러 모든 허물 있는 곳에서 벗어나고, 그곳에서 바른 깨달음을 이루어 힘을 갖추어 자재함에 통한다."[237]

"분별하면서도 분별이 없으면 분별을 끊을 수 있고, 분별 없이 볼 수 있으면 참된 자성은 참된 공(空)임을 깨달을 것이다."[238]

세계의 삼라만상은 연기하여 나타나는 모습들인데, 중생은 연기하여 나타나는 모습인 줄 모르고 그 모습들을 분별하여 둘로 나누어 취하고 버리므로 세계를 왜곡시켜 실상을 보지 못합니다. 그러므로 분별이 만들어 내는 망상세계를 벗어나야 연기하여 나타나는 세계의 실상을 깨달을 수 있습니다. 분별에서 벗어나 둘로 나누지 않으면, 아무것도 분별되는 것이 없습니다. 아무것도 분별되는 것이 없으므로, 텅 빈 허공처럼 느낄 수 있습니다. 불교에서 많이 말하는 공(空)은 이처럼 분별에서 벗어나 아무것도 없는 세계를 가리킵니다.

경전에서는 석가모니 부처님이 색계의 제4선(禪)인 색구경천에서 바른 깨달음을 얻었다고 하는데, 이때의 깨달음도 분별에서 벗

---

235 若欲見眞實, 離諸分別取.《대승입능가경》게송품 제10)
236 색구경천(色究竟天) : 색계(色界) 18천의 하나. 색계 4선천(禪天)의 맨 위에 있는 하늘 사람과 그 의처(依處).
237 常行無分別, 遠離心心法, 住色究竟天, 離諸過失處, 於彼成正覺, 具力通自在.《대승입능가경》게송품 제10)
238 分別無分別, 分別是可斷, 無分別能見, 實性證眞空.《대승입능가경》게송품 제10)

어나 마음이라고 할 것도 없고 마음에 나타나는 것도 전혀 없어서 모든 것에서 벗어나 걸림 없이 자재하게 되었다고 합니다. 분별에서 벗어나면 분별하면서도 분별이 없고, 분별 없이 모든 삼라만상을 분별하는 것이 곧 공(空)인 자성(自性)을 보는 것이라고 합니다. 이처럼 분별 없이 분별하는 것이 곧 견성(見性)입니다. 그러므로 《금강경》에서도 "만약 모든 모습을 모습이 아니게 본다면, 여래를 보는 것이다."[239]라고 한 것입니다. 분별 없이 분별하는 것은 의도적으로 할 수 있는 일이 아니라, 불가사의하게 분별에서 벗어나는 묘한 깨달음의 체험에 의하여 저절로 이루어지는 일입니다.

(6) 연기법은 불이중도로 이끄는 방편이다

연기법은 분별의 법칙이므로 연기법을 이해한다는 것은 분별의 본질이 어떤 것인지를 이해하는 것입니다. 우리가 '이것'을 분별하는 것은 '이것 아닌 것'으로 말미암아 '이것'을 분별하게 된다는 사실을 밝힌 것이 연기법입니다. 그러므로 연기법을 말하는 까닭은 분별이 세계를 왜곡시키므로 분별이 왜곡시킨 세계에서 벗어나 세계의 있는 그대로의 실상을 밝히려면 분별에서 벗어나야 한다는 사실을 알려 주려는 것입니다. 다시 말해, 우리가 중생의 망상인 분별에서 벗어나야 하는 이유를 밝힌 것이 연기법입니다. 이처럼 연기법은 분별망상에서 벗어나야 깨달을 수 있음을 설명하고 설득하는 방편입니다.

---

239 若見諸相非相, 則見如來.

불교에서 말하는 모든 가르침은 분별망상에서 벗어나 깨달음을 얻도록 인도하는 방편의 말씀입니다. 그런 방편의 효과를 보려면 분별망상에서 벗어나려는 뜻을 내야〔발심(發心)〕하고 분별망상에서 벗어나려는 바람〔원(願)〕을 가져야 합니다. 분별망상에서 벗어나는 길은 분별할 수 없으므로 알 수 없습니다. 다만 분별망상에서 벗어나야 하겠다는 뜻을 세우고 분별망상에서 벗어나고 싶다는 바람을 가지는 것만 가능합니다. 뜻을 세우고 바람을 가졌다고 하더라도 자기 스스로 알 수 있는 것은 없으므로 할 수 있는 일도 없습니다. 그러므로 이미 분별망상에서 벗어난 선지식(善知識)을 찾아가 그 가르침을 따르는 것이 필요합니다.

똑! 똑! 똑! 여기에는 한마디 말도 없습니다.

7. 중중무진의 연기법계란 무엇인가?

똑! 똑! 똑! 여기에 있어야 말에 속지 않습니다.

연기법에 관한 말들 가운데 법계연기(法界緣起) 혹은 법계무진연기(法界無盡緣起) 혹은 중중무진연기(重重無盡緣起)라는 말이 있습니다. 이 말은 불교에서 비교적 흔히 듣는 말인데, 원래 중국의 화엄종(華嚴宗)에서 《화엄경》을 해설하면서 만든 말입니다. 여기에서는 《화엄경》에서 말하는 연기가 어떤 것인지를 알아보겠습니다. 먼저

《화엄경》에서 연기(緣起)라는 말이 어떤 문맥에서 어떤 의미로 등장하는지를 살펴봅니다.

① 연기법은 견해에서 벗어나도록 하기 위해 말한다.

"세간에 알맞게 순응하여 연기라는 방편을 말하여 중생을 깨닫도록 한다."[240]
"어리석게 행동하는 자를 위하여 연기관(緣起觀)을 말한다."[241]
"견해에 집착한 중생에게 연기(緣起)를 말해 준다."[242]
"이 보살은 치우친 견해에 집착하지도 않고 복잡한 계를 지키지도 않고, 다만 연기(緣起)를 볼 뿐이다."[243]

견해에 집착하여 어리석게 행동하는 중생을 위하여 연기법을 말하여, 견해에서 벗어나도록 하려는 것이 연기를 말하는 목적이라고 합니다. 견해(見解)는 곧 '무엇'과 '무엇 아닌 것'의 양쪽으로 분별하여, '무엇 아닌 것'은 버리고 '무엇'만 보고〔견(見)〕 아는〔해(解)〕 것입니다. 그러므로 견해는 둘로 분별되는 것 가운데, 하나는 버리고 하나만 보는 치우친 것입니다. '무엇'과 '무엇 아닌 것'은 따로 있을 수

---

240 說隨順世間, 緣起方便, 開悟衆生.(《대방광불화엄경》제24권 십정품(十定品) 제27-3)
241 爲癡行者, 說緣起觀.(《대방광불화엄경》제63권 입법계품(入法界品) 제39-4)
242 著見衆生, 爲說緣起.(《대방광불화엄경》제18권 명법품(明法品) 제18)
243 此菩薩, 不著邊見, 不持雜戒, 但觀緣起.(《대방광불화엄경》제21권 십무진장품(十無盡藏品) 제22)

없이 연기하는 것인데도, 하나를 버리고 하나만 보기에 실상을 보지 못하는 어리석음이라고 합니다.

② 세간은 모두 연기하여 나타나기에 전부 허망하다.

"모든 법은 단지 이름일 뿐이고, 모든 법은 마치 환상과 같고, 모든 법은 마치 그림자와 같고, 모든 법은 다만 연기할 뿐이다."[244]

"모든 법은 전부 연기에서 말미암는다고 말하고, 모든 법은 전부 환상과 같다고 말한다."[245]

"여래는 늘 무수한 중생을 인연으로 삼아, 세간이 모두 연기에서 말미암기에 모든 법의 모습은 전부 모습이 없음을 안다고 말한다."[246]

"모든 법의 자성은 연기에서 말미암음을 말하여, 중생은 생겨남이 없고 또 삶과 죽음을 흘러다닐 수 있는 중생이 없음을 밝혀 안다."[247]

"불자여, 이 보살마하살이 모든 법이 전부 빠짐없이 환상과 같음

---

244 一切法但有名, 一切法猶如幻, 一切法猶如影, 一切法但緣起.(《대방광불화엄경》제53권 이세간품(離世間品) 제38-1)

245 說一切法, 皆從緣起, 說一切法, 皆悉如幻.(대방광불화엄경》 제54권 이세간품(離世間品) 제38-2)

246 如來, 恒以無數衆生而爲所緣, 爲說世間皆從緣起, 知諸法相皆悉無相.(《대방광불화엄경》제22권 승도솔천궁품(昇兜率天宮品) 제25-3)

247 說諸法性從緣起, 了知衆生無有生, 亦無衆生可流轉.(《대방광불화엄경》제25권 십회향품(十迴向品) 제25-3)

을 아는 것은 연기하여 일어나기 때문이다."²⁴⁸

"보살 역시 이와 같아서 모든 법을 관찰하면, 빠짐없이 연기로 말미암으니 생김이 없기 때문에 사라짐도 없다."²⁴⁹

"모든 법이 전부 연기로 말미암음을 알면 다하여 남음이 없다."²⁵⁰

"모든 법이 전부 연기에서 말미암아 체성(體性)이 없음을 안다. 그러나 세속을 따라 방편으로 말하니, 비록 모든 법이라 하더라도 마음에 머묾은 없다."²⁵¹

"부처님의 지혜는 깨끗하고 막힘없음에 통달하여 한순간 과거·현재·미래의 법을 두루 아니, 모두 심식(心識)이 연기함에서 말미암으므로 생멸이 무상하여 자성(自性)이 없다."²⁵²

모습과 이름으로 분별되는 삼라만상은 전부 연기하여 나타나기에, 분별된 하나하나의 것은 실체가 없습니다. 우리는 삼라만상을 '무엇'과 '무엇 아닌 것'으로 분별하지만, '무엇'과 '무엇 아닌 것'은 함께 나타나고 함께 사라지는 연기법(緣起法)이기에, '무엇'과 '무엇 아

---

248 佛子, 此菩薩摩訶薩, 知一切法皆悉如幻, 從因緣起.《대방광불화엄경》제42권 십인품(十忍品) 제29〉

249 菩薩亦如是, 觀察一切法, 悉從因緣起, 無生故無滅.《대방광불화엄경》제42권 십인품(十忍品) 제29〉

250 知一切法, 皆從緣起, 盡無有餘.《대방광불화엄경》제47권 불불사의법품(佛不思議法品) 제33-2〉

251 知一切法, 皆從緣起, 無有體性. 然隨世俗, 方便演說, 雖於諸法, 心無所住.《대방광불화엄경》제44권 십통품(十通品) 제28〉

252 佛智通達淨無礙, 一念普知三世法, 皆從心識因緣起, 生滅無常無自性.《대방광불화엄경》제80권 입법계품(入法界品) 제39-21〉

닌 것'은 독립적으로 존재하는 실체가 아닙니다. '무엇'은 독립적으로 존재하는 실체가 아니기에, 우리는 '무엇'에 머물러 집착할 수 없습니다. '무엇'에 머물러 집착하는 순간 '무엇 아닌 것'에도 함께 머물러 집착하는 것이기에, '무엇'에만 머물러 집착할 수는 없습니다. 이처럼 '무엇'은 독자적으로 생기기도 하고 사라지기도 하는 실체가 아닙니다. 이처럼 삼라만상 모두가 연기하여 나타나는 것인 줄 알면, 분별되는 하나하나는 환상처럼 허망하다고 합니다.

③ 모든 법은 연기하여 나타나기에 머물러 집착할 것이 없다.

"모든 법이 빠짐없이 연기에 말미암음을 말하니, 비록 말이 있으나 집착은 없다."[253]

"온 우주의 국토에 두루 헤아릴 수 없는 몸을 나타내어 보이지만, 몸은 연기에서 말미암음을 알고서 마침내 집착이 없다."[254]

"모든 법이 전부 연기에서 말미암아서 머물 곳이 없음을 본다."[255]

삼라만상 하나하나가 연기하여 나타나므로 하나하나는 환상과

---

253 爲說諸法, 悉從緣起, 雖有言說, 而無所著.《대방광불화엄경》제44권 십통품(十通品) 제28)
254 普於十方刹, 示現無量身, 知身從緣起, 究竟無所著.《대방광불화엄경》제49권 보현행품(普賢行品) 제36)
255 觀一切法, 皆從緣起, 無有住處.《대방광불화엄경》제25권 십회향품(十迴向品) 제25-3)

같고 실체가 없으며, 그러므로 머물러 집착할 대상이 없다고 합니다. '무엇'과 '무엇 아닌 것'은 늘 함께 나타나고 함께 사라지며 분리될 수 없기에, 어느 한쪽만 취하여 그쪽에만 머물 수는 없고, 다른 쪽은 버리고 한쪽만 취하여 집착할 수도 없습니다.

④ 연기법을 알면 양쪽에서 벗어나 중도에 들어간다.

"연기하기에 있음도 아니고 없음도 아니고 진실도 아니고 허망도 아닌데, 이와 같이 중도(中道)에 들어가 집착할 것이 없음을 말한다."[256]

"독각승을 구하는 중생을 위하여 큰 법이 비를 내리는데, 이를 일러 연기법을 깊이 알아 양쪽에서 멀리 벗어나 부서지지 않는 해탈의 결과를 얻는다고 한다."[257]

"보살마하살이 연기법을 보기에 법이 깨끗함을 본다."[258]

삼라만상 하나하나를 '무엇'이라고 분별하지만, '무엇'은 '무엇 아닌 것'과 연기하여 나타나므로 진실은 '무엇'과 '무엇 아닌 것'이 분별되어 따로 있을 수 없다는 것입니다. 즉, 진실을 보려면 '무엇'과

---

256 緣起非有無, 非實亦非虛, 如是入中道, 說之無所著.(《대방광불화엄경》 제59권 이세간품(離世間品) 제38-7)

257 爲求獨覺乘衆生, 雨大法雨, 名深知緣起法, 遠離二邊, 得不壞解脫果.(《대방광불화엄경》 제51권 여래출현품(如來出現品) 제37-2)

258 菩薩摩訶薩, 見緣起法故, 見法淸淨.(《대방광불화엄경》 제58권 이세간품(離世間品) 제38-6)

'무엇 아닌 것'을 분별하여 보지 않아야 합니다. 다시 말해, '무엇'과 '무엇 아닌 것'의 양쪽에서 벗어나 중도(中道)에 통하여야 진실이 드러납니다. 분별되는 양쪽에서 벗어나 중도에 통하는 것이 바로 분별에서 벗어나는 해탈의 성취이며, 분별에서 벗어나기에 모든 것이 남김없이 사라져서 깨끗해집니다. 이렇게 연기를 보면 양쪽에서 벗어나 중도에 통하고, 분별이 사라져서 깨끗한 열반이 이루어집니다.

⑤ 연기를 보는 것이 자성(自性)을 보는 것이다.

"법이 연기로 말미암음을 알고 용맹하고 부지런히 닦아 익히면, 모든 법을 평등하게 보아서 그 자성을 밝게 알 것이다."[259]

"보살이 진실한 뜻으로 회향하면 그 법 속에 집착할 것이 없고, 마음이 모든 업을 분별하지 않고 또 업의 과보에 물들지도 않으니, 마치 깨달음의 자성이 연기에서 말미암아 깊은 법계로 들어가 어긋남이 없음과 같다."[260]

"모든 부처는 늘 정정(正定)에 머물러 한순간 모든 곳에 두루하여 모든 것의 연기자성(緣起自性)을 설명한다. 모든 부처는 늘 정정(正定)에 머물러 한순간 모든 곳에 두루하여 헤아릴 수 없는 세간과 출세간의 드넓은 장엄을 나타내어 보여서 모든 중생으로 하여금

259　知法從緣起, 勇猛勤修習, 平等觀諸法, 了知其自性.(《대방광불화엄경》 제42권 십인품(十忍品) 제29)
260　菩薩迴向眞實義, 於其法中無所著, 心不分別一切業, 亦不染著於業果, 如菩提性從緣起, 入深法界無違逆.(《대방광불화엄경》 제28권 십회향품(十迴向品) 제25-6)

늘 부처를 볼 수 있게 한다."[261]

"어떤 것이 유위법(有爲法)인가? 말하자면, 욕계(欲界), 색계(色界), 무색계(無色界)의 중생세계다. 어떤 것이 무위법(無爲法)인가? 말하자면, 허공(虛空), 열반(涅槃), 수연멸(數緣滅), 비수연멸(非數緣滅), 연기(緣起), 법성(法性)에 머묾이다."[262]

분별되는 삼라만상은 모두 연기하여 나타나기에, 둘로 나누어질 수 없는 불이법(不二法)이고 중도(中道)입니다. 삼라만상의 실상이 불이중도라는 사실을 일러 삼라만상의 진여자성(眞如自性)이라 합니다. '무엇'과 '무엇 아닌 것'으로 분별되는 삼라만상 하나하나는 제각각 따로 생기고 사라지는 것처럼 보이지만, 사실은 '무엇'과 '무엇 아닌 것'은 서로 분리될 수 없이 늘 함께 나타나고 함께 사라지는 연기법이어서 '무엇'과 '무엇 아닌 것'의 실상을 보려면 분별에서 벗어나야 합니다.

분별에서 벗어나면 '무엇'도 없고 '무엇 아닌 것'도 없어서 모든 것이 사라진 열반이고, 분별되는 아무것도 없으므로 텅 빈 허공과 같아서 생겨나는 것도 없고 사라지는 것도 없습니다. 생겨나는 것도 없고 사라지는 것도 없어서 늘 변함이 없으므로 진여(眞如)라 하

---

261 一切諸佛, 恒住正定, 於一念中, 遍一切處, 演說一切緣起自性. 一切諸佛, 恒住正定, 於一念中, 遍一切處, 示現無量世出世間廣大莊嚴, 令諸衆生常得見佛.(《대방광불화엄경》제47권 불불사의법품(佛不思議法品) 제33-2)
262 何等爲有爲法? 所謂, 欲界, 色界, 無色界, 衆生界. 何等爲無爲法? 所謂, 虛空, 涅槃, 數緣滅, 非數緣滅, 緣起, 法性住.(《대방광불화엄경》제21권 십무진장품(十無盡藏品) 제22)

고, 진여가 바로 삼라만상의 참된 성질이라 하여 자성(自性) 혹은 법성(法性)이라고 합니다. 이처럼 삼라만상의 세계가 연기하여 나타나는 것인 줄 알면, 곧 분별에서 벗어나 진여자성을 보게 됩니다. 이러한 사실을 연기 즉 자성이라 하여 연기자성(緣起自性)이라고 표현하였는데, 연기(緣起), 불이(不二), 중도(中道), 자성(自性)이 동일한 뜻임을 나타내고 있습니다.

그러면 중중무진(重重無盡)이라는 법계연기(法界緣起)는 어떤 것일까요? 《화엄경》에는 중중무진이라든가 법계연기라는 말이 등장하지 않습니다. 중중무진이라는 말은 중국 화엄종의 제3대 조사인 현수법장(賢首法藏; 643-712), 제4대 조사인 청량징관(清涼澄觀; ?-839), 제5대 조사인 규봉종밀(圭峰宗密; 780-841) 등의 저작에 다음과 같이 등장합니다.

"아홉 번째는 거듭 이루기 때문이니, 말하자면 이것이 이루는 것은 마치 인다라망이 거듭거듭 하여 다함이 없음〔중중무진(重重無盡)〕과 같기 때문에 불가사의한 것이다."[263]

"말하자면, 두루한 법계에 들어가 다시 거듭거듭 하여 다함 없음〔중중무진(重重無盡)〕을 나타내는데, 하나하나의 문 속에 모든 문을

---

263 九重成故, 謂此所作, 如因陀羅網, 重重無盡, 故不思議.(《화엄경탐현기(華嚴經探玄記)》 제6권 법장(法藏) 저술)

포섭함을 일러 보문(普門)이라 한다."[264]

"여덟 번째는 걸림 없음을 거듭 나타내니, 말하자면 티끌먼지 속에서 모든 세계를 나타내고, 세계 속의 티끌먼지 속에서 세계를 나타냄도 역시 그러하여 거듭거듭 하여 다함 없음[중중무진(重重無盡)]이 마치 인다라망과 같기 때문이다."[265]

"하나하나의 티끌먼지가 모두 세계를 포함하여 서로 들어가고 서로 붙어 있지만 막힘 없이 녹아서 십현문(十玄門)을 갖추어 거듭거듭 하여 다함이 없음[중중무진(重重無盡)]을 일러 장애 없는 법계라 한다."[266]

이들 화엄종 조사들은 '거듭거듭 하여 다함이 없다.'는 뜻인 중중무진(重重無盡)을 설명하면서 인다라망을 비유로 들고 있습니다. 인다라망은 제망(帝網)이라고도 하는데 인다라는 제석(帝釋)을 가리키고 망(網)은 그물이니, 인다라망은 제석천(帝釋天)에 있다고 하는 그물입니다. 이 그물의 그물코마다 맑은 구슬이 달려 있는데, 그 구슬 하나하나에는 다른 모든 구슬의 영상(影像)이 나타나 있고, 그렇

264　謂入普法界, 又顯重重無盡, 以一一門中攝一切門, 名普門.(《화엄경탐현기(華嚴經探玄記)》제6권 법장(法藏) 저술)
265　八重現無礙, 謂於塵中見一切刹, 刹內塵中見刹亦然, 重重無盡如帝網故.(《대방광불화엄경소(大方廣佛華嚴經疏)》제11권. 청량징관(淸涼澄觀) 저술)
266　塵塵悉包含世界, 相入相卽, 無礙鎔融, 具十玄門, 重重無盡, 名爲無障礙法界.(《선원제전집도서(禪源諸詮集都序)》하권(下卷)1. 규봉종밀(圭峰宗密) 저술)

게 영상으로 나타나는 구슬마다 다른 모든 구슬의 영상이 나타나 있어서 거듭거듭 하여 다함이 없다[중중무진(重重無盡)]고 합니다.

이렇게 그물코에 있는 모든 구슬과 그 구슬에 나타나는 구슬의 영상이 거듭거듭 비추어 다함이 없다는 것은 곧 우리가 분별하는 세계의 삼라만상의 실상이 그와 같이 끝없이 연기하여 나타난다는 사실을 비유하여 말한 것입니다. 이들이 말하는 중중무진의 법계연기란 분별되는 하나하나 속에는 나머지 모든 것이 다 나타난다는 말로 요약할 수 있습니다. 《화엄경》에도 하나의 티끌먼지 속에 우주가 모두 나타나 있다는 표현이 여러 곳에 등장합니다.

하나의 '무엇'을 분별할 때는 '무엇'이 아닌 모든 것이 함께 나타납니다. 즉, '무엇'은 '무엇 아닌 것'과 연기하여 분별되는 것이므로, '무엇'을 분별할 때는 '무엇' 아닌 모든 것이 함께 나타납니다. 이런 연기를 전체적으로 말하면, 어떤 하나를 분별할 때는 그것이 아닌 세계의 모든 것이 함께 나타난다고 할 수 있습니다. 이것을 《화엄경》에서는 티끌먼지 하나 속에 헤아릴 수 없는 온 우주가 모두 나타난다고 표현하고 있습니다.

그런데 연기는 분별에서 벗어나 불이중도인 진여자성에 통하는 것이므로 《화엄경》에서는 이러한 중중무진의 연기를 말하면서 동시에 진여자성을 말하기도 합니다. 경전의 구절을 통하여 이러한 점을 살펴보겠습니다. 먼저 《대방광불화엄경》 제6권 여래현상품(如來現相品) 제2의 게송을 살펴봅니다.

"부처님 몸에서 밝은 빛을 내뿜어 온 우주에 두루 가득하여, 응함에 따라 나타내 보이는 색(色)의 모습은 한 종류가 아니다."[267]

"하나하나의 티끌먼지 속에 밝은 빛이 빠짐없이 가득하여, 온 우주의 국토를 두루 나타내니 여러 가지로 제각각 차별이 난다."[268]

"부처님 몸의 모든 모습이 헤아릴 수 없는 부처님을 빠짐없이 나타내어, 온 우주 세계의 하나하나의 티끌먼지 속으로 두루 들어간다."[269]

"법신(法身)은 허공과 같아 걸림도 없고 차별도 없는데, 색(色)의 모양은 거울에 비친 영상이 여러 가지 많은 모습으로 나타나는 것과 같다."[270]

"거울에 비친 영상에는 장소가 없으니 마치 허공에 체성(體性)이 없는 것과 같은데, 지혜가 드넓은 사람은 그러한 평등함에 밝게 통달한다."[271]

"온 우주 국토바다의 헤아릴 수 없고 가없는 부처님이 모두 함께 순간순간 제각각 신통을 나타낸다."[272]

"모든 부처님의 몸을 하나하나 관찰할 수 있다면, 색깔과 소리에 막힘없이 모든 경계에 밝게 통달할 것이다."[273]

"모든 국토와 신통한 일을 하나의 국토 속에 빠짐없이 드러내니

267　佛身放光明, 遍滿於十方, 隨應而示現, 色相非一種.
268　一一微塵內, 光明悉充滿, 普見十方土, 種種各差別.
269　佛身一切相, 悉現無量佛, 普入十方界, 一一微塵中.
270　法身同虛空, 無礙無差別, 色形如影像, 種種衆相現.
271　影像無方所, 如空無體性, 智慧廣大人, 了達其平等.
272　十方國土海, 無量無邊佛, 咸於念念中, 各各現神通.
273　能於諸佛身, 一一而觀察, 色聲無所礙, 了達於諸境.

보살의 힘이 이와 같다."[274]

"법계의 모든 국토의 하나하나의 티끌먼지 속, 여래의 해탈한 힘은 그곳에 몸을 두루 나타낸다."[275]

부처님 몸의 밝은 빛은 곧 마음입니다. 밝은 빛이 온 우주에 두루 가득하여 하나하나의 티끌먼지에도 빠짐없이 가득하다는 것은 마음이 온 우주 모든 곳에 두루 나타나 있음을 말하고 있습니다. 우주에 있는 삼라만상에 마음이 반응하면, 온갖 모습을 분별하게 됩니다.

비유하면, 마치 아무런 색깔도 모양도 없는 태양빛이 밝게 삼라만상을 비추면, 삼라만상은 온갖 색깔과 모습으로 나타나는 것과 같습니다. 아무런 색깔도 모양도 없이 밝게 비추기만 하는 태양빛은 진여자성인 마음과 같고, 온갖 색깔과 모습으로 나타나 분별되는 삼라만상은 연기하여 나타나는 세계와 같습니다. 이 세계는 분별되지 않는 한 개 마음이면서 동시에 온갖 분별되는 모습이 연기하여 나타나는 하나의 세계입니다.

색깔도 모양도 없어서 분별 없는 한 개 빛이 온 우주에 두루하면서, 또한 그 빛 속에 나타나는 삼라만상은 온갖 종류의 색깔과 모양으로 분별되어 나타납니다. 분별되어 나타나는 삼라만상은 서로 연기하여 나타나므로 모두 분리될 수 없는 하나의 세계이고, 삼라만상의 제각각은 독립성이 없습니다. 연기하여 여럿으로 분별되는 삼

274　一切諸國土, 及以神通事, 悉現一刹中, 菩薩力如是.
275　法界諸國土, 一一微塵中, 如來解脫力, 於彼普現身.

라만상 하나하나에도 밝은 빛인 마음이 빠짐없이 드러나 있습니다. 하나의 마음이면서 삼라만상이고, 삼라만상이면서 하나의 마음입니다.

또 비유하면, 텅 빈 거울에 사물이 비쳐서 모습이 나타나는 것과 같습니다. 아무것도 분별할 것이 없는 텅 빈 거울은 마음을 비유한 것입니다. 텅 빈 거울에 나타나는 온갖 모습은 삼라만상을 비유한 것입니다. 거울에 나타나는 온갖 모습은 하나하나 분별되지만, 그렇게 분별되는 하나하나의 모습은 연기하여 나타나는 것이므로 제각각의 독립적인 존재성은 없습니다. 하나의 텅 빈 거울이면서 분별되는 온갖 모습으로 나타나고, 분별되는 온갖 모습으로 나타나는 하나하나의 모습은 전부 평등하게 텅 빈 거울입니다.

이처럼 텅 빈 허공이면서 온갖 분별되는 모습이고 온갖 분별되는 모습이면서 텅 빈 허공인 것이 바로 이 세계의 참모습입니다. 하나하나의 분별되는 모습은 곧 분별할 수 없는 허공이어서 분별하지만 분별에 가로막히지 않고 걸림 없이 통하니, 이를 일러 자재신통(自在神通)이라고 합니다. 분별 없는 마음이 온갖 분별에서 밝게 깨어 있고 분명히 살아 있기 때문에, 분별하지만 분별이 없고 말하지만 말이 없고 행동하지만 행동이 없습니다.

"불국토는 티끌먼지만큼 수효가 많은데 이와 같은 모든 국토를, 한순간 하나하나의 티끌먼지 속에 나타나게 할 수 있다."[276]

---

276 佛刹微塵數, 如是諸國土, 能令一念中, 一一塵中現.

이 구절은 중중무진연기를 나타낸다고 할 수 있습니다. 헤아릴 수 없는 분별세계가 한순간 하나하나의 분별에 모두 나타난다는 것은 분별세계가 곧 연기하는 세계임을 말하고 있습니다. 하나의 '무엇'을 분별하면 그 '무엇'을 제외한 세계의 모든 것이 그 '무엇'과 함께 나타납니다. '무엇'을 분별한다는 것은 '무엇 아닌 것'과 '무엇'을 나누어 분별하는 것이므로, '무엇'을 분별할 때는 '무엇 아닌 것'도 동시에 분별되기 때문입니다. 이렇게 '무엇'과 '무엇 아닌 것'은 함께 나타나고 함께 사라지는 떨어질 수 없는 관계인데, 이런 관계를 일러 연기(緣起)라고 합니다.

우리가 이 세계를 분별하는 것은 이런 연기를 통하여 분별하는 것입니다. 우리가 하나의 '무엇'을 분별할 때는 '무엇 아닌 것'을 함께 분별하므로, 사실은 세계 전체를 통째로 보고 있는 것입니다. 그러므로 우리가 분별하는 하나의 '무엇'에는 세계 전체가 늘 함께하고 있습니다. 세계에서 분별되는 하나하나가 모두 그렇습니다. 이처럼 삼라만상은 서로서로 모두 연기하고 있기 때문에, 연기가 거듭거듭 하여 끝이 없는 중중무진연기가 됩니다.《대방광불화엄경》제7권 보현삼매품(普賢三昧品) 제3에도 다음과 같이 중중무진연기를 나타내는 구절이 있습니다.

그때 보현보살이 다시 대중에게 말했다.
"여러 불자여, 세계바다에는 티끌먼지 숫자의 세계바다가 있어서 차별이 없음을 마땅히 알아야 한다. 말하자면, 하나하나의 세계바다 속에 티끌먼지 숫자 세계의 세계바다가 있어서 차별이 없고,

하나하나의 세계바다 속에 모든 부처님이 나타나 위력을 가져서 차별이 없고, … 하나하나의 세계바다 속의 모든 세계바다가 하나의 티끌먼지 속에 두루 들어가 차별이 없고, 하나하나의 세계바다 속의 하나하나의 티끌먼지 속에 모든 삼세의 불세존의 드넓은 경계가 모두 나타나 차별이 없다."[277]

분별되는 하나의 '무엇'에 온 우주의 모든 것이 다 들어 있다는 말을 이해하기 쉽게 간략한 비유를 들어 말해 봅니다. 여기 초등학교 1학년 1반이 있습니다. 이 반은 30명의 학생으로 이루어져 있습니다. 학생들은 1번에서 30번까지 번호가 매겨져 있습니다. 1번은 2번에서 30번까지 학생들과의 관계 속에서 1번입니다. 즉, 1번은 2번에 대하여 1번이고, 3번에 대하여 1번이고, … 29번에 대하여 1번이고, 30번에 대하여 1번입니다. 그러므로 1번과 나머지 29개의 번호는 연기(緣起)하고 있습니다. 2번에서 30번까지 나머지 번호도 모두 그 번호와 나머지 29개의 번호는 서로 연기하고 있습니다.

이러한 연기 관계는 그 반의 30명 모든 학생이 동일합니다. 즉, 1반의 30명 학생은 모두 자기와 나머지 학생 전부와 연기하여 자기의 번호로 분별됩니다. 그러므로 한 학생을 분별할 때는 그 한 학생만 보는 것이 아니라, 사실은 한 반 전체를 보고 있는 것입니다. 한 반 전체 속에서 그 번호의 학생인 것이지, 학생 혼자서 몇 번 학생

---

277 爾時普賢菩薩, 復告大衆言: "諸佛子, 應知世界海, 有世界海微塵數, 無差別. 所謂, 一一世界海中, 有世界海微塵數世界, 無差別, 一一世界海中, 諸佛出現所有威力, 無差別, … 一世界海中, 一切世界海普入一塵, 無差別, 一一世界海中, 一一微塵一切三世諸佛世尊廣大境界皆於中現, 無差別."

일 수는 없습니다. 그러므로 한 학생을 보면 한 반 전체를 보는 것입니다. 즉, 한 학생을 분별할 때는 30명으로 분별되지 않는 한 반 전체를 보는 것이지요.

30명 학생의 연기 관계는 한 학생이 나머지 29명과 연기하고 있으므로 30 곱하기 29가 되어 870번의 연기 관계가 이루어집니다만, 이 세계에는 무수한 숫자의 분별이 있으므로 연기 관계도 거듭거듭 겹쳐서 끝없는 연기의 세계가 펼쳐져 있는 것입니다. 하나의 분별은 나머지 모든 분별과 연기 관계에 있는 것이지요. 그러므로 이 세계는 무한한 분별의 세계이면서 동시에 분별되지 않는 하나의 세계입니다. 이런 경우를 일러 중중무진으로 연기하는 법계라고 합니다.

물론, 이렇게 세계를 중중무진으로 연기하는 법계라고 하는 것도 깨달음으로 이끄는 방편의 말입니다. 우리가 '무엇'을 분별할 때 우리는 오로지 '무엇' 하나만 보고 '무엇 아닌 것'은 무시함으로써 치우친 견해에 떨어져 어리석게 헤매고 있기에, 이런 어리석음에서 우리를 건져 내려고 하는 방편이 연기법이라는 방편입니다. 분별의 본질은 연기이므로 '무엇'을 분별할 때는 '무엇'은 '무엇 아닌 것'과 늘 함께합니다. 이처럼 '무엇'은 '무엇 아닌 것'과 절대로 분리될 수 없기에, 세계의 참모습을 보려면 '무엇'과 '무엇 아닌 것'을 분별하지 않고 볼 줄 알아야 합니다.

분별이 사실 연기임을 밝힌 목적은 분별에서 벗어나야 세계의 참모습을 볼 수 있다는 사실을 말하려 한 것입니다. 연기(緣起)이므로 불이(不二)요, 중도(中道)요, 공(空)이라는 말이 그래서 나온 것입니다. 불이중도를 일러 진여자성(眞如自性) 혹은 법성(法性)이라고 합니다. 무진연기를 말한 이유는 사실은 불이중도의 법성을 말하기 위한 것임을 신라의 의상(義湘) 대사는 《화엄일승법계도(華嚴一乘法界圖)》라는 글에서 잘 밝히고 있습니다. 의상 대사가 10년 동안 화엄경을 공부하여 그 내용을 7자로 된 30개의 구절로 밝힌 《화엄일승법계도》는 법성을 밝혔다고도 하여 일명 법성게(法性偈)라고도 하는데, 첫 네 구절이 다음과 같이 법성에 대한 깨달음을 말하고 있습니다.

"법성은 두루 녹아 두 모습이 없고,[278]
모든 법은 움직임 없이 본래 고요하다.[279]
이름도 없고 모습도 없어 모두가 끊어졌으니,[280]
깨달아 알게 되었을 뿐 다른 경계가 아니다."[281]

법성 즉 진여자성에는 마치 얼음이 녹아 물이 되듯이 모든 분별이 녹아 분별되는 모습이 없다고 합니다. 법성은 분별에서 벗어나 있음을 말하고 있습니다. 이처럼 법성을 보는 눈으로 분별되는 세상을 보면, 분별되는 모든 것이 전부 고요히 사라져서 생기거나 사라지는 것은 없다고 합니다. 법성이 불이중도요 공임을 말하고 있는 것입니다. 분별이 사라졌으니 당연히 이름과 모습도 끊어져 사

---

278 法性圓融無二相.
279 諸法不動本來寂.
280 無名無相絕一切.
281 證智所知非餘境.

라집니다. 이러한 법성은 깨달아야 알 수 있는 것이지, 달리는 알 수가 없다고 합니다.

다음 두 구절은 법성과 연기가 어떤 관계인지를 밝히고 있습니다.

"참된 법성은 매우 깊고 지극히 미묘하니,[282]
자성을 지키고 있지 않고 인연을 따라 이루어진다."[283]

법성은 분별에서 벗어났으니 분별하여 알 수는 없는 미묘한 것이라 합니다. 그런데 이 법성은 분별에서 벗어나 법성으로 홀로 있지는 않고, 분별하는 곳에서 이루어진다고 합니다. 분별이 곧 연기임이 밝혀지면, 분별에서 벗어나 법성이 드러난다는 말입니다. '무엇'을 분별할 때 '무엇'과 '무엇 아닌 것'이 함께 나타나 떨어질 수 없는 연기임이 밝혀지면, '무엇'과 '무엇 아닌 것'을 따로 분리하는 분별에서 벗어나 '무엇'과 '무엇 아닌 것'이 둘이 아니고 분리될 수 없게 되어, '무엇'에도 머물지 않고 '무엇 아닌 것'에도 머물지 않게 되는 불이중도가 성취되는데, 이 불이중도가 곧 법성입니다.

그러므로 연기를 깨달아 불이중도가 성취되면, 분별하면서도 분별에서 벗어납니다. 분별에서 벗어나 분별하므로 분별하는 곳에서 불이중도의 법성이 이루어지는 것입니다. 분별하면서 분별에서 벗어나므로 법성은 미묘하고 불가사의합니다. 이처럼 연기와 법성은

---

282 眞性甚深極微妙.
283 不守自性隨緣成.

둘이 아님을 밝힌 것이 위 두 구절입니다. 다음 두 구절은 법성과 연기가 둘이 아님을 좀더 명확히 말하고 있습니다.

"하나 속에 모두가 있고 여럿 속에 하나가 있으며,[284]
하나가 곧 모두이고 여럿이 곧 하나다."[285]

하나 속에 모두가 있고 여럿 속에 하나가 있다는 말은 법성과 연기가 둘이 아님을 나타내는 말입니다. 하나의 법성 속에 수많은 것이 연기하여 나타나고, 수많은 것이 연기하여 나타나는 것은 곧 하나의 법성이라는 뜻입니다. 비유하면, 하나의 텅 빈 거울에 수많은 모습이 연기하여 나타나고, 수많은 모습은 곧 하나의 텅 빈 거울과 같다고 할 수 있습니다. 거울에 나타나는 모든 모습은 연기하여 나타나기에 하나하나 따로 분리될 수 없습니다. 하나하나 분별되는 듯이 보이지만, 사실은 하나하나가 분리되지 않는, 함께 나타나고 함께 사라지는 것이 바로 연기입니다.

하나가 곧 모두이고 여럿이 곧 하나라는 말은 하나 속에 모두가 있고 여럿 속에 하나가 있다는 말을 좀더 강조한 말이라고 하겠습니다. 이 구절은 《반야심경》의 "오온(五蘊)이 모두 공(空)이고, 공이 곧 오온이다."라는 말과 같습니다. 오온은 분별되는 모든 것을 가리키고, 공은 분별되지 않는 법성을 가리킵니다. 분별되는 모든 것은 분별되지 않는 법성이고, 분별되지 않는 법성은 분별되는 모든 것

---

284 一中一切多中一.
285 一卽一切多卽一.

이라는 말입니다. 마치 텅 빈 거울은 거울에 나타나는 모든 영상과 같고, 거울에 나타나는 모든 영상은 텅 빈 거울과 같다는 말과 같습니다.

이 구절은 이른바 이사무애(理事無礙)를 나타내고 있는데, 분별 없이 텅 빈 법성인 이(理)와 연기하여 나타나는 분별세계인 사(事)가 하나의 세계로서 막힘이 없다는 말입니다. 분별을 벗어난 눈으로 보는 이 세계는 텅 빈 공(空)인데, 분별하는 눈으로 보는 이 세계는 온갖 분별되는 모습들이 연기하여 나타나 있습니다. 세계는 하나의 세계인데, 보는 눈에 따라 달리 보입니다. 중생은 분별하는 눈으로만 이 세계를 바라보고 분별되는 온갖 것에 집착하여 번뇌에 빠집니다. 보살은 분별 없는 눈도 함께 뜨고 세계를 바라보기에, 온갖 분별되는 세계가 사실은 텅 빈 공(空)이라는 사실이 드러나 집착에서 벗어나 번뇌가 사라집니다.

다음 여섯 구절은 연기에 좀더 초점을 맞추어서 공간 속의 사물과 시간을 가지고 연기를 말하고 있습니다.

"한 개 티끌 속에 온 우주를 품고 있으며,[286]
모든 티끌 속에도 역시 전부 그러하다.[287]
헤아릴 수 없이 긴 세월이 곧 한순간이며,[288]
한순간이 곧 헤아릴 수 없이 긴 세월이다.[289]

---

286 一微塵中含十方.
287 一切塵中亦如是.
288 無量遠劫卽一念.
289 一念卽是無量劫.

과거 · 현재 · 미래[290]와 한순간[291]이 서로 붙어 있으나,[292] 뒤섞여 혼란스럽지 않고 따로따로 이루어진다."[293]

우주 속에 있는 무수히 많은 티끌 가운데 하나의 티끌은 그 티끌을 제외한 우주 속 모든 티끌과 연기하여 나타납니다. 하나의 티끌이 분별될 때는 우주 전체가 나타납니다. 그러므로 한 개 티끌이 온 우주를 품고 있으며, 모든 티끌이 다 그렇다는 것입니다. 이것은 중중무진연기를 나타내고 있습니다.

시간을 분별할 때도 마찬가지입니다. 한순간의 시간을 분별하면 모든 순간의 시간이 함께 나타납니다. 한순간과 모든 순간은 연기하기 때문입니다. 모든 순간은 과거 · 현재 · 미래의 모든 시간입니다. 한순간을 분별하면 과거 · 현재 · 미래의 영원한 시간의 모든 순간이 함께 나타납니다. 과거 · 현재 · 미래의 영원한 시간의 모든 순간이 함께 나타나지만, 여전히 한순간을 분별하여 과거라거나 현재

---

290 구세(九世) : 과거, 현재, 미래의 삼세(三世) 각각에 다시 과거, 현재, 미래의 삼세가 있으므로 삼세(三世)는 곧 구세(九世)다.
291 십세(十世) : 구세(九世)가 곧 일념(一念) 속에 있다고 하여 십세(十世)라 한다.《화엄일승법계도총수록(華嚴一乘法界圖叢髓錄)》에서는 이렇게 말한다 : 마치 하룻밤 꿈속에서 이미 죽은 아버지와 아직 태어나지 않은 아들과 내가 함께 있는 것과 같으니, 아버지와 나와 아들 각각에게 다시 아버지와 나와 아들이 있으므로 곧 아홉이 있다. 깨어날 때 그것을 보면 단지 한순간 마음속에 있었던 것이다. 이 마음 속에는 아버지라는 부분도 없고, 나라는 부분도 없고, 아들이라는 부분도 없어서, 모두가 한 개 마음에 있을 뿐이다.(如一夜中夢, 已過父及未生子各三有九. 覺時見之, 但在一念心中. 非此心中, 片分爲父, 片分爲我, 片分爲子, 總在一心.)
292 九世十世互相卽.
293 仍不雜亂隔別成.

라거나 미래라고 말합니다. 시간의 연기 역시 중중무진연기를 나타내고 있습니다.

　분별이 곧 연기이고 연기가 곧 분별이기에, 한 개 티끌이 곧 우주이고 우주가 한 개 티끌이며, 한순간이 영원한 시간이고 영원한 시간이 한순간입니다. 이처럼 연기를 밝히면 하나하나의 티끌에 사로잡혀 막히지 않고 한순간 한순간에 사로잡혀 막히지 않습니다. 이를 일러 사사무애(事事無礙)라고 하는데, 티끌티끌에 막힘이 없고 순간순간에 막힘이 없기 때문입니다.

　티끌티끌에 막힘이 없고 순간순간에 막힘이 없으면 곧 모든 분별에서 벗어나 분별에 사로잡히지 않아서 얻을 것이 없으니 공(空)인 법성(法性)입니다. 공인 법성에 통하여야 어떤 분별에도 사로잡히지 않아서 모든 집착에서 벗어나 해탈하게 되고 모든 번뇌가 사라져 열반이 성취됩니다. 이처럼 중중무진연기는 분별 속에서 분별에서 벗어나 법성을 밝히는 것이고, 그리하여 늘 분별하면서도 늘 분별에서 벗어나 자유자재한 신통(神通)을 누리는 깨달은 사람의 삶을 나타내고 있는 방편의 말입니다.

　똑! 똑! 똑! 여기에는 한마디 말도 없습니다.

8. 유식삼성설도 연기법인가?

　똑! 똑! 똑! 여기에 있어야 말에 속지 않습니다.

유식불교(唯識佛敎)에 삼성(三性)이라는 말이 있습니다. 삼성은 미혹한 중생세계인 세간과 깨달은 부처세계인 출세간의 모든 것의 성질을 셋으로 나누어 설명하는 방편의 말입니다. 그 셋은 변계소집성, 의타기성, 원성실성이라고 합니다.

변계소집성(遍計所執性)은 두루 헤아려 집착하는 성질이라는 뜻인데, 두루 헤아린다는 것은 두루 분별한다는 뜻이고, 분별하여 취하기 때문에 집착한다고 합니다. 그러므로 변계소집성은 중생이 분별하여 집착하는 성질을 가리킵니다.

의타기성(依他起性)은 다른 것에 의지하여 일어나는 성질이라는 뜻인데, 다른 것에 의지하여 일어난다는 것은 곧 둘이 서로 의지하여 일어난다는 뜻인 연기(緣起)와 같은 뜻입니다. 그러므로 의타기성은 곧 연기법을 가리킵니다.

원성실성(圓成實性)은 두루 실상을 이루는 성질이라는 뜻인데, 분별되는 삼라만상은 단지 연기하여 나타난 식(識)일 뿐이므로 분별에서 벗어나면 식의 실상은 공(空)임을 깨달아 실상이 두루 이루어지는 성질이라는 말입니다. 그러므로 원성실성은 깨달음을 이룰 수 있는 능력인 불성(佛性)을 가리킵니다.

유식불교를 말하는 경전인 《능가경》에서 이에 관련된 말들을 보겠습니다. 먼저 변계소집성에 관한 구절입니다.

"어리석은 범부는 분별을 일으켜 주관과 객관[294] 둘에서 헛되이 헤아린다."[295]

---

294 이취(二取) : 주관(主觀)인 능취(能取)와 객관(客觀)인 소취(所取).
295 愚夫起分別, 妄計於二取.(《대승입능가경》 게송품 제10) 이하 능가경의 인용문

"미혹하여 헛되이 헤아려 집착하고[296] 주관과 객관으로 분별하여, 단지 문자(文字)의 경계만 따르니 진실(眞實)을 보지 못하는 것이다."[297]

"사물이 있다고 헛되이 분별함은 미혹한 마음이 행하는 것인데, 이 분별은 전혀 없는데도 미혹하여 있다고 헛되이 헤아리는 것이다."[298]

"모든 법은 생겨나지 않는데 오직 미혹하여 보이는 것이니, 미혹으로 말미암아 허망하게 생겨나는 것을 어리석은 사람은 헛되이 헤아려 둘로 분별하여 집착한다."[299]

"여러 인연이 일으킨 것은 있다고도 할 수 없고 없다고도 할 수 없는데, 인연 속에서 허망하게 사물을 헤아려 있다거나 없다고 분별한다."[300]

① 분별은 주관과 객관이 나누어져 헤아리는 것이다.

② 분별하여 집착하고 문자를 따르니 진실을 보지 못한다.

③ 분별은 무엇이 있다고 헛되이 분별하는 것인데, 사실은 분별된 것은 전혀 없다.

④ 둘로 분별하여 집착하지만, 분별된 모든 것은 생겨나지 않는

은 모두 동일함.
296 계착(計著) : 헤아려서 집착하다. 변계소집성(遍計所執性)의 특징.
297 迷惑妄計著, 以能所分別, 但隨文字境, 而不見眞實.
298 妄分別有物, 迷惑心所行, 此分別都無, 迷妄計爲有.
299 一切法不生, 唯迷惑所見, 以從迷妄生, 愚妄計著二.
300 衆緣所起義, 有無俱不可, 緣中妄計物, 分別於有無.

다.

　⑤ 연기하여 발생하니 있다고 할 수도 없고 없다고 할 수도 없는데, 연기한 것을 헛되이 분별하여 있다거나 없다고 말한다.

　분별은 주관이 객관을 분별하는 것이므로, 주관과 객관이 나누어져야 분별한다고 합니다. 즉, 분별할 때는 안에 주관인 '나'가 있고 밖에 객관인 '법'이 있다는 것이므로, 주관과 객관이 나누어져 있으면 곧 분별입니다. 분별은 둘로 나누어 이름을 붙이고 그것이 있다고 집착하는 것이라 합니다. 그러나 분별은 연기하여 나타나는 것이기에 있다고도 할 수 없고 없다고도 할 수 없다고 합니다.

　'무엇'을 분별할 때는 주관인 '나'가 객관인 '무엇'을 분별합니다. '무엇'을 분별할 때는 '무엇 아닌 것'과 둘로 나누어 분별합니다. '무엇'을 분별할 때는 '무엇 아닌 것'은 버리고 무엇에만 이름을 붙여서 그것이 있다고 집착합니다. 그러나 사실 '무엇'은 '무엇 아닌 것'과 함께 의지하여 둘로 나누어지지 않고 함께 나타나는 연기(緣起)입니다. 즉, 분별의 본질은 연기입니다. 그러나 분별의 본질이 연기임을 알지 못하기에, '무엇'이 생긴다거나 '무엇'이 있다고 집착하는데, 이런 집착은 헛된 것입니다.

　중생은 이와 같이 삼라만상을 두루두루 분별하여 있다고 집착하는 성질을 가지고 있으므로, 이를 일러 '두루 헤아려 집착하는 성질'이라는 뜻인 변계소집성(遍計所執性)이라고 합니다. 변계소집성은 두루 분별하여 그 분별된 것에 집착하는 중생의 분별을 나타냅니다.

다음에는 의타기성을 나타내는 《능가경》 구절을 보겠습니다.

"연기는 곧 다른 것에 의지하는 것이다."[301]

"바깥 경계를 분별하여 보면 곧 자성을 헛되이 헤아리는 것이고, 이러한 허망한 헤아림 때문에 연기하는 자성[302]이 생겨난다."[303]

"분별하여 모습에 홀려 헤매니 이를 일러 의타기(依他起)라 하는데, 모습 속에 있는 이름이 곧 헛된 헤아림이다."[304]

"마치 환영(幻影)과 같고 아지랑이와 같고 거울에 비친 모습과 같고 꿈과 같고 불바퀴[305]와 같고, 마치 메아리와 같고 건달바성과 같으니 이것이 곧 의타기(依他起)다."[306]

① 연기란 '무엇'이 '무엇 아닌 것'에 의지하여 나타나는 것이다. 즉, '무엇'을 분별하면 '무엇'은 '무엇 아닌 것'에 의지하여 '무엇'으로 분별되어 나타나므로, 다른 것에 의지한다고 한다. 연기란 분별된 둘이 서로에게 의지하여 나타나는 것이다.

② 헛되이 헤아리는 분별로 말미암아 연기가 생긴다. 즉, 분별의 본질이 연기다.

301　緣起是依他.
302　연기자성(緣起自性): 망계자성(妄計自性) 곧 변계소집성(遍計所執性)과 같음. 연기란 분별하여 헤아린다는 뜻이니 곧 망계(妄計)와 같음.
303　分別見外境, 是妄計自性, 由此虛妄計, 緣起自性生.
304　分別迷惑相, 是名依他起, 相中所有名, 是則爲妄計.
305　화륜(火輪): 선화륜(旋火輪)과 같음. 불덩이를 빙빙 돌리면 마치 불로 된 바퀴가 있는 것처럼 보이는 것. 환상처럼 헛된 것을 가리키는 말.
306　如幻影陽焰, 鏡像夢火輪, 如響及乾城, 是則依他起.

③ 분별하는 것은 다른 것에 의지하여 발생하는 의타기(依他起)다. 다른 것에 의지하여 발생하는 의타기는 곧 연기(緣起)다.

④ 의타기한 것, 즉 연기하여 발생하는 것은 헛된 것이다. 다른 것에 의지하여 발생하는 의타기, 즉 '무엇'은 '무엇 아닌 것'에 의지하여 발생하므로 자체의 독자적인 실체가 없는데도 '무엇'이 독자적으로 있다고 여긴다면 헛된 망상이다.

의타기성(依他起性)은 다른 것에 의지하여 생기는 성질이라는 뜻인데, 다른 것에 의지하여 생긴다는 것은 곧 연기(緣起)입니다. 연기는 분별의 본질로서, '무엇'을 분별할 때는 '무엇'과 '무엇 아닌 것'이라는 둘로 나누어 '무엇'을 분별하게 되는데, 이때 '무엇'과 '무엇 아닌 것'은 서로 의지하여 발생하므로 서로 떨어질 수 없습니다. 모든 분별된 것은 의타기에 의하여 발생하니, 즉 연기하여 발생하므로 자체의 독자성은 없습니다. 만약 '무엇'을 분별하여 그 '무엇'이 독자적으로 있다고 여긴다면, 이것은 헛된 환상을 보는 것입니다.

다음은 원성실성을 나타내는 《능가경》의 구절을 보겠습니다.

"온갖 연기(緣起)한 법이 화합한 것을 이름과 모습으로 분별하지만, 이것들은 모두 생기는 것이 아니니 이것이 곧 원성실(圓成實)이다."[307]

"분별과 함께하지[308] 않으면 의타(依他)가 깨끗하고, 분별에서 벗

---

307 諸緣法和合, 分別於名相, 此等皆不生, 是則圓成實.
308 상응(相應) : ①서로 맞아떨어지다. 서로 응하다. ②응당 -해야 한다. ③함께

어남에 머물러 의지함을 돌리면[309] 진여(眞如)다."[310]

"온갖 바깥 경계를 바르지 않게 보지만 경계는 없고 다만 마음뿐이고, 도리에 맞게 바르게 보면 주관과 객관이 모두 사라진다."[311]

"진여(眞如)와 공(空)과 불이(不二)와 실제(實際)와 법성(法性)에는 전혀 분별이 없으니 나는 이를 원성실(圓成實)이라 말한다."[312]

① 모든 것은 연기하여 발생하는데, 이것을 분별로만 보아 제각각 이름을 붙이지만, 이 하나하나의 모든 것은 자체의 독자적 실체가 없다. 이러한 사실을 보는 것을 일러 원성실(圓成實)이라 한다. 즉, 분별되어 나타나는 모든 것은 본래 연기하여 나타나는 것이므로 분별된 개개의 것은 실체가 없는 헛된 것임을 깨달으면 곧 원성실이다.

하다. 동반하다. 함께 있다.
309 전의(轉依) : 망상하는 의식이 의지하고 있는 분별에서 돌아나오는 것. 분별 망상에서 벗어나 해탈을 얻는 것. 보리(菩提)와 열반이란 두 과실(果實)을 일컫는다. 돌린다〔전(轉)〕란 돌려서 버림〔전사(轉捨)〕과 돌려서 얻음〔전득(轉得)〕의 뜻이고, 의지함〔의(依)〕이란 의지하는 곳이라는 뜻으로서 제팔식(第八識)을 가리킨다. 제팔식은 다른 것에 의지하여 일어나는 성질〔의타기성(依他起性)〕의 법이다. 제팔식 속에는 번뇌장(煩惱障)과 소지장(所知障)이란 두 장애의 종자(種子)가 들어 있고, 또 무루지(無漏智) 즉 보리(菩提)의 종자도 들어 있는데, 제팔식의 참된 성질〔실성(實性)〕은 곧 원성실성(圓成實性)인 열반이다. 제팔식 속의 두 장애의 종자는 돌려서 버리는〔전사(轉捨)〕법이고, 보리와 열반은 돌려서 얻는〔전득(轉得)〕법이다. 이와 같다면 제팔식은 두 장애를 돌려서 버리고 두 과실(果實; 보리와 열반)을 돌려서 얻는 일이 의지하는 곳이다. 그러므로 전의(轉依)는 제팔식을 가리킨다.
310 分別不相應, 依他卽淸淨, 所住離分別, 轉依卽眞如.
311 邪見諸外境, 無境但是心, 如理正觀察, 能所取皆滅.
312 眞如空不二, 實際及法性, 皆無有分別, 我說是圓成.

② 분별에 머물지 않고 분별의 본질이 곧 연기임을 알고, 분별이 연기임을 알아서 분별에서 벗어나면 곧 진여(眞如)다.

③ 분별이 곧 연기임을 보고 분별에서 벗어나면 주관과 객관이 사라진다.

④ 진여(眞如), 공(空), 불이(不二), 실제(實際), 법성(法性)은 원성실과 같은 것이다.

분별의 본질이 연기이므로 분별된 모든 것이 실체가 없는 헛된 것임을 깨달아 분별에서 벗어나면 이를 일러 원성실성(圓成實性)이라 한다고 합니다. 이 원성실은 진실하고 변함없다는 뜻인 진여(眞如)와 같고, 분별에서 벗어나 아무것도 분별되는 것이 없다는 뜻인 공(空)과 같고, 연기하는 양쪽인 '무엇'과 '무엇 아닌 것'이 둘이 아니라는 뜻인 불이(不二)와 같고, 진실한 것이라는 뜻인 실제(實際)와 같고, 삼라만상인 만법(萬法)의 자성(自性)인 법성(法性)과 같다고 합니다. 즉, 원성실은 불이중도(不二中道)요 공(空)인 진여자성(眞如自性)을 가리키는 말이라고 하겠습니다.

이처럼 삼계유심(三界唯心)·만법유식(萬法唯識)을 말하는 유식불교의 가르침도, 분별되는 삼라만상인 만법은 연기하여 나타나므로 그 실체가 따로 없고, 만법이 그렇게 연기하여 나타나 실체가 없다는 사실을 깨달으면 분별에서 벗어나 불이중도에 통하게 되어 모든 것의 실상이 공(空)임이 드러난다는 가르침이라고 하겠습니다. 유식불교에서는 이런 내용을 변계소집성(遍計所執性), 의타기성(依他起性), 원성실성(圓成實性)이라는 삼성설(三性說)을 통하여 말하고 있는 것입니다.

똑! 똑! 똑! 여기에는 한마디 말도 없습니다.

9. 연기법의 효용성과 한계는?

똑! 똑! 똑! 여기에 있어야 말에 속지 않습니다.

불교의 연기법이 마치 우리가 사는 세계에 객관적으로 존재하는 불변의 법칙인 것처럼 말하는 사람도 있습니다만, 불교의 모든 말이 그러하듯이 연기법도 당연히 하나의 방편의 말입니다. 불교의 가르침은 객관세계에 존재하는 어떤 불변의 법칙을 알려 주는 것이 아니라, 우리 마음이 번뇌라는 고통과 어리석음에서 벗어나도록 이끄는 가르침입니다.

다시 말해, 불교의 모든 가르침은 분별이 만드는 헛된 생각이라는 어리석음에서 벗어나 깨달음을 얻도록 이끄는 방편의 말씀일 뿐입니다. 헛된 생각에서 벗어나 깨닫는 것은 오로지 자기의 마음에서 체험하여 성취되는 불가사의한 일이지, 모습으로 보여 줄 수도 없고 말로써 설명하여 이해시킬 수도 없습니다.

불교의 모든 방편은 중생의 분별망상이라는 병을 치료하는 약입니다. 약은 약으로서 효과를 발휘하지만 그 효과에는 한계가 있고 또 부작용도 있습니다. 연기법도 중생의 망상병을 치료하는 약이라는 하나의 방편이기 때문에 그 효용성도 있고 한계 혹은 부작용도 있습니다.

연기법의 효용성은 분별의 본질이 연기라는 사실을 밝혀서 분별이 만들어 내는 헛된 견해에서 벗어나도록 하는 것입니다. 즉, 분별이 어떻게 진실을 왜곡시키고 있으며 분별에서 벗어나야 분별이 왜곡시키고 감춘 진실을 밝힐 수 있음을 설명하는 것이 연기법입니다. 이처럼 진실을 깨달으려면 반드시 분별에서 벗어나야 함을 설득시키는 것이 연기법의 효용성이라고 하겠습니다.

우리가 '무엇'을 분별할 경우에 우리는 '무엇'만 보고 '무엇'만 취합니다만, 사실은 '무엇'을 분별할 때는 '무엇 아닌 것'에 대응하여 '무엇'을 분별하는 것입니다. 다시 말해, '무엇 아닌 것' 없이 '무엇'을 분별할 수는 없습니다. '무엇'을 분별하는 것은 '무엇 아닌 것' 즉 '무엇'이 아닌 세상 모든 것을 상대하여 '무엇'을 분별하는 것입니다. 이처럼 '무엇'을 분별한다는 것은, '무엇'과 '무엇' 아닌 모든 것이 늘 함께 나타나는 연기(緣起)입니다.

그러므로 '무엇'을 분별하여 '무엇'만 보고 나머지 '무엇 아닌 것'을 보지 않으면, 사실을 왜곡하는 것입니다. '무엇'에는 반드시 '무엇 아닌 것'이 함께 나타나 있으므로 사실 그대로를 보려면 '무엇'과 '무엇 아닌 것'을 나누지 않아야 합니다. 말하자면, 하나의 사물을 분별할 때 그 하나의 사물만 보면 전체 사실을 왜곡하는 것이고, 전체 사실을 밝히려면 분별에서 벗어나야 함을 밝히는 것이 바로 연기법이라는 방편입니다.

분별의 본질이 연기이므로 둘로 나누어 취하고 버리는 분별에서 벗어나야 세계의 실상을 볼 수 있다는 말은, '분별에서 벗어나야 실상을 깨달을 수 있겠구나.' 하고 분별에서 벗어나려고 하는 발심을 하도록 하는 기능을 하는 것이지, 이렇게 이해하고 발심하는 것이 곧 분별에서 벗어나는 일은 아닙니다. 여기에 연기법이라는 방편의 한계가 있습니다.

분별에서 벗어나야 깨닫는 것이구나 하는 이해를 시키고, 분별에서 벗어나야 하겠다고 발심을 불러일으키는 정도의 효용이 있지, 연기법이 무엇인지 이해하더라도 그 이해가 곧 분별에서 벗어나는 일은 아닙니다. 즉, 분별은 망상이고 분별에서 벗어나야 실상이 드러난다는 사실을 이해하더라도, 마음이 분별에서 벗어나 초연해지는 것은 아닙니다.

마음이 실제로 분별에서 벗어나 초연해지려면, 이런 설명과 이해가 아니라 분별할 수 없는 상황에 빠져서 분별하는 마음이 꽉 막혀 있다가 분별하는 마음이 스스로 항복하여 자기도 모르게 집착이 사라지고 세상에서 벗어나 초연해지는 불가사의한 체험이 있어야 합니다. 실제로 마음공부에서 분별심을 극복하고 깨달음을 이루어 분별세계에서 벗어나는 체험은 이러한 불가사의한 체험입니다.

마치 함정에 빠진 짐승이 발버둥치다가 스스로 포기하고 온순해지듯이, 분별심이 소용없는 상황에 분별심이 빠져서 발버둥치다가 마침내 스스로 포기하고 항복해야 비로소 참으로 분별에서 벗어나게 됩니다. 분별심이 쓸모없는 상황으로 분별심 스스로가 제 발로 걸어 들어가지는 못하기 때문에, 선지식을 만나 그가 가르침을 따라야 자기도 모르게 분별심이 쓸모없는 상황으로 들어가게 됩니다.

그러므로 참으로 분별에서 벗어나 깨달으려면 반드시 참된 선지식을 찾아서 그 가르침을 따라야 합니다.

똑! 똑! 똑! 여기에는 한마디 말도 없습니다.

마음공부?
무엇이든 물어보세요 3

초판 1쇄 발행 2024년 1월 15일

지은이 김태완

펴낸이 김윤
펴낸곳 침묵의향기
출판등록 2000년 8월 30일, 제1-2836호
주소 10401 경기도 고양시 일산동구 무궁화로 8-28,
　　　삼성메르헨하우스 913호
전화 031) 905-9425
팩스 031) 629-5429
전자우편 chimmukbooks@naver.com
블로그 http://blog.naver.com/chimmukbooks

ISBN 979-11-984410-8-9 03220

*책값은 뒤표지에 있습니다